CB081759

FRECUENCIAS

Español comunicativo para el siglo XXI

DIRECTO

A1 A2 B1

Libro de ejercicios

Equipo **Frecuencias**

Edinumen

ISBN - Libro de ejercicios: 978-84-9179-698-5
Depósito Legal: M-8248-2022

Impreso en España
Printed in Spain
1122

Coordinación pedagógica:
M.ª José Gelabert

Coordinación editorial:
Mar Menéndez, Amelia Guerrero y Carlos Oliva

Diseño de maqueta:
Juanjo López y Sara Serrano

Diseño de portada y maquetación:
Carlos Casado, Juanjo López y Sara Serrano

Estudio de grabación:
Producciones Activawords

Impresión:
Gráficas Muriel

Editorial Edinumen
José Celestino Mutis, 4. 28028 Madrid. España
Teléfono: (34) 91 308 51 42
Correo electrónico: edinumen@edinumen.es
www.edinumen.es

EXTENSIÓN DIGITAL en ELEteca

Un espacio en constante actualización

- Las **audiciones** de este libro se encuentran disponibles y descargables en nuestra plataforma educativa.
- Para acceder a este espacio, entra en la **ELEteca** (https://eleteca.edinumen.es), activa el código que tienes a continuación y sigue las instrucciones.

CÓDIGO DE ACCESO*

8AHKw4UWXP

Para más información, consultar los términos de uso de la ELEteca.

* Este código de activación permite el acceso a los materiales digitales que acompañan este producto durante dieciocho meses.

Créditos fotográficos:

Pág. 10, Patio: Salvador Aznar, Shutterstock.com; **Pág. 13**, Calle de noche: Javen, Shutterstock.com; **Pág. 16**, Museo: Tupungato, Shutterstock.com; Iglesia: NaughtyNut, Shutterstock.com; **Pág. 19**, Nevera: John And Penny, Shutterstock.com; **Pág. 21**, Casa Azul: R.M. Nunes, Shutterstock.com; Palacio Nacional: Kamira, Shutterstock.com; **Pág. 27**, Zapatos Manolo Blahnik: Andrea Delbo, Shutterstock.com; Perfume Carolina Herrera: Simon Booth, Shutterstock.com; Camiseta Custo: catwalker, Shutterstock.com; Vestido Narciso Rodríguez: lev radin, Shutterstock.com; Vestidos Ágatha Ruiz de la Prada: catwalker, Shutterstock.com; **Pág. 30**, Museo del Prado: rubiphoto, Shutterstock.com; **Pág. 42**, Concierto: Igor Bulgarin, Shutterstock.com; **Pág. 43**, Gente en la playa: ElRoi, Shutterstock.com; **Pág. 69**, Grupo folclórico rapanuí: Christian Wilkinson, Shutterstock.com; **Pág. 75**, Cruz Roja: kojoku, Shutterstock.com; **Pág. 76**, Selección española de fútbol: fstockfoto, Shutterstock.com; **Pág. 78**, David Bisbal: lev radin, Shutterstock.com; **Pág. 80**, Museo Guggenheim (Bilbao): Migel, Shutterstock.com; África: Photographer RM, Shutterstock.com; **Pág. 81**, La Habana Vieja: Delpixel, Shutterstock.com; **Pág. 93**, Palacio Kursaal: nito, Shutterstock.com; Maestro Yoda: Yuri Turkov, Shutterstock.com; Costa-Gavras: Denis Makarenko, Shutterstock.com; **Pag. 95**, Tarjeta de crédito: No-Mad, Shutterstock.com; **Pág. 111**, Escuela en Colombia: Maarten Zeehandelaar, Shutterstock.com; **Pág. 112**, Sillones de neumáticos: Stefano Barzellotti, Shutterstock.com; **Pág. 117**, El Rastro: emei, Shutterstock.com; Pedro Rufo, Shutterstock.com; **Pág. 123**, Mujer artesana: arindambanerjee, Shutterstock.com; **Pág. 125**, Agricultura extensiva: Alf Ribeiro, Shutterstock.com; Recarga de coches eléctricos: RossHelen, Shutterstock.com; **Pág. 135**, Museo Guggenheim (Bilbao): Santi Rodríguez, Shutterstock.com; La Habana: akturer, Shutterstock.com.

Índice

Unidad 1 Nos presentamos

Palabras

1 Completa estas series numéricas con la cifra correcta.

1. 1, 3, 5, 7, 9, **trece/once/doce**, 13, 15, 17, **diecinueve/dieciocho/veinte**, 21, 23...
2. 2, 4, 6, 8, **once/diez/trece**, 12, 14, 16, **diecisiete/diecinueve/dieciocho**, 20, 22...
3. 3, 6, 9, 12, 15, 18, **veinte/veintiuno/veintidós**, 24, 27, **treinta/treinta y uno/treinta y dos**, 33, 36, 39, **cuarenta/cuarenta y dos/cuarenta y tres**, 45, 48...
4. 5, 10, 15, 20, 25, 30, 35, **treinta y siete/cuarenta/treinta y nueve**, 45, 50, 55, **cincuenta y dos/setenta/sesenta**, 65, 70, 75, **ochenta/ochenta y cuatro/ochenta y seis**, 85, 90...

2 Encuentra estos números en la imagen.

setenta y seis	veintiuno	dieciocho
treinta y seis	cincuenta y dos	cincuenta y nueve
noventa y seis	treinta y uno	cuarenta y tres
ochenta y tres	sesenta y cuatro	diez
veinte	cinco	setenta

3 Realiza estas operaciones y escribe el resultado en letras.

1. 7 x 6 = ...
2. 10 x 9 = ...
3. 17 + 38 = ...
4. 75 – 13 = ...
5. 40 + 11 = ...
6. 90 + 12 = ...
7. 10 + 8 = ...
8. 31 – 10 = ...
9. 3 x 4 = ...
10. 11 + 11 = ...

4 [1] Escucha la grabación y escribe los 6 números ganadores del premio de la bonoloto.

1. ....
2. ....
3. ....
4. ....
5. ....
6. ....

5 Escribe las siguientes nacionalidades en masculino y femenino.

M 1. *australiano*
F 2.

M 5.
F 6.

M 9.
F 10.

M 13.
F 14. *alemana*

M 3.
F 4.

M 7.
F 8.

M 11.
F 12.

M 15.
F 16.

5a Elige la opción correcta.

Una buena estrategia para aprender vocabulario es...

1. relacionar imágenes con palabras. 2. memorizar imágenes. 3. ordenar por orden alfabético.

6 ¿Sabes de dónde son estas cosas? Elige la forma de la nacionalidad correcta. Fíjate en el género (femenino/masculino) y en el número (singular/plural) de las palabras.

1. Los tulipanes son ....

2. Las pirámides son ....

3. El *sushi* es ....

4. Los quesos son ....

5. El café es ....

6. La paella es ....

7. El carnaval es ....

8. La hamburguesa es ....

7 Relaciona las imágenes con las profesiones.

☐ enfermero/a	☐ cantante
☐ recepcionista	☐ pintor/a
☐ futbolista	☐ cocinero/a
☐ arquitecto/a	☐ escritor/a
☐ actor/actriz	☐ director/a

8 ¿De dónde son estos personajes famosos? ¿Qué profesión tienen? Consulta en internet si es necesario.

1. Brad Pitt: *actor estadounidense*
2. Neymar y Ronaldinho: ....
3. Frida Kahlo y Diego Rivera: ....
4. Antonio Gaudí: ....
5. Shakira: ....
6. Van Gogh: ....
7. Vladimir Putin: ....
8. Jennifer Aniston y Sandra Bullock: ....

Gramática

9 Relaciona.

1. tu amiga
2. la madre y la hermana de Juan
3. Juan
4. Diego y yo
5. tu madre, tu padre y tú
6. tus profesores

a. él
b. ella
c. nosotros
d. vosotros
e. ellos
f. ellas

10 Completa la tabla con las formas que faltan del presente de indicativo.

	Ser	Tener	Hablar	Llamarse
yo	soy	[5]	[9]	[13] .... llamo
tú	[1]	tienes	[10]	te [14] ....
él, ella, usted	[2]	[6]	habla	[15] ....
nosotros/as	somos	[7]	hablamos	nos [16] ....
vosotros/as	[3]	tenéis	[11]	[17] .... llamáis
ellos, ellas, ustedes	[4]	[8]	[12]	[18] .... llaman

11 Ordena las letras de los globos para formar verbos y pronombres.

1. s o t o n s r o › *nosotros*
2. o l m a l › ....
3. i s s o › ....
4. m s o s o › ....
5. s t u d e e s › ....
6. l a l e s › ....
7. r a m t j a o s b a › ....
8. n e t o g › ....
9. e n m o e t s › ....
10. i e v v n › ....

12 Relaciona las preguntas con su información.

1. ¿Cómo te llamas?
2. ¿Cuántos años tienes?
3. ¿De dónde eres?
4. ¿Dónde vives?
5. ¿Cuál es tu dirección en Madrid?
6. ¿Qué lenguas hablas?
7. ¿A qué te dedicas?
8. ¿Cuál es tu número?

a. nacionalidad
b. teléfono
c. lugar de residencia
d. nombre
e. dirección
f. profesión
g. edad
h. idiomas

13 Escribe una pregunta para cada respuesta.

1. ¿ ....? Son de Italia.
2. ¿ ....? Yo tengo 31 años y ella tiene 33.
3. ¿ ....? Soy informático.
4. ¿ ....? Vive en Buenos Aires.
5. ¿ ....? Hablo español y francés. Pedro habla inglés también.

14 Clasifica las palabras del recuadro en la tabla.

cubana | conductor | vivir | ~~hospital~~ | británica | dedicarse | canadienses | iraní | trabajar | enfermera
escuela | escribir | empresa | mesero | tienda | polaca | llamarse | ser | tener | farmacéutica | clínica
diseñadora gráfica | saludarse | peruana | japoneses | alemán | relacionar

Lugares de trabajo	Nacionalidades	Profesiones	Verbos
hospital			

15 Escucha esta conversación entre el recepcionista de un gimnasio y dos clientes. Después completa los formularios de inscripción.

[2]

① **Formulario de inscripción**

Nombre: Miguel
Apellido: Moreno
Edad: 1. ....
Profesión: 2. ....
Teléfono: 609 30 54 66
Correo electrónico: 3. ....

② **Formulario de inscripción**

Nombre: Ana
Apellido: 4. ....
Edad: 55 años
Profesión: 5. ....
Teléfono: 6. ....
Correo electrónico: aalonso@mail.com

Para poder dar nuestra dirección de correo electrónico necesitamos saber en español dos símbolos:
- @ se dice *arroba*.
- . se dice *punto*.

16 Andrés hace un intercambio de quince días en Berlín. Escribe un correo electrónico a su amiga Eva para hablar sobre su nueva familia. Lee el correo y di si las afirmaciones son verdaderas o falsas.

De: Andrés Para: Eva Asunto: Berlín

Hola, Eva:

¿Qué tal estás?

Yo estoy ya en Berlín y conozco a todos los miembros de mi nueva familia. Son muy simpáticos. Hablo alemán con ellos, pero no comprendo todo. A veces hablamos en inglés. La madre se llama Katja, tiene 49 años, es enfermera y trabaja en un hospital. El padre se llama Ricardo, es colombiano, tiene 56 años y es arquitecto. El mayor de los hijos es Christoph. Tiene 20 años y es estudiante de Medicina. Wiebke tiene la misma edad que yo, 15 años; tenemos clase juntos y conozco también a sus amigos. Y la más pequeña es Johanna, que tiene 10 años. ¡Me encanta mi nueva familia!

¡Espero tus noticias!

Un abrazo,

Andrés

1. Toda la familia es alemana. .... V F
2. Andrés tiene 15 años. .... V F
3. Andrés comprende todo en alemán. .... V F
4. Wiebke tiene clase con Andrés. .... V F
5. Katja es colombiana. .... V F
6. El padre es enfermero. .... V F
7. La familia tiene 3 hijos. .... V F
8. La familia vive en Berlín. .... V F

17 Escribe información sobre tu familia: nombre, edad, profesión, nacionalidad, lugar de residencia, idiomas que habla, etc.

Mis padres: ....

Mis hermanos: ....

Y yo: ....

Cultura

18 Relaciona cada país del mapa con su nombre correspondiente.

a. Paraguay	k. República Dominicana
b. México	l. Argentina
c. Colombia	m. Puerto Rico
d. Perú	n. Costa Rica
e. Venezuela	ñ. Nicaragua
f. Bolivia	o. Chile
g. Guatemala	p. Uruguay
h. Cuba	q. El Salvador
i. Honduras	r. Ecuador
j. Panamá	

1. ☐	5. ☐	9. ☐	13. ☐	17. ☐
2. ☐	6. ☐	10. ☐	14. ☐	18. ☐
3. ☐	7. ☐	11. ☐	15. ☐	19. ☐
4. ☐	8. ☐	12. ☐	16. ☐	

19 Elige la capital de cada uno de los siguientes países.

1. CUBA — Quito/La Habana/Lima/Caracas
2. COLOMBIA — Asunción/Caracas/Bogotá/Santiago
3. MÉXICO — México/Ciudad de México/Asunción/San José
4. ARGENTINA — Santiago/Madrid/Caracas/Buenos Aires
5. COSTA RICA — Quito/Managua/San José/San Juan
6. VENEZUELA — Caracas/Asunción/Madrid/Lima
7. PERÚ — Lima/San Juan/Managua/La Paz
8. ESPAÑA — Santiago de Compostela/Barcelona/Sevilla/Madrid

20 ¿Son verdaderas o falsas las siguientes afirmaciones sobre el mundo hispano?

1. México es el país con más habitantes nativos de español. .... V F
2. Más de 600 millones de personas en el mundo hablan español. .... V F
3. El español es la tercera lengua más importante en internet. .... V F
4. En América del Norte no hay países de habla hispana. .... V F
5. En Estados Unidos hablan español como lengua nativa más de 25 millones de personas. .... V F
6. En África hay un país con hablantes nativos de español. .... V F
7. En los países hispanohablantes usan un apellido. .... V F
8. En España se usa la palabra *celular* para referirse al teléfono móvil. .... V F

Unidad 2 Mi casa, mi barrio

Palabras

1 Relaciona las palabras con la imagen correspondiente.

1 ☐

2 ☐

3 ☐

4 ☐

5 ☐

6 ☐

a. edificio de pisos
b. chalé adosado
c. piscina
d. jardín
e. casa con patio
f. urbanización

2 Elige el sinónimo de *casa*. Puedes usar el diccionario.

1. planta
2. habitaciones
3. edificio
4. baño
5. vivienda
6. ascensor

3 Marca el intruso de cada serie.

1. mesa, mueble, silla, baño
2. cocina, dormitorio, colegio, terraza
3. cafetería, horno, banco, tienda
4. jardín, casa, chalé, piso
5. nevera, lavavajillas, garaje, lavadora

4 [3] Escucha el siguiente diálogo y di si las informaciones son verdaderas o falsas.

1. La señora está interesada en comprar un piso. .... V F
2. La referencia del piso es 9241. .... V F
3. El piso se encuentra en la calle Cartagena, 15. .... V F
4. El edificio tiene conserje día y noche. .... V F
5. El piso no tiene una plaza de garaje. .... V F
6. El piso está bien comunicado porque tiene dos paradas de metro y una de autobús. .... V F
7. En el barrio hay más de un supermercado. .... V F
8. Para llegar al centro comercial y al colegio es necesario el coche. .... V F
9. La cita es directamente en la inmobiliaria. .... V F
10. La cita es a las 17 h. .... V F

4a [3] Vuelve a escuchar el diálogo y corrige las frases falsas con la información correcta.

....

....

....

....

....

5 Ordena las letras de los globos para formar palabras.

1. n a v e r e › *nevera*
2. o c i e i f d i › ....
3. n a l ó s › ....
4. r a q u l e i l › ....
5. a r e r z t a › ....
6. n c a l ó b › ....
7. r c a s e n o s › ....
8. v l a a o r d a › ....

6 Clasifica las palabras del recuadro en la tabla.

hospital | cocina | mesa | electrodoméstico | parque | terraza | dormitorio | supermercado | mueble
farmacia | baño | tienda | cafetería | calefacción | silla | colegio | banco | horno

En el barrio	En la casa

7 Lee las frases y decide a qué imagen corresponden.

1. ☐ Vivo en un barrio muy antiguo.
2. ☐ Mi casa está cerca de un parque.
3. ☐ En mi calle hay muchos balcones.
4. ☐ Necesito una casa con garaje.
5. ☐ Mi casa tiene dos plantas.
6. ☐ Hay muchos árboles y plantas.
7. ☐ El edificio tiene varios pisos.
8. ☐ La calle es tranquila, es posible ir en bicicleta.

8 Mira la casa de la imagen y escribe una redacción de cincuenta palabras describiendo cómo es.

....
....
....
....
....
....
....

Gramática

9 Escribe el femenino de los siguientes nombres.

1. niño › ....
2. hombre › ....
3. padre › ....
4. caballo › ....
5. perro › ....
6. gato › ....
7. profesor › ....
8. chico › ....

10 Clasifica estos nombres en su artículo correspondiente.

árbol | viajes | baños | televisión | calles | escuela | lápiz | apartamento | libros | plantas | casas
problemas | manos | radio | nacionalidad | viaje

el	la	los	las

11 Indica si los siguientes nombres son masculinos (M) o femeninos (F) y escribe el plural.

1. M F camión ....
2. M F dormitorio ....
3. M F edificio ....
4. M F actriz ....
5. M F mapa ....
6. M F mano ....
7. M F historia ....
8. M F viaje ....
9. M F amigo ....
10. M F noche ....

12 Elige el adjetivo adecuado para cada nombre.

1. casas:
   a. grandes
   b. interesante
   c. céntricos

2. silla:
   a. alto
   b. clásico
   c. cómoda

3. pisos:
   a. pequeño
   b. céntricos
   c. moderna

4. barrios:
   a. modernos
   b. antiguas
   c. residencial

13 Forma el plural de estas palabras.

1. una cocina › *unas cocinas*
2. una casa › ....
3. una habitación › ....
4. un baño › ....
5. un salón › ....
6. un lavavajillas › ....
7. una lavadora › ....
8. un horno microondas › ....
9. un sofá › ....
10. un ascensor › ....

14 Completa con el artículo determinado.

1. *la* casa
2. *los* chicos
3. .... señor
4. .... cocineros
5. .... barrio
6. .... cocinas
7. .... piscina
8. .... hospital
9. .... jardines
10. .... calefacción
11. .... ascensor
12. .... dormitorios

15 Completa con el artículo indeterminado.

1. *una* habitación
2. *unos* árboles
3. .... apartamentos
4. .... piso
5. .... gimnasio
6. .... televisión
7. .... libros
8. .... farmacia
9. .... autobús
10. .... hospital
11. .... mano
12. .... sofá

16 Fíjate en la imagen y selecciona las frases correctas.

1. ☐ En la calle hay una iglesia.
2. ☐ Delante de la iglesia hay un parque.
3. ☐ En la calle hay tiendas.
4. ☐ Al lado de los coches hay un banco.
5. ☐ Entre los edificios hay muchos árboles.
6. ☐ Hay coches en el medio de la calle.
7. ☐ No hay grafitis en los edificios.

17 Completa las frases con la opción correcta.

1. El banco de mi barrio **hay/está/están** al lado de la escuela.
2. En la casa de mis padres **hay/está/están** muchos muebles.
3. Las tiendas más modernas **hay/está/están** en el centro de la ciudad.
4. En Madrid **hay/está/están** muchas escuelas de español.
5. La escuela más antigua **hay/está/están** delante de la catedral.
6. ¡No **hay/está/están** platos en la mesa!

18 Escucha a estas seis personas y relaciona cada intervención con la imagen de la que hablan.

[4]

A ☐

B ☐

C ☐

D ☐

E ☐
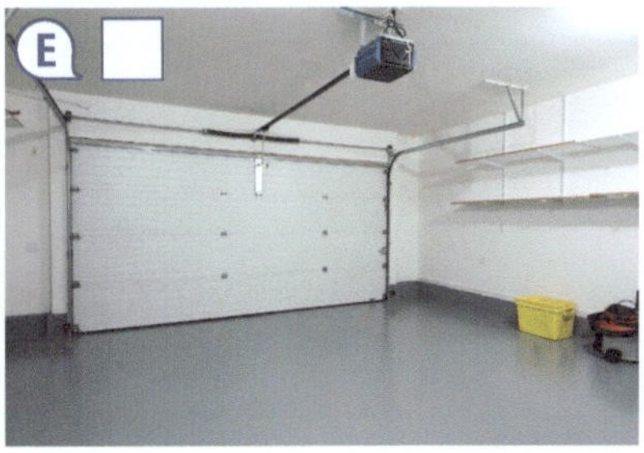

F ☐

19 Completa las frases con la opción correcta.

1. ¿Sabe dónde **hay/está/tiene** un centro comercial?
2. No sé dónde **hay/está/tiene** la biblioteca.
3. **Hay/Está/Tiene** un banco delante de mi oficina.
4. En mi habitación **hay/está/tiene** una terraza enorme.
5. Mi casa **hay/está/tiene** dos plantas.
6. La urbanización de Rocío **hay/está/tiene** piscina.
7. En la cocina de mi casa **hay/está/tiene** mucha luz.
8. ¿Dónde **hay/está/tiene** el baño, por favor?

20 Relaciona cada pregunta con la respuesta adecuada.

1. Disculpe, ¿sabe dónde está el baño?
2. ¿Dónde están los estudiantes?
3. ¡Luis, Laura! ¿Dónde estáis?
4. ¿Hay una farmacia en este barrio?
5. ¿Hay estudiantes en la clase hoy?

a. ¡Estamos detrás de este árbol!
b. Están en el parque.
c. No, no hay gente, qué extraño.
d. Sí, está entre la cafetería y el gimnasio.
e. Está al lado de la habitación grande.

21 Observa estas imágenes y decide si estas afirmaciones son verdaderas o falsas.

1. En la habitación hay mucha luz. .... V F
2. En la clase hay pocos estudiantes. .... V F
3. En mi calle hay muchos coches. .... V F
4. En esta biblioteca hay mucho ruido. .... V F

22 Ordena las palabras y forma frases correctas.

1. hay/¿Cuántos/tu/restaurantes/barrio?/en ....
2. platos/armario./Los/dentro/del/están ....
3. árboles./muchos/jardín/hay/En/mi ....
4. muebles./habitación/En/la/espacio/muchos/porque/poco/hay/tiene

....

23 Escribe las siguientes cifras en letras.

1. 455 ....
2. 391 ....
3. 667 ....
4. 776 ....
5. 853 ....
6. 587 ....

24 Escribe en letras estos números ordinales.

1. 1.ª planta › ....
2. 1.º piso › ....
3. 3.º año › ....
4. 10.ª edición › ....
5. 7.ª pregunta › ....
6. 8.ºs juegos › ....

Cultura Las Ramblas

25 Relaciona estos lugares emblemáticos de Barcelona con su nombre.

1. ☐ Mercado de la Boquería
2. ☐ Fuente de Canaletas
3. ☐ Teatro del Liceo
4. ☐ Casa de los Paraguas
5. ☐ Farmacia Nadal
6. ☐ Mosaico de Joan Miró

A

B

C

D

E

F

26 **Decide si estas afirmaciones sobre los lugares anteriores son verdaderas o falsas.**

1. Los monumentos y lugares de la actividad anterior están a las afueras de Barcelona. .... V F
2. Los monumentos y lugares de la actividad anterior están en una calle de Barcelona. .... V F
3. La Fuente de Canaletas es el lugar favorito de los seguidores del Barcelona F. C. .... V F
4. La Casa de los Paraguas es un edificio de estilo neoclásico. .... V F
5. El mosaico de Joan Miró está en el corazón de las Ramblas. .... V F
6. El mercado de la Boquería está en un parque cerca de las Ramblas. .... V F
7. El Teatro del Liceu es famoso internacionalmente entre los aficionados a la ópera. .... V F

27 **Describe un lugar famoso de tu interés. ¿Dónde está? ¿Qué hay? ¿Qué monumentos famosos tiene?**

....

....

....

....

....

....

Palabras

1 Relaciona cada imagen con la palabra correcta.

a. museo | b. iglesia | c. ruinas | d. plaza | e. parque | f. mirador

1 ☐

2 ☐

3 ☐

4 ☐

5 ☐

6 ☐

2 Completa las frases con alguna de las palabras anteriores.

1. Voy al .... para ver cuadros.
2. En Italia hay muchas ....
3. Desde este .... se puede ver toda la costa.

3 Escribe una frase con las palabras que no están en la actividad 2.

....

....

....

4 Escribe la palabra correcta que corresponde a estas definiciones.

1. Templo cristiano. ....
2. Lugar amplio y espacioso en un pueblo o ciudad. ....
3. Lugar desde el que se tienen buenas vistas. ....
4. Restos de edificios. ....
5. Espacio con árboles y jardines donde se puede pasear. ....
6. Lugar donde se exponen cuadros. ....

5 Escribe la palabra correcta debajo de la imagen correspondiente.

duchas
aparcamiento
baños
piscina
zona de acampada
parque infantil

1

....

2

....

3

....

4

....

5

....

6

....

6 Continúa las frases correctamente.

1. El contrario de *cerca*
2. El aparcamiento está
3. La piscina está entre el aparcamiento
4. El restaurante está a la
5. La zona de acampada está delante

a. y el parque infantil.
b. es *lejos*.
c. detrás del supermercado.
d. derecha de la recepción.
e. de la piscina.

7 Lee el texto y marca verdadero o falso.

Hola. Me llamo Miguel y os voy a hablar de mis gustos y preferencias al viajar. Cuando viajo, prefiero ir siempre a una casa que tengo en la playa; la montaña no me gusta mucho, prefiero descansar cerca del mar; pero no solo descansar, también algunas veces hago surf, me encanta. Hay una cosa que no me gusta: el submarinismo. Prefiero nadar y tomar el sol cerca del agua. Detrás de mi casa hay un restaurante donde como los fines de semana. Entre el restaurante y mi casa hay una piscina, pero nunca voy.

1. Miguel tiene una casa en la playa. .... V F
2. Le gustan la playa y la montaña. .... V F
3. Prefiere tomar el sol lejos del agua. .... V F
4. Su casa está detrás del restaurante. .... V F
5. La piscina está entre el restaurante y su casa. .... V F

8 Si haces turismo cultural, ¿qué actividades realizas?

- ☐ Ir a la playa.
- ☐ Ver un museo.
- ☐ Descansar.
- ☐ Ir a la montaña.
- ☐ Tomar el sol.
- ☐ Ver monumentos.
- ☐ Ver animales.
- ☐ Ver un espectáculo.

9 Completa el tipo de actividad ordenando las letras de los globos.

1. Ir a un (e) (r) (d) (o) (c) (m) (a) .... de artesanía.
2. Hacer (b) (m) (a) (m) (o) (s) (u) (n) (i) (s) (r) (i) ....
3. Hacer (f) (r) (s) (u) ....
4. Ir a la (m) (ñ) (t) (o) (a) (a) (n) ....

10 Relaciona las imágenes con el tipo de turismo.

Turismo... 1. de naturaleza: .... 2. de sol y playa: .... 3. cultural: ....

Gramática

11 Completa la tabla con las formas que faltan del presente de indicativo.

Ir	Viajar	Poder	Preferir
voy	[5]	[9]	prefiero
[1]	viajas	[10]	[13] ....
[2]	[6]	puede	[14] ....
vamos	[7]	podemos	preferimos
[3]	viajáis	[11]	[15] ....
[4]	[8]	[12]	prefieren

12 Elige la opción correcta.

1. Mañana vamos **a/en** la playa.
2. Prefiero viajar **a/en** tren.
3. Mi casa está **a/en** diez minutos de la escuela.
4. El restaurante está **a/en** la calle de atrás.
5. Como no tengo coche voy **a/en** pie.
6. Voy **a/en** casa **a/en** metro.

13 ¿Qué expresan las preposiciones de las siguientes frases?

destino | localización
medio de transporte
tiempo | distancia

1. Prefiero viajar **en** autobús porque es más barato. ....
2. El hotel está **a** 5 minutos. ....
3. Día 4: Visita **al** centro histórico de la ciudad. ....
4. La isla Saona está **en** el parque nacional de Cotubanamá. ....
5. El aeropuerto está **a** 20 kilómetros del hotel. ....
6. Yo quiero viajar **a** Buenos Aires porque es una ciudad muy interesante. ....

14 ¿En qué frases es necesario usar la contracción *al*?

1. Voy a el cine esta tarde.
2. La visita a la catedral es mañana.
3. Damos el regalo a los niños.
4. Luego vamos a el médico.
5. ¿A qué hora llegas a el aeropuerto?

15 Elige la opción correcta.

▶ Hola, Pedro, cuéntame, ¿cómo [1] **es/está/hay** tu ciudad?

▷ Pues mi ciudad [2] **es/está/hay** pequeña pero muy bonita. No [3] **es/está/hay** playa porque [4] **es/está/hay** lejos de la costa.

▶ ¿Y [5] **es/está/hay** algún restaurante peruano?

▷ No, no [6] **es/está/hay**. Solo [7] **es/está/hay** restaurantes mexicanos. Mi favorito [8] **es/está/hay** cerca de mi casa. [9] **Es/Está/Hay** muy grande.

16 Relaciona los contrarios.

1. seguro	a. barato
2. lento	b. peligroso
3. caro	c. contaminante
4. ecológico	d. impuntual
5. puntual	e. rápido

16a Escribe cinco frases usando cinco adjetivos de la actividad anterior.

1. ....
2. ....
3. ....
4. ....
5. ....

17 Escucha y marca quién dice estas frases.

[5]

	María	Juan	Manuel
1. Prefiere viajar en avión porque es cómodo.	☐	☐	☐
2. En el autobús puedes dormir, según sus amigos.	☐	☐	☐
3. Cuando viaja en coche puede escuchar música.	☐	☐	☐
4. Para ir a su escuela prefiere la bicicleta.	☐	☐	☐
5. El autobús es el transporte menos puntual.	☐	☐	☐
6. La bicicleta es el transporte más económico.	☐	☐	☐

18 Elige la opción correcta.

1. Distancia intermedia — a. aquí
2. Más lejos del hablante — b. ahí
3. Más cerca del hablante — c. allí

19 Relaciona las siguientes palabras con su imagen correspondiente.

aire acondicionado | bufé libre | habitación doble | conexión wifi | minibar
recepcionista | aparcamiento | ubicación

1. ....

2. ....

3. ....

4. ....

5. ....

6. ....

7. ....

8. ....

20 Relaciona la información del hotel con las preguntas.

1. Tiene una ubicación muy céntrica.
2. El desayuno y la cena.
3. Es un hotel de tres estrellas.
4. Sí, todas las habitaciones tienen conexión.
5. Dobles e individuales.
6. Sí, y *jacuzzi* también.
7. Sí, subterráneo.
8. No, en realidad es bastante económico.

a. ¿El hotel tiene aparcamiento?
b. ¿Cómo son las habitaciones?
c. ¿Hay wifi?
d. ¿Es muy caro?
e. ¿Qué incluye la reserva?
f. ¿Dónde está?
g. ¿Qué categoría tiene?
h. ¿Tiene piscina?

21 Escucha la opinión de un cliente de un hotel y marca qué es lo mejor (M) y lo peor (P) para él.

[6]

- ☐ aire acondicionado
- ☐ bufé libre
- ☐ habitación
- ☐ baño
- ☐ conexión wifi
- ☐ aparcamiento
- ☐ ubicación

22 Escribe la forma correcta de los verbos *ir, preferir, poder* y *costar.*

1. ▶ ¿Cómo vas a la escuela?
   ▷ Pues depende. Si .... solo, andando, pero si me acompaña mi hermano, los dos .... en autobús.
2. Como tienes una casa en la playa .... ir allí sin problema.
3. Hay muchos tipos de helado, pero ellos .... el de chocolate.
4. Esta habitación .... 50 euros por noche, desayuno incluido. Otros hoteles con M. P. .... más dinero.

> **Fíjate**
> Cuando miramos información sobre hoteles podemos encontrar estas siglas:
> - S. A. (solo alojamiento)
> - A. D. (alojamiento y desayuno)
> - M. P. (media pensión)
> - P. C. (pensión completa)

23 Lucas lleva poco tiempo en Madrid y pregunta varias direcciones a una señora. Di si las siguientes afirmaciones son verdaderas o falsas.

Lucas: Perdone, ¿cómo puedo llegar desde aquí al Palacio Real?

Señora: Pues mira, puedes coger el metro, son seis paradas y no vas a tardar mucho. Otra opción es ir en autobús. La parada está ahí y pasan dos que te llevan a ese destino. También puedes ir a pie, está a veinte minutos andando, más o menos.

Lucas: Pues prefiero ir andando. ¿Cómo llego hasta allí?

Señora: Muy fácil. Sigue todo recto por esta calle. Al final, gira a la derecha y cruza una plaza. Allí está el palacio.

Lucas: Y una última cosa. ¿Sabe cuánto cuesta la entrada?

Señora: No recuerdo, pero no cuesta mucho.

Lucas: Muchas gracias.

1. El Palacio Real está a seis paradas en metro. ..... V F
2. Solo hay un autobús que va allí. .... V F
3. No es posible ir a pie. .... V F
4. Se tardan unos veinte minutos en llegar. .... V F
5. El palacio está en una plaza. .... V F
6. La entrada es bastante cara. .... V F

24 Escribe información sobre tu ciudad siguiendo las instrucciones.

Di dónde está, cómo es y qué hay. ....

....

....

....

Explica qué medios de transporte tiene: cuáles son tus favoritos, características, precio... ....

....

....

....

Di qué es lo mejor y lo peor de tu ciudad en tu opinión. ....

....

....

....

....

Cultura

25 ¿Sabes cómo se llaman estos platos e ingredientes típicos mexicanos? Relaciona las imágenes con su nombre correspondiente.

a. frijoles | b. quesadillas | c. chile | d. tacos

1 ☐

2 ☐

3 ☐

4 ☐

26 Forma el nombre completo de estos lugares mexicanos de interés turístico y luego relaciónalos con su fotografía correspondiente.

☐	1. La Catedral	a. Constitución
☐	2. La plaza de la	b. Metropolitana
☐	3. La Basílica de	c. Nacional
☐	4. La Casa	d. Guadalupe
☐	5. El Palacio	e. Azul
☐	6. Las Pirámides de	f. Teotihuacán

A

B

C

D

E

F

27 Marca si son verdaderas o falsas las siguientes afirmaciones sobre México.

1. La plaza de la Constitución también es conocida como *el Zócalo*. .... V F
2. Los bicibuses son gratuitos. .... V F
3. El Museo de Frida Kahlo está en la Basílica de Guadalupe. .... V F
4. Existe un museo dedicado al chocolate. .... V F
5. Es muy popular la música de los mariachis. .... V F
6. La paella es una comida típica de México. .... V F
7. En la plaza Garibaldi no se puede comer. .... V F
8. Los ciclotaxis son cómodos y baratos. .... V F

Palabras

1 Esta es la familia de Lucía. Relaciona cada palabra con la persona correspondiente.

abuelo | tío | prima | padre | tía | abuela | madre | hermano | primo | *hija*

2 Mira de nuevo el árbol genealógico y elige la opción correcta.

1. La **mujer/hermana/sobrina** de Germán se llama Patricia, su **hija/nieta/prima** Silvia y su **hijo menor/hija menor/ sobrino**, Raúl.
2. El **marido/padre/hermana** de Nélida es Alberto, Lucía es su **hija mayor/tía/nieta**.
3. Los **sobrinos/primos/hijos** de Patricia se llaman Lucía y Rubén. Ellos también son los **nietos/sobrinos/hijos** de Miguel y Carmen.
4. Alberto y Patricia son **hermanos/nietos/casados**. Sus **padres/abuelos/tíos** son Miguel y Carmen.
5. Rubén, Lucía, Raúl y Silvia son **primos/hermanos/nietos**. Sus **abuelos/padres/tíos** son Miguel y Carmen.
6. Patricia es la **tía/hermana/madre** de Lucía y Rubén. Alberto es el **tío/padre/sobrino** de Raúl y Silvia.

3 Elige la característica que coincide con la imagen.

Mi tío es [1] **alto/bajo**. Mi tía tiene [2] **el pelo largo/ el pelo corto** y es [3] **delgada/gorda**. Mi primo es [4] **moreno/rubio** y tiene [5] **el pelo liso/el pelo rizado**. Mi prima también es [6] **rubia/morena** pero tiene el pelo [7] **liso/rizado**. Todos son muy [8] **simpáticos/antipáticos**.

4 Escribe el nombre de la ropa debajo de la imagen correspondiente.

1. .... de manga larga

2. .... verde

3. ....

4. ....

5. ....

6. .... roja

7. .... negro

8. ....

5 Pon cada nombre debajo de la imagen correspondiente.

algodón
lana
piel/cuero
seda

1  ....

2  ....

3  ....

4  ....

6 Escribe el nombre de cada color.

 1 ....

 2 ....

 3 ....

 4 ....

 5 ....

 6 ....

 7 ....

 8 ....

7 Escucha a Alicia. Habla de su hermano Andrés. Señala si las frases son verdaderas o falsas.

[7]

1. Andrés es alto y gordito. .... V F
2. Tiene los ojos azules y el pelo rubio. .... V F
3. No lleva gafas. .... V F
4. Lleva vaqueros y una camisa de manga larga. .... V F
5. Es trabajador y muy abierto. .... V F

8 Describe a la familia que aparece en la foto.

....

....

....

....

....

....

Gramática

9 Completa las frases con el presente de indicativo de los siguientes verbos.

regalar | trabajar | viajar | comer | vivir | practicar | ver | llegar | conocer

1. Normalmente .... deporte con mi amigo Lucas en el gimnasio de mi barrio.
2. Cuando tú .... a casa, ... una película en español.
3. Los domingos mi hermano y yo .... con nuestros abuelos que .... muy cerca.
4. Mi tío Andrés .... en un colegio. Es muy simpático con sus estudiantes.
5. Mis primos .... mucho y .... a mucha gente.
6. Con frecuencia mi padre .... flores a mi madre.

10 Di si las siguientes frases expresan acciones habituales (H) o tiempo presente (P).

1. ☐ Estoy en casa y Marta está en la oficina.
2. ☐ En este momento no tengo tiempo para ayudarte, ¡lo siento!
3. ☐ Mis amigos leen mucho, yo prefiero tocar el piano.
4. ☐ Mis amigas y yo corremos por el parque con frecuencia.
5. ☐ Hoy te quedas en casa para estudiar.
6. ☐ Julián y Rocío cantan normalmente en un karaoke.

11 Completa este texto con la forma del presente de indicativo de los verbos entre paréntesis.

Hola, [1] .... (llamarse) Sebastián, pero mis amigos me [2] .... (llamar) Sebas. Mis padres, mis hermanos y yo [3] .... (vivir) en Sevilla. [4] .... (Estudiar, yo) 1.º de la ESO (Educación Secundaria Obligatoria). Sergio, mi mejor amigo, y yo [5] .... (practicar) deporte todas las tardes. Jugamos al baloncesto. Mi madre [6] .... (trabajar) como comercial y por eso [7] .... (viajar) mucho. Mi padre y su socio [8] .... (trabajar) en el centro de Sevilla; son arquitectos y tienen un estudio. Los fines de semana todos [9] .... (comer) en casa de mis abuelos. Mi abuelo [10] .... (preparar) una paella muy buena. Como veis, soy un chico muy normal.

12 Elige la frase que describe cada imagen.

a. Están cocinando. | b. Está conduciendo. | c. Está estudiando. | d. Estoy abriendo la puerta. | e. Están corriendo. | f. Estamos haciendo deporte.

1 ☐

2 ☐

3 ☐

4 ☐

5 ☐

6 ☐

13 Completa la regla. Fíjate en la actividad anterior.

Para hablar de acciones que se están desarrollando en este momento, se usa la estructura [1] .... + ... Para formar el gerundio se sustituye la terminación del verbo por estas: verbos en ***-ar*** › [2] ...., verbos en ***-er, -ir*** › [3] ....

14 Observa la imagen y completa las frases. ¿Qué están haciendo? Después relaciona la descripción con la persona correspondiente.

1. ☐ Ana tiene el pelo largo, lleva un vestido rosa y un pantalón corto. .... (Montar) en bicicleta.
2. ☐ Su padre es castaño y tiene los ojos negros. Lleva unos pantalones marrones y una camiseta de manga larga azul. .... (Tomar) café y .... (pasear) al perro.
3. ☐ Su madre es morena. Lleva una falda azul y una camiseta roja. .... (Leer) un libro.
4. ☐ Su tía es rubia y tiene el pelo largo. Su tío es moreno. .... (Mirar) el lago desde un banco.
5. ☐ Su prima lleva unos pantalones rojos y una camiseta verde. Su primo lleva un pantalón marrón y una camiseta azul. .... (Jugar) en la arena.
6. ☐ Su hermana .... (hacer) yoga. Tiene el pelo negro. Lleva una camiseta de manga corta marrón y unos pantalones azules.
7. ☐ Su abuelo lleva barba y tiene el pelo blanco. Está con su abuela. .... (Sonreír) a sus nietos.

15 Escucha la descripción del carácter de los diferentes miembros de esta familia. Escribe cómo son.

[8]

1. Ana es ....
2. Su hermana es ....
3. Su madre es ....
4. Su padre es ....
5. Sus tíos son ....
6. Sus primos son ....
7. Sus abuelos son ....

16 Selecciona el demostrativo correcto según las indicaciones que se dan.

1. Quiero ir de compras porque **estos/esos/aquellos** vaqueros están muy viejos. (Aquí)
2. ¿Cuánto cuestan **estas/esas/aquellas** camisetas de manga corta de la estantería? (Ahí)
3. Me gustan **estos/esos/aquellos** bolígrafos de colores de allí. **Estos/Esos/Aquellos** son muy feos. (Aquí)
4. **Estos/Esos/Aquellos** zapatos de ahí son muy caros, pero **estos/esos/aquellos** de aquí son muy bonitos y baratos.
5. **Esta/Esa/Aquella** es la falda de mi cumpleaños. ¿A que es muy bonita? (Aquí)
6. Necesito **este/ese/aquel** bolso rojo para la fiesta; **este/ese/aquel** no es del color adecuado. (Ahí/aquí)

17 Elige el posesivo correcto en las siguientes frases.

1. Mi familia es grande, por eso **nuestra/nuestro/nuestras/nuestro** casa tiene muchas habitaciones.
2. Tu hermano y tú tenéis muchos primos. ¿Dónde viven **vuestras/vuestro/vuestra/vuestros** primos?
3. Sofía vive en un pueblo en la montaña. **Su/Sus/Mi/Mis** pueblo es precioso.
4. Tengo unas zapatillas nuevas. Me gustan **sus/tus/mis/mi** zapatillas.
5. Mis amigos tienen perros. **Sus/Su/Vuestros/Vuestro** perros son divertidos.
6. Tus vecinos no están, **su/vuestra/vuestro/sus** casa está cerrada.

18 Relaciona cada imagen con la frase correspondiente.

1. ☐ Amanda tiene muy buena relación con su hermana Marta. Están siempre juntas y hablan de sus cosas.
2. ☐ Juanjo tiene buena relación con sus compañeras y trabajan fenomenal juntos.
3. ☐ Ana a veces no tiene buena relación con su madre porque pasa mucho tiempo con su móvil.

19 **Estás de vacaciones en España y vives con una familia española. Describe cómo es su físico y su carácter. Describe también cómo es tu relación con ellos.**

....
....
....
....
....
....
....
....
....

Cultura

20 Di si la foto coincide con la actividad del diseñador/a.

1. ☐ Manolo Blahnik

2. ☐ Carolina Herrera

3. ☐ Custo Dalmau

4. ☐ Narciso Rodríguez

21 ¿A qué diseñador pertenece la siguiente información? Elige la opción correcta.

1. **Sus líneas de maquillaje y perfumes también son muy conocidas.**
   a. Custo Dalmau b. Carolina Herrera c. Narciso Rodríguez d. Manolo Blahnik
2. **Es fundador de una de las marcas de zapatos más prestigiosa del mundo.**
   a. Custo Dalmau b. Carolina Herrera c. Narciso Rodríguez d. Manolo Blahnik
3. **Su producto estrella son las camisetas, pero actualmente tiene una línea completa de moda.**
   a. Custo Dalmau b. Carolina Herrera c. Narciso Rodríguez d. Manolo Blahnik
4. **Diseñó el vestido de Michelle Obama para la inauguración presidencial.**
   a. Custo Dalmau b. Carolina Herrera c. Narciso Rodríguez d. Manolo Blahnik

22 Lee el texto sobre la diseñadora española Ágatha Ruiz de la Prada y ordénalo.

☐ Su estilo se basa también en el concepto de *moda cómoda*, en la ecología y en su relación con el arte contemporáneo.

☐ Ha publicado libros propios y diseñado portadas de libros y discos. Tiene un gran prestigio internacional y es una de nuestras mejores representantes en el extranjero.

☐ un estilo divertido, optimista y atrevido en el que el color y el volumen son protagonistas.

☐ Ágatha Ruiz de la Prada y Sentmenat (Madrid, 22 de julio de 1960) es una diseñadora de moda y empresaria española. Se puede definir el estilo de Ágatha Ruiz de la Prada como un estilo muy propio y particular,

☐ Aparte de crear líneas de ropa, diseña otros artículos como zapatos, perfumes, relojes, ropa para el hogar, papelería y muebles decorados, medias, gafas, adornos para cocina...

Unidad 5 Igual que todos los días

Palabras

1 Escribe las horas que marcan estos relojes.

1  ....

2  ....

3  ....

4  ....

5  ....

6  ....

2 Ordena los días de la semana.

- ☐ martes
- ☐ domingo
- ☐ jueves
- ☐ lunes
- ☐ miércoles
- ☐ viernes
- ☐ sábado

3 Relaciona cada acción con su imagen correspondiente.

1. ☐ Ver la tele.
2. ☐ Levantarse.
3. ☐ Acostarse.
4. ☐ Trabajar.
5. ☐ Desayunar.
6. ☐ Ducharse.

A 

B 

C 

D 

E 

F 

4 Escucha a Pablo y decide si las frases son verdaderas o falsas.

[9]

1. Pablo normalmente trabaja por la mañana. .... V F
2. Pablo normalmente se acuesta a las 22:00 h. .... V F
3. Pablo trabaja por la noche. .... V F
4. La novia de Pablo no trabaja. .... V F
5. Los hermanos de Pablo van al gimnasio cuando terminan de cenar. .... V F

5 Completa las frases con la opción adecuada.

1. Siempre pongo la .... del móvil cuando me acuesto.
   a. alarma b. reloj c. tele
2. Prefiero hacer la .... por la tarde.
   a. café b. compra c. deporte
3. Cuando me levanto por la mañana ....
   a. ceno b. como c. desayuno
4. Me lavo los .... por la mañana y por la noche.
   a. libros b. música c. dientes
5. Luisa hace .... por la mañana.
   a. deporte b. cena c. trabajo
6. Normalmente no trabajo los fines de ....
   a. día b. meses c. semana

6 Clasifica estas expresiones en la categoría adecuada.

desayuno | Hacer la compra. | Salir con amigos. | Coger el metro. | Dar un paseo. | comida
Ir a clase. | cena | Organizar un viaje. | merienda | Cenar fuera. | Hacer la cama.

Acciones cotidianas	Comidas del día	Actividades de tiempo libre

7 Marca el intruso.

1. a. ☐ Lavarse los dientes.
   b. ☐ Ducharse.
   c. ☐ Ir al cine.
   d. ☐ Acostarse.

2. a. ☐ Escuchar música.
   b. ☐ Terminar de trabajar.
   c. ☐ Leer una novela.
   d. ☐ Practicar deporte.

3. a. ☐ Salir de casa temprano.
   b. ☐ Ir a la oficina.
   c. ☐ Levantarse tarde.
   d. ☐ Poner la alarma.

4. a. ☐ Reservar un hotel.
   b. ☐ Ir a la playa.
   c. ☐ Visitar monumentos.
   d. ☐ Estudiar.

5. a. ☐ Ir de compras.
   b. ☐ Hacer los deberes.
   c. ☐ Hacer un examen.
   d. ☐ Corregir los ejercicios.

6. a. ☐ Ver la tele.
   b. ☐ Tener una reunión.
   c. ☐ Ir al gimnasio.
   d. ☐ Jugar a la videoconsola.

8 Ordena las palabras y forma frases con sentido.

1. El/de/tiendas/es/a/9:00/de/20:00 h./horario/las ....
2. los/comerciales/de/la/centros/abren/Los/todos/días/semana.
   ....
3. ¿Desayunas/casa/normalmente?/en ....
4. te/hora/qué/¿A/levantas? ....
5. prepara/la/tu/¿Quién/cena/casa?/en ....
6. horario/¿Qué/de/tienes?/trabajo ....

9 Relaciona las preguntas con las respuestas.

1. ¿Con qué frecuencia haces deporte?
2. ¿A qué hora te levantas de lunes a viernes?
3. ¿Usas el transporte público?
4. ¿A qué hora te levantas los fines de semana?
5. ¿Qué hora es?

a. Generalmente no.
b. Normalmente a las nueve o a las diez.
c. Son las siete.
d. Tres veces a la semana.
e. A las siete.

Gramática

10 Escucha y relaciona con las imágenes.

[10]

1. ☐ 2. ☐ 3. ☐ 4. ☐

11 Escribe el verbo en presente de indicativo en la persona indicada.

1. empezar, ella › ....
2. salir, nosotros › ....
3. pedir, yo › ....
4. jugar, tú › ....
5. acostarse, nosotras › ....
6. hacer, yo › ....
7. dormir, vosotras › ....
8. querer, ellos › ....
9. poder, él › ....
10. volver, nosotros › ....

12 Escribe el infinitivo de estas formas irregulares y clasifícalas en su grupo correspondiente.

~~conduzco~~ | veo | quepo | vengo | salgo | pongo | caigo | tengo | traduzco | doy | ofrezco | oigo | traigo | conozco | valgo | nazco | estoy | digo

Verbos con irregularidad en la 1.ª persona			Verbos con doble irregularidad
c › zc	-go	Otros verbos	
conducir › conduzco			

13 Completa las frases con el pronombre reflexivo adecuado: *me, te, se, nos, os, se.*

1. Isaac y yo .... levantamos a las 7:00 h.
2. ¿A qué hora .... acuesta tu marido?
3. ¿Cuándo .... vistes? ¿Antes o después de desayunar?
4. Siempre .... lavo los dientes antes de acostarme.
5. Mis hermanos .... duchan en el baño de la segunda planta.
6. ¿Cómo .... apellidáis tu hermana y tú?

14 Elige la opción adecuada para cada verbo.

1. **Salir...**
   a. casa.
   b. de casa.
   c. a casa.
2. **Hacer...**
   a. una *pizza*.
   b. la escuela.
   c. el gimnasio.
3. **Dar...**
   a. la oficina.
   b. el parque.
   c. un paseo.
4. **Contar...**
   a. un cuento.
   b. una casa.
   c. una oficina.
5. **Jugar...**
   a. música.
   b. un partido.
   c. la guitarra.
6. **Leer...**
   a. el desayuno.
   b. una flor.
   c. un libro.
7. **Preparar...**
   a. la comida.
   b. fiesta.
   c. desayuno.
8. **Tomar...**
   a. una cama.
   b. un café.
   c. a la cafetería.

15 Señala la persona y el infinitivo de los siguientes verbos irregulares conjugados.

Verbo conjugado	Persona	Infinitivo	Verbo conjugado	Persona	Infinitivo
1. pedís	*vosotros/as*	*pedir*	9. os vestís		
2. sientes			10. elijo		
3. se divierten			11. prueban		
4. comenzamos			12. sirvo		
5. puede			13. vuelan		
6. entiendo			14. cierran		
7. mides			15. juegan		
8. cuenta			16. piensas		

16 Completa las frases con los verbos conjugados en presente de indicativo.

1. Mi hermano .... (jugar) en el equipo de baloncesto de la escuela.
2. Luis y José .... (dormir) en la habitación de la segunda planta.
3. .... (Preferir) trabajar con mis compañeros.
4. Marián y yo .... (corregir) exámenes oficiales.
5. Los niños .... (volver) a casa en autobús.
6. Nunca .... (cerrar) la puerta de mi habitación para dormir.
7. Ana, ¿.............................. (querer) tomar un café?
8. Mis compañeros y yo siempre .... (pedir) permiso para ir al baño.

17 Completa el texto con los verbos que tienes a continuación conjugándolos en presente de indicativo.

medir | dormir | querer | cerrar | vivir | poder | ser | jugar | tener | preferir | divertirse | vestir

Marta, Rosa y Nieves son hermanas. Las tres [1] .... juntas en la capital. Marta es la más alta, [2] .... 1.80 y [3] .... al baloncesto. Además, estudia varios idiomas porque [4] .... ser traductora. Rosa, que [5] .... la mayor, es diseñadora de moda; [6] .... sobre todo a mujeres porque [7] .... diseñar ropa femenina. Nieves, la pequeña, quiere estudiar Farmacia para tener algún día una de esas que nunca [8] ...., de las que están abiertas las 24 horas. A veces estudia por la noche y [9] .... por el día. Las tres hermanas [10] .... mucho los fines de semana. Salen juntas o con sus amigos a cenar, a tomar algo o a bailar. Cuando [11] .... tiempo, visitan a sus padres, que viven en otra ciudad, cerca del mar. Les gusta mucho ir, sobre todo en verano, porque [12] .... ir a la playa.

18 Marca las afirmaciones correctas con respecto a la imagen.

1. ☐ Trabajan en una oficina.
2. ☐ A veces trabajan por la mañana, a veces por la tarde y a veces por la noche.
3. ☐ Generalmente llevan una bata.
4. ☐ Normalmente no hablan con mucha gente.
5. ☐ Se lavan las manos muchas veces al día.
6. ☐ Normalmente no les gusta su trabajo.

19 Clasifica las expresiones en su categoría.

todas las noches | por la tarde | por la noche | primero | antes | todas las tardes | todos los días | después

Para expresar frecuencia	Para ordenar las acciones en el tiempo	Para referirse a una parte del día

20 Completa este texto con los verbos conjugados en presente de indicativo.

Hola, [1] .... (llamarse) Ana y [2] .... (tener) 35 años. [3] .... (Vivir) con mi marido, Alfredo, en Madrid y [4] .... (trabajar) como profesora en una escuela de idiomas. Mi horario no [5] .... (ser) muy regular y Alfredo tampoco [6] .... (tener) un horario estable porque es médico.

Normalmente [7] .... (trabajar, yo) por las mañanas; [8] .... (empezar) a las nueve y media, pero a veces también [9] .... (tener) clases por las tardes y [10] .... (terminar, yo) a las diez de la noche. Cuando trabajo por las mañanas [11] .... (salir) de casa a las ocho, porque casi siempre [12] .... (ir) a la escuela a pie. Todos los profesores y estudiantes [13] .... (hacer) una pausa de 30 minutos a las doce del mediodía. Después, a las doce y media, todos [14] .... (volver) a clase hasta las dos. A veces como en la escuela, pero casi siempre [15] .... (llegar) a casa y [16] .... (hacer) la comida. Y una o dos veces a la semana [17] .... (llamar) por teléfono y [18] .... (pedir) una *pizza*. Alfredo nunca come en casa, pero siempre prepara la cena para los dos.

Todos los sábados por la mañana mi marido y yo [19] .... (ir) al supermercado para hacer la compra de la semana. El resto del finde [20] .... (hacer) deporte, [21] .... (pasear) y dos o tres veces al año [22] .... (organizar) un viaje.

21 Vuelve a leer el texto y di si las siguientes afirmaciones son verdaderas o falsas. Luego corrige las falsas.

1. Ana trabaja en un hospital. .... V F
2. Ana trabaja algunos días por la tarde. .... V F
3. Ana come en casa todos los días. .... V F
4. Ana hace un descanso de 12 a 12:30. .... V F
5. Ana normalmente va al trabajo en autobús. .... V F
6. Alfredo y Ana nunca hacen actividades juntos. .... V F
7. Alfredo cocina todas las noches. .... V F
8. Ana y Alfredo viajan varias veces al año. .... V F

....

....

....

....

22 ¿Qué haces en un día normal en tu vida? Escribe tu rutina diaria.

....

....

....

....

Cultura

23 Indica si las siguientes afirmaciones son verdaderas o falsas y corrige las falsas.

1. Una de las comidas más importante del día es la merienda. V F
2. Los menores de 30 años normalmente comen y cenan viendo la televisión. V F
3. Los estudiantes son los que menos desayunan. V F
4. Los fines de semana muchos españoles aprovechan para comer tranquilamente en casa. V F
5. De lunes a viernes los españoles quedan fuera de casa para comer con algún amigo. V F
6. Los horarios de comidas en España son diferentes a los de otros países: todo se hace más tarde. V F

....

....

....

....

24 Lee esta entrada de blog y completa las frases con la opción correcta.

Vivesano, Madrid, 22:10 pm

Los españoles, en general, tienen fama de comer bien, es verdad, pero comer bien no significa solamente comer buenos alimentos: también incluye otros hábitos como medir las cantidades y los horarios.

A los españoles les encanta celebrar todo con comida en abundancia, especialmente con cenas: en Navidad, en los cumpleaños, en los aniversarios…

Los españoles también son diferentes del resto de sus vecinos europeos porque casi todos los días cenan entre las nueve y las once de la noche. ¡Y eso que los doctores insisten en que no es recomendable cenar tan tarde! Además, cenar más tarde implica acostarse más tarde y dormir menos horas o acostarse con el estómago lleno de comida, pero…

Perdón, queridos lectores, me despido de vosotros porque llega mi mujer del gimnasio y… ¡trae una *pizza*! 😁

1. **Para Vivesano los españoles son diferentes a los otros europeos porque…**
   a. celebran todo con comida.
   b. cenan muy pronto.
   c. tienen unos hábitos alimenticios perfectos.
2. **Vivesano piensa que comer bien es…**
   a. tomar buena comida en grandes cantidades.
   b. tomar poca comida.
   c. tomar buenos hábitos y comer buenos alimentos.
3. **Vivesano…**
   a. es crítico con los españoles, por eso cena temprano.
   b. es crítico con los españoles, pero tiene hábitos españoles.
   c. cree que el hábito de cenar tarde no es perjudicial.
4. **Vivesano escribe su artículo…**
   a. después de cenar.
   b. cuando está cenando.
   c. antes de cenar.

Unidad 6 ¡Me encanta!

Palabras

1 Relaciona los lugares con las actividades que se realizan allí.

1. museo	a. Practicar deporte.
2. auditorio	b. Ver un partido.
3. teatro	c. Ver una exposición.
4. parque	d. Ver un espectáculo de danza.
5. estadio	e. Escuchar un concierto.

2 Marca las palabras que usamos con el verbo *hacer*.

1. ☐ fotos	4. ☐ deporte
2. ☐ senderismo	5. ☐ un paseo
3. ☐ en bicicleta	6. ☐ un museo

3 Coloca estos platos en el menú del día, según corresponda. Puedes usar el diccionario.

Fruta | Sopa de pescado
Gazpacho | Chuletas de cordero con patatas | Fritura de pescado | Tarta de la casa | Ensalada mixta
Helado variado | Tortilla de atún

MENÚ

PRIMER PLATO
- [1] ....
- [2] ....
- [3] ....

SEGUNDO PLATO
- [4] ....
- [5] ....
- [6] ....

POSTRE
- [7] ....
- [8] ....
- [9] ....

(Pan, agua y bebida incluidos).

11,50€

4 Elige el nombre correcto de cada lugar de Bilbao.

1. Auditorio	Arrietara	Guggenheim	Mitxelena	San Mamés	Doña Casilda	Arriaga
2. Parque de	Arrietara	Guggenheim	Mitxelena	San Mamés	Doña Casilda	Arriaga
3. Museo	Arrietara	Guggenheim	Mitxelena	San Mamés	Doña Casilda	Arriaga
4. Playa de	Arrietara	Guggenheim	Mitxelena	San Mamés	Doña Casilda	Arriaga
5. Estadio de	Arrietara	Guggenheim	Mitxelena	San Mamés	Doña Casilda	Arriaga
6. Teatro	Arrietara	Guggenheim	Mitxelena	San Mamés	Doña Casilda	Arriaga

5 Marca las actividades correctas.

1. ¿Qué podemos hacer en un restaurante o bar?
   - a. Ir a la playa.
   - b. Beber algo.
   - c. Tomar pinchos.
   - d. Ver monumentos.
   - e. Practicar escalada.

2. ¿Qué podemos hacer en la playa?
   - a. Jugar al voleibol.
   - b. Escuchar un concierto.
   - c. Pasear.
   - d. Ver una exposición.
   - e. Hacer surf.

6 Lee las definiciones y escribe la palabra correcta.

1. Lugar donde puedo tomar el sol en la arena, pasear y jugar al voleibol: ....
2. Lugar donde puedo ver una exposición: ....
3. Los puedo pedir en un bar para comer. Típicos en Bilbao: ....
4. Voy al estadio de fútbol para ver un ....
5. Espectáculo de música en directo: ....
6. Lugar donde voy para comer. Más grande que un bar: ....

7 Relaciona las frases correctamente

1. Hacer	a. de compras.
2. Ir	b. la playa.
3. Jugar al	c. el sol.
4. Tomar	d. fotos.
5. Pasear por	e. baloncesto.

8 Lee el texto y marca verdadero o falso.

Os voy a contar la oferta de ocio de mi ciudad. Si te interesa el arte, hay muchos museos donde puedes ver exposiciones. Y no es la única actividad cultural que puedes hacer: también hay un teatro importante en el que tocan orquestas de todo el mundo. A mí me gusta mucho la música, por eso voy a muchos conciertos. En cuanto al deporte, en mi ciudad hay dos equipos de fútbol muy buenos; cada uno tiene su estadio, aunque son un poco pequeños y es difícil conseguir entradas. Y mucha gente juega al voleibol en la playa; es un deporte muy practicado en verano. Los fines de semana me gusta ir a la playa por la mañana para pasear; no me gusta tomar el sol porque me parece muy aburrido y además es malo para la piel. Como veis, hay muchas actividades que hacer aquí en el tiempo libre.

1. Hay un único museo en la ciudad. .... V F
2. En el teatro solo actúan orquestas nacionales. .... V F
3. Hay dos equipos de fútbol en la ciudad. .... V F
4. Los estadios son enormes. .... V F
5. La ciudad donde vive es muy entretenida. .... V F

8a Corrige la información falsa de la actividad anterior.

....

....

....

9 Completa las frases ordenando las letras de los globos.

1. En el museo podemos ver una ó p i s o n i c e x ....
2. Podemos escuchar un concierto en el t i o r o d a u i ....
3. Me gusta ir de m p r s c a o .... al centro comercial.
4. El Puente Colgante de Vizcaya es Patrimonio de la H d d u m i a n a ....
5. Si queremos ver una película, tenemos que ir al n i c e ....

10 Escribe qué puedes hacer en tu ciudad en tu tiempo libre.

Actividades culturales ....

....

....

Actividades al aire libre ....

....

Deporte ....

....

Comidas y bebidas ....

....

Gramática

11 Relaciona.

1. Expresar gustos.
2. Expresar intereses.
3. Expresar gustos en grado máximo.

a. Me interesa.
b. Me encanta.
c. Me gusta.

12 Completa las frases.

1. Me interesan mucho ....
2. Nos encanta ....
3. A Juan le gustan ....

13 Completa el cuadro con las palabras que faltan.

(a mí)	(no)	[3]	gusta	+ [7] .... / nombre singular
([1] ....)		te	encanta	
(a él, ella, [2] ....)		le	interesa	
(a nosotros/as)		nos	gustan	+ nombre plural
(a vosotros/as)		[4]	encantan	
(a ellos, ellas, ustedes)		[5]	[6]	

14 Completa con la forma correcta del verbo *gustar*.

1. No me .... nada levantarme temprano para ir a la playa.
2. ¿Os .... las redes sociales?
3. A mi madre no le .... tomar el sol durante mucho tiempo.
4. Mario, ¿qué te .... más?, ¿ir de excursión o a la piscina del hotel?
5. ¿A ustedes les .... las vacaciones organizadas?
6. A mí no me .... los móviles con muchas aplicaciones.

15 Ordena las palabras y usa el pronombre de objeto indirecto que se indica para formar frases con sentido.

1. gusta/fútbol/al/jugar (a ella) ....
2. videojuegos/encantan/los (a ti) ....
3. interesa/lengua/la/española (a mí) ....
4. submarinismo/hacer/gusta (a vosotros) ....
5. excursión/ir/encanta/de (a Felipe) ....
6. la/interesa/ópera/mucho (a sus padres) ....

16 Relaciona la imagen con la frase correspondiente.

1 ☐ 

2 ☐ 

3 ☐ 

4 ☐ 

5 ☐ 

a. Me gusta mucho dibujar.
b. Odio cocinar.
c. No me gusta mucho la tortilla.
d. No me gusta nada el chocolate.
e. Me encantan los dulces.

El verbo ***odiar*** expresa el grado máximo de desagrado. No comparte la construcción gramatical especial de los verbos ***gustar*** y ***encantar***. Es un verbo regular que se conjuga así:

(Yo) ***Odio*** *las espinacas.*
(Tú) ***Odias*** *las películas románticas.*
(Él, ella, usted) ***Odia*** *salir de compras.*
(Nosotros/as) ***Odiamos*** *llegar tarde.*
(Vosotros/as) ***Odiáis*** *madrugar.*
(Ellos, ellas, ustedes) ***Odian*** *cenar tan tarde.*

17 Escucha y marca quién dice estas frases.

[11]

	Julia	José
1. Le gusta mucho el teatro.	☐	☐
2. Le interesan los deportes.	☐	☐
3. Le gusta ver películas, pero no le gusta mucho ir al cine.	☐	☐
4. No le gustan mucho las series.	☐	☐
5. No le gustan nada las palomitas.	☐	☐
6. Le gusta ir al cine con amigos.	☐	☐

18 Elige la opción correcta para completar los diálogos.

1. ▶ Yo trabajo los sábados por la mañana.
   ▷ **Yo también./A mí también.**
2. ▶ Me encanta la ópera.
   ▷ **Yo también./A mí también.**
3. ▶ No me interesa el fútbol.
   ▷ **A mí también./A mí tampoco.**
4. ▶ No tengo tarjeta de crédito.
   ▷ **Yo no./Yo sí.**
5. ▶ Me gusta desayunar rosquillas.
   ▷ **A mí sí./A mí también.**
6. ▶ Yo odio el fútbol.
   ▷ **Yo también./A mí tampoco.**

19 Busca en internet o en el periódico actividades de las siguientes categorías que se celebran en estos días en tu ciudad o región para completar la información.

Música	Deporte	Teatro, cine y danza	Museos y salas de exposiciones
¿Qué?	¿Qué?	¿Qué?	¿Qué?
Lugar:	Lugar:	Lugar:	Lugar:
Fecha y hora:	Fecha y hora:	Fecha y hora:	Fecha y hora:

19a Lee el texto y decide cuáles de las actividades que has encontrado se adaptan mejor a los gustos de los miembros de esta familia.

A mi madre le encanta el cine clásico, las películas en blanco y negro, pero no le gusta verlas en casa, prefiere ir al cine y verlas en versión original. Como es profesora de inglés, no tiene problemas para comprender las películas americanas. También le gusta bastante la música. A veces va con mi hermana Teresa a conciertos, sobre todo cuando son de *jazz*. Teresa estudia piano, por eso le interesan mucho los conciertos, especialmente los de música clásica. También le gusta el cine, pero prefiere ver películas actuales. A mi padre le encantan los deportes; siempre que puede va a ver partidos de fútbol, de tenis o de baloncesto. También le gusta practicar deporte, pero solo correr y nadar. A mi hermano Pedro no le interesan demasiado los deportes. A él le gusta ir a museos y exposiciones de arte moderno o antiguo. Cuando va a exposiciones fotográficas, mi hermana lo acompaña porque le gusta mucho la fotografía.

Madre	Padre	Hermana	Hermano

20 Escucha a una pareja en un restaurante y marca qué piden.

[12]

Menú del día

Primer plato	Segundo plato	Postre
Paella de marisco	Salmón a la plancha	Flan casero
Crema de verduras	Pollo asado	Arroz con leche casero
Gazpacho	Entrecot de ternera	Tarta de queso
Macarrones con tomate	Hamburguesa especial	Piña

Precio: 14 euros.

Pan, bebida y café incluidos.

21 Escribe la forma correcta de los verbos *gustar*, *encantar* e *interesar*.

A mí [1] .... (encantar) la comida rápida; [2] .... (gustar) las *pizzas* especialmente, pero las hamburguesas también. A mis padres ese tipo de comida no [3] .... (interesar). Siempre dicen que lo mejor es la comida hecha en casa, la comida casera.

A mi hermana también [4] .... (gustar) la comida rápida pero no tanto como a mí, porque a ella también [5] .... (interesar) probar otro tipo de alimentos. Pero a los dos [6] .... (encantar) los platos que preparan nuestros padres en casa.

22 Escribe las preguntas y las respuestas según el modelo. Presta atención a los emoticonos para la respuesta.

1. A ti./La última película de Harry Potter.
   ▶ *¿Te gusta la última película de Harry Potter?*
   ▷ *Sí, me gusta mucho./Sí, me encanta.*
2. A vosotros./Los museos.
   ....
   ....
3. A tu hermana./Levantarse temprano.
   ....
   ....
4. A tus amigos./Montar en bicicleta.
   ....
   ....
5. A ti./Hacer fotos con el móvil.
   ....
   ....
6. A ustedes/Los animales domésticos.
   ....
   ....

23 Lee el diálogo y marca si las siguientes afirmaciones son verdaderas o falsas.

Entrevistadora: Perdona, estoy haciendo una encuesta sobre el consumo de comida rápida. ¿Me puedes responder a unas preguntas? Es muy rápido.

Ana: Vale, sin problema. No tengo prisa.

Entrevistadora: ¿Con qué frecuencia consumes comida rápida?

Ana: Una vez a la semana. Normalmente los fines de semana si salgo con amigas y cenamos fuera, porque es lo más económico.

Entrevistadora: ¿Dónde tomas normalmente comida rápida?

Ana: En alguna hamburguesería, me gustan todas.

Entrevistadora: ¿Qué opinas de la comida rápida?

Ana: Me gusta de vez en cuando, pero no me encanta.

Entrevistadora: ¿Cuánto dinero sueles gastar cuando vas a este tipo de restaurante?

Ana: Entre 10 y 15 euros, a veces menos.

Entrevistadora: Pues eso es todo. Muchas gracias por colaborar.

Ana: De nada. Adiós.

1. Ana no tiene mucho tiempo para responder a las preguntas. .... V F
2. Suele tomar comida rápida los sábados o los domingos. .... V F
3. Tiene una hamburguesería favorita. .... V F
4. Va a esos restaurantes porque son más baratos. .... V F
5. Le gusta mucho la comida rápida. .... V F
6. En ocasiones gasta menos de 10 euros en esos restaurantes. .... V F

24 ¿Sabes cómo se llaman estas tapas? Relaciona cada nombre con su imagen correspondiente.

a. boquerones | b. gambas al ajillo | c. croquetas | d. chipirones | e. bígaros | f. buñuelos de bacalao

1 ☐

2 ☐

3 ☐

4 ☐

5 ☐

6 ☐

25 Forma el nombre completo de estas tapas.

1. huevos	bravas	de Padrón	de patatas	a la gallega	estrellados	ibérico
2. patatas	bravas	de Padrón	de patatas	a la gallega	estrellados	ibérico
3. pulpo	bravas	de Padrón	de patatas	a la gallega	estrellados	ibérico
4. jamón	bravas	de Padrón	de patatas	a la gallega	estrellados	ibérico
5. tortilla	bravas	de Padrón	de patatas	a la gallega	estrellados	ibérico
6. pimientos	bravas	de Padrón	de patatas	a la gallega	estrellados	ibérico

26 ¿Son verdaderas o falsas las siguientes afirmaciones sobre las tapas?

1. En algunas ciudades las tapas son gratuitas. .... V F
2. La tapa de mayor tamaño para compartir se llama *ración*. .... V F
3. En el norte las tapas se llaman *pinchos* y son gratuitos. .... V F
4. El pulpo es un plato típico de Madrid. .... V F
5. Las patatas bravas son picantes. .... V F
6. Los huevos estrellados son huevos cocidos con patatas. .... V F
7. Los pimientos de Padrón siempre pican. .... V F
8. Las croquetas se fríen en aceite. .... V F

Unidad 7 Buenas intenciones

Palabras

1 Escribe el nombre de cada objeto.

1

2

3

4

5

6

7

8

9

10

11

12

2 [13] Escucha la conversación entre Andrés y su amiga Clara y elige las opciones correctas a las siguientes preguntas.

1. ¿Qué va a hacer Andrés el fin de semana?
   Va a hacer senderismo./Va a bañarse en Rascafría./Va a hacer la ruta de la Cascada del Purgatorio./Va a escalar una montaña.
2. ¿Qué necesita Clara para esta actividad?
   Chanclas./Protector solar./Un impermeable./Botas de montaña./Una gorra.
3. ¿Qué necesita Clara para disfrutar de las vistas?
   Una linterna./Unos prismáticos./Una cámara fotográfica./Unas gafas de sol.

3 Imagina que estás con un/a amigo/a. Escribe un diálogo sobre las cosas que vas a hacer este fin de semana: dónde quieres ir, qué actividades vas a hacer, qué tienes que llevar, etc.

4 ¿Cuáles de las siguientes actividades haces en clase, en casa o en ambos sitios para mejorar tu español?

	En clase	En casa	Ambos
1. Trabajar en parejas.	☐	☐	☐
2. Escribir mensajes en las redes sociales.	☐	☐	☐
3. Estudiar gramática y vocabulario por internet.	☐	☐	☐
4. Escribir tu diario.	☐	☐	☐
5. Hablar por Skype con mis amigos del mundo.	☐	☐	☐
6. Hacer deberes.	☐	☐	☐
7. Buscar palabras en el diccionario.	☐	☐	☐
8. Escuchar canciones en español.	☐	☐	☐
9. Hacer intercambio de idiomas.	☐	☐	☐
10. Repasar el tema nuevo.	☐	☐	☐
11. Hacer actividades interactivas en el ordenador.	☐	☐	☐
12. Hacer exámenes.	☐	☐	☐
13. Leer libros.	☐	☐	☐
14. Escuchar audiciones.	☐	☐	☐
15. Hablar con mis compañeros.	☐	☐	☐

5 Relaciona las siguientes palabras y expresiones con su verbo correspondiente.

1. música | 2. información en internet | 3. solo | 4. intercambio de idiomas | 5. la lección | 6. audios | 7. un diario | 8. deberes | 9. en grupo | 10. un libro | 11. mensajes en redes sociales | 12. dudas en una gramática | 13. actividades interactivas | 14. palabras en el diccionario | 15. canciones | 16. cartas | 17. revistas | 18. en parejas

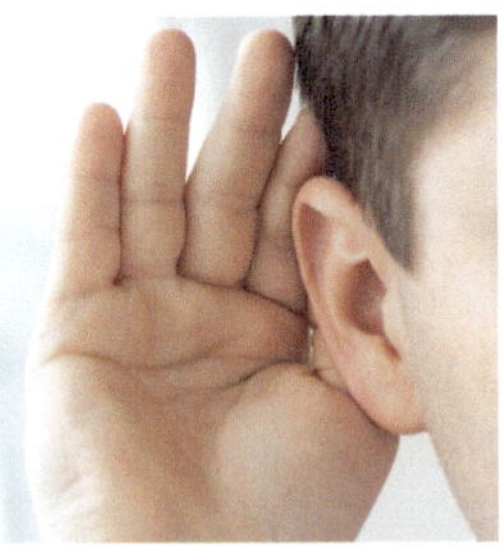

Escuchar 1, ...

Escribir ....

Leer ....

Buscar ....

Hacer ....

Trabajar ....

6 Alberto quiere mejorar su segunda lengua. Completa las frases eligiendo la expresión correcta.

1. **Puedes/Tienen que/Necesito** buscar un intercambio nativo para hablar más fuera de la clase.
2. **Puedes/Hay que/Necesitas** un libro de gramática para profundizar en las reglas.
3. En general, **hay que /tengo que/necesito** elegir una escuela con una buena metodología.
4. Tú, que ya has estudiado muchos años, **hay que/tienes que/pueden** ver películas en versión original.
5. Si es posible **tengo que/hay que/necesito** vivir un tiempo en un país donde hablan la lengua que quieres aprender.
6. Eres muy impaciente, Alberto, pero **tienes que/necesitan/pueden** ser constante en tu estudio; hablar una nueva lengua es un proceso largo.

Gramática

7 Escribe los planes de Álvaro para este verano utilizando los siguientes verbos:, *hacer, escalar, ir, quedar* y *montar.*

1. *Va a* ....

2. ....

3. ....

4. ....

5. ....

6. ....

7a Marca qué tiene que hacer Álvaro para organizar su verano, teniendo en cuenta la actividad anterior.

1. ☐ Tiene que buscar una ruta bonita para hacer senderismo.
2. ☐ Tienen que trabajar en un restaurante.
3. ☐ Tiene que preparar un equipo de escalada.
4. ☐ Tiene que comprar las entradas para el concierto.
5. ☐ Tiene que elegir un lago para hacer piragüismo.
6. ☐ Tiene que visitar a sus abuelos.
7. ☐ Tiene que acondicionar su tienda de campaña.
8. ☐ Tiene que leer una novela.
9. ☐ Tiene que llamar a sus amigos.

8 Estos son los amigos de Álvaro. Observa las imágenes con sus deseos y marca las frases correctas. Corrige las frases incorrectas.

1. ☐ Luis **quiere viajar** a Tailandia.

2. ☐ Julián **quiere tocar** rock en París.

3. ☐ Nerea **quiere recorrer** la selva en Perú.

4. ☐ María **quiere ser** cocinera.

5. ☐ Manuel **quiere enseñar** en una universidad.

6. ☐ Francisca **quiere vivir** en un pueblo.

9 El próximo mes, Elena va a ir a vivir a una nueva ciudad y está muy ilusionada con sus planes. Ordena lo que piensa hacer.

- [ ] a. Piensa comprar muebles y plantas para decorarlo.
- [ ] b. Piensa hacer una fiesta para inaugurar el apartamento.
- [ ] c. Piensa invitar a todos sus amigos.
- [ ] d. Piensa vivir en el centro.
- [ ] e. Piensa comprar bebida y comida para la fiesta.
- [ ] f. Piensa buscar un apartamento en internet.

10 [14] Antes de cambiar de ciudad, hay que hacer muchas cosas. Escucha las recomendaciones que le da Sofía a Elena y anótalas.

1. Hay .... plan .... detallado.
2. .... buscar .... nueva ....
3. .... un apartamento bien ....
4. Hay que .... una ....
5. .... hacer las ....
6. .... organizar una gran ....

11 Lee las siguientes frases y di si son verdaderas o falsas.

1. Para proponer y sugerir planes puedo utilizar la expresión: *¿Te apetece venir al parque conmigo esta tarde?* .... V F
2. Para aceptar una propuesta o invitación puedo utilizar la expresión: *Sí, claro, ¿por qué no?* .... V F
3. Para preguntar por planes e intenciones puedo utilizar la expresión: *¿Vas a ir a comer con tu madre mañana?* .... V F
4. Para rechazar una propuesta o invitación puedo utilizar la expresión: *Vale, de acuerdo.* .... V F

1 ☐
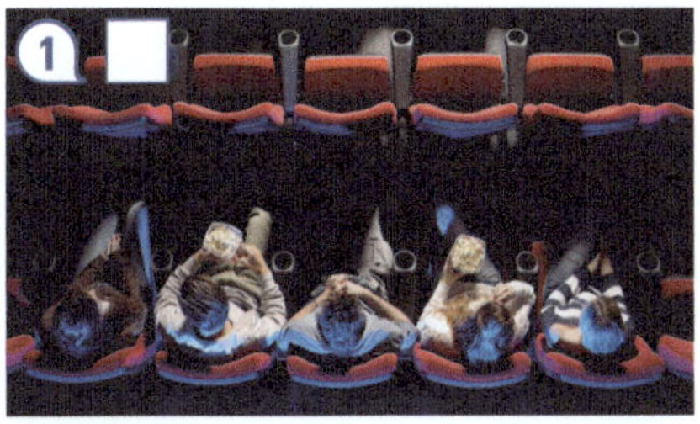

2 ☐

3 ☐

12 Relaciona los diálogos con las situaciones que representan las imágenes.

a. ▶ ¿Vas a venir con nosotros a la playa este verano?
▷ No lo sé, tengo que visitar a mis abuelos. ¿Cuándo vais?
▶ Queremos ir una semana en julio.
▷ Bueno, vale, a ver si puedo organizarme para hacer los dos viajes.

b. ▶ ¿Hacéis algo mañana?
▷ No, no tenemos planes, ¿por?
▶ ¿Os apetece salir a cenar? Hay un restaurante nuevo cerca de mi trabajo que dicen que está muy bien.
▷ ¿Qué tipo de comida es?
▶ Comida japonesa: tempura, *ramen*, *sushi*...
▷ Lo siento, pero es que a Mario no le gusta.

c. ▶ ¿Te apetece ver la nueva película de Álex de la Iglesia?
▷ Sí, creo que está muy bien, ¿no?
▶ Sí, eso dicen. Entonces, ¿vamos al cine el domingo por la tarde?
▷ De acuerdo.

13 Decide en cada caso el uso de las preposiciones *por* y *para*. Antes, lee el cuadro de la derecha para conocer dos nuevos usos de estas preposiciones.

1. ¿Están mis gafas por el escritorio?
   a. lugar aproximado b. medio c. causa
2. Para Gustavo, la música clásica es la mejor.
   a. causa b. opinión c. finalidad
3. José está contento por la noticia.
   a. destinatario b. causa c. medio
4. Este tren no va para el norte.
   a. dirección b. medio c. finalidad
5. El trabajo de Lengua es para mañana.
   a. plazo de tiempo b. dirección c. finalidad
6. Siempre nos avisan por escrito.
   a. causa b. plazo de tiempo c. medio

- La preposición *por* se usa también para expresar el **medio** de transporte, comunicación o transmisión de algo:
  Todas las noches hablamos por teléfono.
- La preposición *para* se usa también para expresar **opinión**:
  Para mí, el español es una lengua muy interesante.

14 Completa con *por* o *para*.

1. Juana estudia árabe .... trabajar como diplomática.
2. Quieren cancelar el concierto .... la salud del cantante.
3. Marcos y Manuel quieren hacer un viaje .... Marruecos.
4. Las cortinas son .... decorar el salón.
5. Normalmente comunican la respuesta .... correo electrónico.
6. Después de clase me voy .... casa.

15 Escribe estas frases en los usos adecuados de *por* y *para* que aparecen en la tabla.

a. Esa mesa es para comer.
b. El examen es por la mañana.
c. ¿Por dónde está el gimnasio?
d. ¿Vas para el centro?
e. Javi está muy preocupado por los exámenes.
f. Para mi padre, esta casa es muy pequeña.
g. Nos comunicamos por WhatsApp.
h. ¿Para cuándo son los deberes?

Por	Para
1. Lugar aproximado:	1. Dirección: ....
2. Causa:	2. Finalidad: ....
3. Parte del día:	3. Plazo de tiempo: ....
4. Medio:	4. Opinión: ....

16 Relaciona las frases y compara sus significados.

1. Muchas gracias
2. Los móviles sirven
3. Está muy cansado
4. Hace yoga
5. Rosa trabaja
6. Rosa tiene que terminar su trabajo

a. por no dormir bien.
b. para dormir bien.
c. para todo.
d. por la mañana.
e. por todo.
f. para mañana.

Cultura

17 Relaciona el nombre de estos animales que puedes encontrar en el parque natural Canaima con su imagen correspondiente.

a. rana negra de Roraima | b. oso hormiguero | c. nutria | d. colibrí | e. puma | f. anaconda

1 ☐

2 ☐

3 ☐

4 ☐

5 ☐

6 ☐

18 Marca la información incorrecta.

1. **¿Qué información general conoces del parque nacional de Canaima?**
   a. Está en el estado de Amazonas.
   b. Tiene una superficie de 30 000 km^2.
   c. Es el sexto parque nacional del mundo.
2. **¿Qué puedes ver en el parque?**
   a. Los tepuyes.
   b. El Salto del Ángel.
   c. Río Grande.
3. **¿Qué tienes que conocer si visitas el parque?**
   a. Las plantas carnívoras.
   b. El balneario Las Grutas en la provincia de Río Negro.
   c. Las piscinas naturales en el monte Roraima.

19 Elige uno de estos parques nacionales: parque nacional Galápagos, parque nacional de Tortuguero o parque nacional Los Glaciares. Completa la ficha con la información que recuerdas.

Localización

....

Extensión

....

Qué ver

Flora: ....

....

Fauna: ....

....

No te puedes ir sin conocer

....

....

....

....

Unidad 8 Cuídate

Palabras

1 Relaciona cada parte del cuerpo con su nombre correspondiente. Si no conoces alguna palabra, usa el diccionario.

1. ☐ brazo
2. ☐ cuello
3. ☐ cabeza
4. ☐ mano
5. ☐ pierna
6. ☐ pie
7. ☐ rodilla
8. ☐ estómago
9. ☐ pecho
10. ☐ espalda

2 Señala en qué parte del cuerpo está cada órgano. Si no conoces alguna palabra, usa el diccionario.

1. **cara:** a. cabeza b. espalda c. barriga
2. **labios:** a. cara b. pecho c. brazo
3. **dedos:** a. cara b. espalda c. manos
4. **oreja:** a. pie b. cabeza c. cuello
5. **boca:** a. cara b. espalda c. barriga
6. **muelas:** a. cuello b. cara c. boca
7. **nariz:** a. brazo b. espalda c. cara
8. **codo:** a. brazo b. cara c. pie

3 Ordena las letras y escribe la palabra que falta para completar las frases.

1. En las pausas del trabajo, normalmente como una i l o c o t n a a h c ...., ¡necesito dulce!
2. Por la mañana, siempre me tomo un m u z o .... de naranja.
3. No es muy conveniente beber demasiados s o c f e r s r e ...., tienen gas y mucho azúcar.
4. ¿Quieres una a t e g l l a .... de chocolate? ¡Están buenísimas!
5. Los médicos no recomiendan comer a r e o b a l l í .... industrial.
6. A mis hijos les encantan las s o g o n i a m l .... de colores, pero el dentista dice que después se tienen que lavar los dientes.

4 Observa la imagen y marca las afirmaciones correctas.

1. ☐ La chica está en el supermercado.
2. ☐ La chica quiere comer o beber algo.
3. ☐ La chica llama a su amiga por teléfono.
4. ☐ La chica está junto a una máquina de venta automática.
5. ☐ La chica quiere comprar un billete de tren.

5 Escucha a estas personas y decide qué problema tienen.

[15]

1. **Carlos:**	a. Está enfermo.	b. Está nervioso.	c. Está triste.
2. **María:**	a. Está preocupada.	b. Está enferma.	c. Está cansada.
3. **Eva:**	a. Está aburrida.	b. Tiene sueño.	c. Está nerviosa.
4. **Miguel:**	a. Está enfadado.	b. Está contento.	c. Está nervioso.

6 Lee este artículo y elige la opción correcta.

www.nutricionista.es

Soy nutricionista y a menudo respondo muchas dudas de pacientes obsesionados con su peso. Algunas personas creen que todo es blanco o negro y toman decisiones demasiado radicales en su dieta que tienen consecuencias negativas. Estos son algunos casos:

Omar, un estudiante de 22 años obsesionado con el azúcar... Nunca come dulces porque no quiere engordar, y sin embargo, pesa 89 kilos y mide 1,70 m. ¿Cómo es posible? No come dulces, pero bebe refrescos, abusa de las grasas saturadas y además se pasa diez horas sentado delante del ordenador.

Un caso opuesto, Sofía, una profesora de 40 años, preocupada porque está muy delgada. Hace tres comidas al día. Se levanta a las cinco y media para salir a correr, desayuna y después va al trabajo, donde come en treinta minutos. Más tarde va a clase de danza, después camina dos kilómetros hasta su casa, y siempre, antes de cenar, hace yoga porque dice que le ayuda a reducir el estrés.

Estos ejemplos demuestran que, a veces, el problema no es solo el qué, sino el cómo y el cuánto. Omar no sabe que no pasa nada por comer algún dulce y que el problema es que no hace ejercicio y que abusa de ciertos alimentos, y Sofía no sabe que con su ritmo de vida quizá tiene que hacer más comidas o reducir su actividad física.

Mi consejo es adaptar cantidades y tipos de alimentos a nuestras necesidades y hábitos, no solo a nuestros gustos o a creencias poco científicas, pero muy extendidas.

1. La doctora es experta en...
   a. problemas del estómago.
   b. problemas de alimentación.
   c. problemas psicológicos.
2. Omar no come dulces porque...
   a. no le gustan.
   b. son malos para los dientes.
   c. engordan.
3. Omar es...
   a. un chico poco activo.
   b. un chico muy activo.
   c. un chico muy sano.
4. Sofía está preocupada por...
   a. su alimentación.
   b. su peso.
   c. su trabajo.
5. Sofía hace...
   a. desayuno, comida y cena.
   b. desayuno, comida, merienda y cena.
   c. desayuno y merienda.
6. Para la nutricionista lo ideal...
   a. es comer poco y hacer mucho ejercicio.
   b. es comer poco y hacer ejercicio moderado.
   c. depende de cada persona y de su estilo de vida.

Gramática

7 Completa con la forma de imperativo adecuada.

[1] .... (Levantar) los brazos.
[2] .... (Subir) las manos.
[3] .... (Mantener) esa postura tres segundos.

¡[4] .... (Mirar) los colores de la verdura!
[5] .... (Cortar) los tomates con precaución.
[6] .... (Poner) las patatas en agua caliente.

¡[7] .... (Decir): "aaaaaaaaaaaaaa"!
[8] .... (Abrir) la boca.
[9] .... (Levantar) más la cabeza.

¡[10] .... (Levantarse) todos!
[11] .... (Sentir) el ritmo de la música.
[12] .... (Girar) la pierna izquierda.

8 [16] Escucha los consejos de Cristina y colócalos en el orden en que los oyes.

a. ☐ Bebe mucha agua.
b. ☐ Toma medicamentos.
c. ☐ Descansa.
d. ☐ Mantén el ambiente húmedo.
e. ☐ Sé positivo.
f. ☐ Ten paciencia.

9 Lee estos consejos para viajar y conjuga los verbos en la forma *tú* del imperativo afirmativo.

Te damos ahora algunos consejos que no debes olvidar cuando viajas. Lo más importante: [1] .... (sonreír) siempre, la sonrisa es un lenguaje universal. [2] .... (Guardar) tus documentos importantes y el dinero en un lugar seguro, pero [3] .... (tenerlos) siempre a mano. No todo está en las fotografías; [4] .... (llevar) siempre contigo una libreta y [5] .... (escribir) en ella tus impresiones, las cosas que más llaman tu atención y lo que aprendes en cada lugar. [6] .... (Ir) a los sitios más importantes, pero también a otros menos famosos para conocer mejor la realidad del lugar. [7] .... (Hablar) mucho con la gente, así vas a entender mejor su cultura. [8] .... (Ser) amable y [9] .... (adaptarse) a sus costumbres. Recuerda que eres tú quien está de visita en su país. Y, sobre todo, [10] .... (divertirse) mucho, [11] .... (aprovechar) bien la experiencia y [12] .... (hacer) muchos amigos nuevos.

9a Cambia ahora los verbos de la actividad anterior a la forma *vosotros/as* del imperativo afirmativo.

1. sonreír: ....
2. guardar: ....
3. tener: ....
4. llevar: ....
5. escribir: ....
6. ir: ....
7. hablar: ....
8. ser: ....
9. adaptarse: ....
10. divertirse: ....
11. aprovechar: ....
12. hacer: ....

10 Escribe al menos otros tres consejos que te parecen importantes cuando alguien hace un viaje. Usa la forma *tú*.

1. ...
2. ...
3. ...

11 Completa estos diálogos con pronombres de objeto directo.

1. ▶ ¿Conoces a Javi y a Sonia?
   ▷ Sí, ... conozco, estudian en mi escuela.
2. ▶ Hoy tengo que comprar el billete de tren.
   ▷ ¿......... vas a comprar por internet?
3. ▶ La profesora Carmen está enferma hoy.
   ▷ ¿Sabes quién .... va a sustituir?
4. ▶ Normalmente hago los deberes en casa.
   ▷ Yo prefiero hacer......... en la biblioteca.
5. ▶ ¿Dónde pasas tus vacaciones?
   ▷ .... paso en Canarias con mi familia.
6. ▶ ¿Cuándo quieres reservar el hotel?
   ▷ .... quiero reservar hoy.
7. ▶ ¿Puedes llevar la maleta al coche?
   ▷ Sí, claro, ¿dónde .... pongo?
8. ▶ Necesitamos comprar una guía de viaje.
   ▷ Tranquilo, ... compramos en el aeropuerto.

12 Combina las tres columnas para formar frases.

1. El billete	a. la llevan a la escuela	A. por internet.
2. A Juan y a mí no	b. os va a llamar	B. en la mochila.
3. A Elena	c. la guardamos	C. yo.
4. A Roberto y a ti	d. lo reservamos	D. el nuevo profesor.
5. La toalla	e. los preparo	E. el director mañana.
6. Los bocadillos	f. nos conoce	F. en coche.
7. A Manuel y a Cristina	g. las limpio	G. un libro de viajes.
8. Las botas	h. les voy a recomendar	H. después de la excursión.

13 Marca las frases correctas.

1. ☐ Me encanta esta tienda, recomiéndola a todo el mundo.
2. ☐ ¿Has visto el libro nuevo? Lo estoy leyendo estos días.
3. ☐ ¿Dónde está Laura? No la veo por ningún lugar.
4. ☐ Necesito hablar con Juan, estoy lo buscando toda la mañana.
5. ☐ No puedes usar este ordenador, estoy usándolo yo.
6. ☐ Claudia y Elena son muy amigas, veo las todos los días juntas.
7. ☐ Enrique y Miguel son gemelos y la gente los confunde.

14 Lee la descripción y decide qué estado físico o de ánimo del recuadro presenta.

triste | cansado/a | aburrido/a | estresado/a | preocupado/a

1. Pienso mucho, duermo poco, hablo mucho del mismo asunto, estoy ....
2. Mis amigos no están, en la calle llueve y no sé qué hacer, estoy ....
3. Tengo mucho trabajo y poco tiempo, necesito relajarme, estoy ....
4. Lloro mucho, no me apetece hablar, no sonrío, estoy ....
5. Trabajo muchas horas y descanso poco, estoy ....

15 Elige la opción correcta.

1. **Me duele/Me duelen** la cabeza.
2. **Me pica/Me pican** los ojos.
3. **Tengo/Estoy** cansado-a.
4. **Estoy/Tengo** dolor de espalda.
5. **Tengo/Estoy** alergia.
6. **Me duele/Estoy** el estómago.
7. **Me duelen/Me duele** las piernas.
8. **Me siento/Tengo** mareado-a.
9. **Estoy/Tengo** vómitos.
10. **Me siento/Tengo** tos.
11. **Tengo/Estoy** malo-a.
12. **Me duele/Me siento** la garganta.

16 Clasifica estos enunciados en su categoría correspondiente.

1. Introduzca una moneda.
2. ¡Cierra la ventana!
3. Bebe mucho líquido y descansa.
4. Seleccione su producto.
5. Pórtate bien y haz los deberes.
6. Ve a Santander, es una ciudad preciosa.
7. Gira a la izquierda y continúa por esa calle.
8. Prueba este refresco, está muy bueno.

Órdenes	Consejos	Instrucciones

17 Transforma estos imperativos con los verbos *tener*, *poder* o *deber*.

1. Juan, estudia más. › Juan, ... que estudiar más.
2. Envía el correo esta tarde. › .... enviar el correo esta tarde.
3. Acuéstate temprano. › .... que acostarte temprano.
4. Quita el plástico antes de abrir la caja. › .... quitar el plástico.
5. Pasa, pasa, ahora no estoy muy ocupado. › .... pasar, ahora no estoy muy ocupado.

18 Completa las frases con la opción adecuada.

1. **¿Me prestas ....?**
   a. un bolígrafo b. escribir
2. **¿Puedo ....?**
   a. salida a las tres b. salir a las tres
3. **Por favor, ¿puedes ....?**
   a. hablar más alto b. habla más alto
4. **No .... prestarte dinero, tengo muchos gastos este mes.**
   a. tengo que b. puedo
5. **Debes .... antes de las tres.**
   a. terminar b. que terminar
6. **No .... que hablar en clase.**
   a. debes b. hay

19 Clasifica estas intervenciones en la tabla.

1. ¿Me das un papel?
2. ¿Puedo salir antes de terminar?
3. ¿Puedes ayudarme a limpiar el salón?
4. ¿Me prestas veinte euros?
5. ¿Puede conducir más despacio?
6. ¿Puedo usar tu teléfono?
7. ¿Me dejas tu vestido naranja para esta noche?
8. ¿Puedes enviar el correo esta tarde?

Pedir un objeto	Pedir un favor	Pedir permiso

Cultura

20 Observa las imágenes y elige el enunciado que corresponde con la dieta mediterránea.

a. Come carne y pescado todos los días como carbohidrato.
b. Evita la carne, el pescado y los huevos, son muy grasos.
c. Carne magra, pescado y huevos son la mejor proteína.

a. Los cereales, la pasta y el pan tienen muchas calorías, come pocos.
b. Los carbohidratos como pan, arroz y otros cereales son la base de la dieta.
c. Come solamente cereales integrales.

a. La verdura y la fruta aportan mucha proteína.
b. Come frutas frescas todos los días, son ricas en vitaminas.
c. Puedes comer postres dulces con un poco de fruta todos los días.

a. Los dulces se deben tomar por la noche.
b. La tolerancia a la glucosa es menor por la noche.
c. El alimento principal de la dieta mediterránea son los dulces.

a. Reduce el aceite de oliva.
b. Los fritos no aportan casi calorías.
c. Usa aceite de oliva como grasa principal.

a. Usa leche y azúcar para tus postres diarios.
b. Incluye lácteos en tu dieta diaria.
c. Elimina los lácteos, tienen mucho azúcar.

21 **Decide si estas afirmaciones sobre la dieta mediterránea son verdaderas o falsas.**

1. La fruta es un postre mejor que los dulces. .... V F
2. El problema de la dieta mediterránea son los productos procesados. .... V F
3. En la dieta mediterránea el arroz, la pasta y los cereales son muy importantes. .... V F
4. Cocina con mucha mantequilla, es un lácteo muy sano. .... V F
5. Es una dieta vegetariana, no incluye carne roja. .... V F

Unidad 9 ¡Vaya día!

Palabras

1 Relaciona cada alimento con su nombre correspondiente.

agua | cebollas | azúcar | arroz | mermelada | aceitunas | salchichas | sardinas

1

....

2

....

3
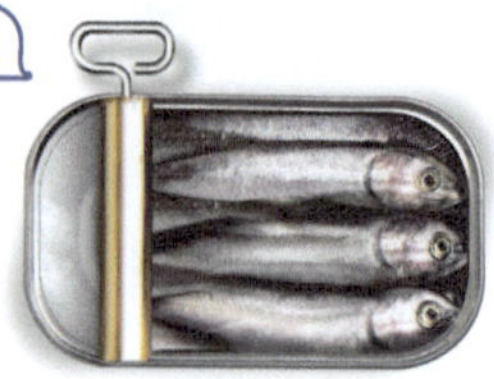
....

4

....

5

....

6

....

7

....

8

....

2 Elige la opción correcta.

1. una botella de **harina/agua/leche/mermelada/sardinas/patatas fritas**
2. una lata de **harina/agua/leche/mermelada/sardinas/patatas fritas**
3. un paquete de **harina/agua/leche/mermelada/sardinas/patatas fritas**
4. una bolsa de **harina/agua/leche/mermelada/sardinas/patatas fritas**
5. un brik de **harina/agua/leche/mermelada/sardinas/patatas fritas**
6. un bote de **harina/agua/leche/mermelada/sardinas/patatas fritas**

3 Escribe el nombre de estos alimentos.

1. ....

2. ....

3. ....

4. ....

4 Relaciona.

1. una barra de	a. huevos
2. un litro de	b. pan
3. un kilo de	c. aceite
4. una docena de	d. manzanas
5. un paquete de	e. calamares a la romana
6. un bote de	f. azúcar
7. una bolsa de	g. tomate frito
8. una ración de	h. frutos secos

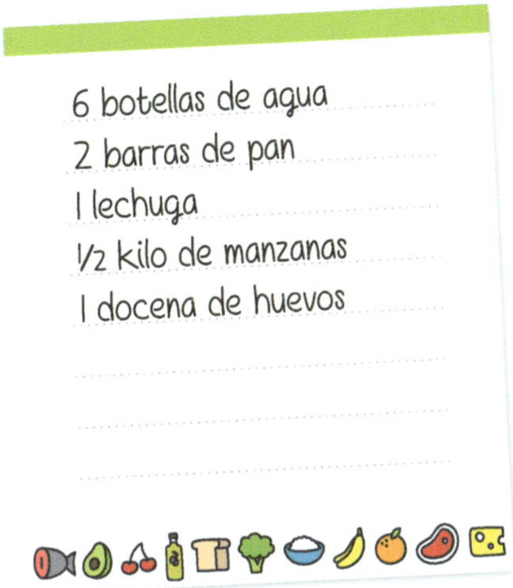

5 Lee el texto y marca verdadero o falso.

Esta mañana he ido al supermercado y he hecho la compra. Siempre hago una lista para no olvidarme de nada, pero a veces compro más cosas de las que necesito.

Por ejemplo, el agua. He comprado doce botellas porque bebo mucho y ahora hace calor. He comprado dos barras de pan y dos kilos de manzanas. He comprado tantas porque voy a hacer un pastel de manzana. Por supuesto, he comprado huevos, pero media docena, porque en casa tengo todavía algunos. Y aunque no está en mi lista, también he comprado un par de bolsas de patatas fritas y un paquete de galletas para desayunar. Creo que no he olvidado comprar nada de la lista…

1. Siempre hace la lista de la compra antes de ir al supermercado. V F
2. Ha comprado seis botellas de agua. V F
3. Normalmente bebe poca agua. V F
4. Ha comprado medio kilo de manzanas. V F
5. Ha comprado media docena de huevos. V F
6. Ha comprado dos bolsas de patatas fritas. V F
7. Ha olvidado comprar algo de la lista. V F

6 Lee esta receta y escribe los ingredientes que tienes que comprar para prepararla. No olvides indicar los envases y/o las cantidades.

Receta de arroz a la cubana para 6 personas

En primer lugar, pela los plátanos (uno por persona), córtalos por la mitad a lo largo y fríelos en una sartén con un poco de mantequilla.

Por otra parte, cuece el arroz en agua con sal durante 18 minutos. Calcula el equivalente a una tacita de arroz por persona.

Una vez cocido, rehógalo con un poco de aceite de oliva y un ajo para que tenga más sabor. A continuación fríe dos huevos por persona.

Por último, haz unas salchichas a la plancha (dos por persona).

Pon en cada plato dos mitades de plátano, dos huevos fritos, una porción de arroz, dos salchichas y, por último, echa por encima un poco de salsa de tomate frito.

Ya tienes preparado un plato barato, nutritivo… ¡y delicioso!

INGREDIENTES

....
....
....
....
....
....
....
....
....

7 Elige los alimentos que corresponden a cada categoría.

1. Alimentos perecederos: **azúcar/pasta/huevos/marisco/fruta/harina**
2. Alimentos no perecederos: **azúcar/pasta/huevos/marisco/fruta/harina**

8 Completa el texto ordenando las letras de los globos para formar las palabras que faltan.

1. Un banco de alimentos es una organización (n) (é) (c) (i) (a) (f) (e) (b) .... sin ánimo de lucro.
2. Recogen alimentos que la gente (o) (d) (n) (a) .... y los distribuyen.
3. Su objetivo es dar de comer a personas sin (c) (s) (u) (r) (o) (r) (e) ....
4. Necesitan recoger principalmente alimentos no (p) (d) (o) (e) (e) (e) (c) (r) (e) (s) (r) ....
5. Los alimentos en (a) (a) (l) (t) .... son más adecuados porque se conservan mucho más tiempo.

Gramática

9 Completa la tabla con las formas verbales que faltan del pretérito perfecto.

	Hablar	Comer	Vivir
yo	[1]	he comido	he vivido
tú	has hablado	has comido	[6] ....
él, ella, usted	ha hablado	[4]	ha vivido
nosotros/as	[2]	hemos comido	hemos vivido
vosotros/as	habéis hablado	[5]	habéis vivido
ellos, ellas, ustedes	[3]	han comido	han vivido

10 Escribe los participios de estos infinitivos.

1. abrir ....
2. decir ....
3. escribir ....
4. hacer ....
5. morir ....
6. poner ....
7. romper ....
8. ver ....
9. volver ....

11 Escribe la forma correcta del pretérito perfecto de los verbos entre paréntesis.

Esta mañana [1] .... (levantarse, yo) pronto y [2] .... (desayunar) un café y unas tostadas. Después [3] .... (salir) de casa y [4] .... (coger) el autobús para ir a la oficina. Durante el día [5] .... (escribir) muchos correos electrónicos. También [6] .... (hacer) varios informes y [7] .... (terminar) algunos trabajos pendientes. Antes de volver a casa [8] .... (ir) con mi sobrina al cine y [9] .... (ver, nosotros) una película preciosa.

12 Elige la opción correcta.

1. En esta habitación no hay **nada/ningún**.
2. He hablado con **algún/alguien**, pero no recuerdo quién era.
3. No hay **alguna/ninguna** razón para no hacerlo.
4. ¿Has hecho **algún/alguno** deporte de riesgo?
5. He probado **algunos/ningunos** platos de comida japonesa.
6. Estoy aburrido, en este parque no hay **alguien/nadie**.
7. ¿Tienes **algunas/ningunas** tijeras?
8. No quiero **nada/algo** más, gracias.

13 Elige la opción correcta para completar el diálogo.

▶ ¿Qué tal, Juan? Hace mucho tiempo que no te veo. ¿Has hecho [1] **algún/alguno/ningún** viaje este año?

▷ Sí, he estado en París. He ido con [2] **algunas/algunos/ningunos** amigos. Ha sido muy divertido. Y tú, ¿has hecho [3] **nada/alguno/algo** este verano?

▶ Pues no. No he hecho [4] **algún/nada/ningún** viaje. He estado en casa todo el verano y ha sido muy aburrido porque en el pueblo no hay [5] **nada/nadie/algo** que hacer.

▷ No conozco a [6] **ningún/alguno/nadie** de tu pueblo, solo a ti. ¿Hay muchos habitantes?

▶ No muchos, y además el pueblo es pequeño.

Peñíscola, Valencia

14 [17] Escucha y marca quién ha hecho estas cosas.

	Emilio	Marta
1. Ha estado en un espá.	☐	☐
2. Ha alquilado un coche.	☐	☐
3. Ha tomado el sol.	☐	☐
4. Ha hecho muchas fotos.	☐	☐
5. Se ha enamorado.	☐	☐
6. Ha comprado regalos.	☐	☐

15 [18] Fíjate en las imágenes. Escucha la conversación de Jaime con su madre y marca las acciones que mencionan.

1 ☐ 

2 ☐ 

3 ☐ 

4 ☐ 

5 ☐ 

6 ☐ 

7 ☐ 

8 ☐ 

15a [18] Vuelve a escuchar y escribe en la tabla qué acciones ha realizado Jaime y cuáles no.

Sí...	No...

16 Carlos ha hecho este balance del último año. Para conocerlo, completa el texto con los verbos del recuadro en pretérito perfecto.

escribir | hacer | alquilar | ir | comprar | adoptar | empezar | poner | terminar | aprender | viajar | visitar | conocer | ser | comenzar | contar

Este año [1] .... muy especial, [2] .... un montón de cosas interesantes. [3] .... mis estudios y [4] .... a trabajar en una clínica veterinaria. Además, [5] .... a otros países y [6] .... a mucha gente.

También [7] .... un blog donde [8] .... mis viajes y [9] ....

muchas fotografías de los diferentes lugares del mundo que [10] .... Una cosa muy importante: [11] .... un apartamento y me [12] .... a vivir solo. Es una experiencia muy interesante porque descubres muchas cosas nuevas de ti mismo.

Hace dos meses que [13] .... una perra, se llama Tula y ahora tiene siete meses. Esta semana también [14] .... a ir al gimnasio porque quiero mantenerme en forma. ¡Ah! Y [15] .... a conducir, aunque todavía no me [16] .... ningún coche.

16a Lee de nuevo el texto y marca verdadero o falso.

1. Carlos tiene nuevos amigos. .... V F
2. Carlos no ha terminado sus estudios. .... V F
3. Carlos conoce otros países. .... V F
4. Carlos ahora está escribiendo un blog. .... V F
5. A Carlos no le gusta vivir solo. .... V F
6. Carlos tiene un perro. .... V F
7. Carlos está aprendiendo a conducir. .... V F
8. Carlos tiene coche. .... V F

17 Lee y marca verdadero o falso.

He pasado toda la mañana en el nuevo centro comercial. He llegado allí a las 10 y hasta las 6 de la tarde no he salido. Es increíble, me ha gustado mucho. Nunca he ido a un centro comercial tan grande. He comprado bastante ropa porque es temporada de rebajas y todo está muy barato. Además, paseando por allí, me he encontrado con Aitana, mi mejor amiga, y juntas hemos ido a tomar algo a una cafetería. Ella ha pedido un café con leche y yo un té. Después hemos entrado en una óptica y hemos visto modelos de gafas realmente originales. Nos hemos probado algunas, pero no hemos comprado nada. Finalmente hemos comido en una pizzería un poco cara, la verdad, pero no hemos encontrado nada más barato. Tengo que volver porque mi hermano, que ya ha estado allí, me ha dicho que hay un restaurante de comida mexicana fantástico. Ha sido un día genial.

1. Ha estado en el centro comercial diez horas. .... V F
2. Le ha gustado un poco. .... V F
3. La ropa ahora está más barata. .... V F
4. Ha quedado con su amiga en una óptica. .... V F
5. Se han comprado un par de gafas. .... V F
6. Han comido en un restaurante un poco caro. .... V F
7. Su hermano ya conoce el centro comercial. .... V F
8. Ha pasado un día regular. .... V F

18 Recuerda y escribe qué cosas has hecho en los siguientes momentos.

Esta mañana... ....

....

Este fin de semana... ....

....

Este verano... ....

....

....

19 Di si las siguientes expresiones son positivas (P) o negativas (N).

1. ¡Qué mala suerte! .... P N
2. Es terrible. .... P N
3. Ha sido increíble. .... P N
4. Es muy bueno. .... P N
5. ¡Qué pena! .... P N
6. Es horrible. .... P N

20 Elige la opción correcta para formar el nombre completo de estos lugares de interés de Hispanoamérica.

1. Cenotes, depósitos de **Tikal/Pascua/Panamá/los siete colores/sal/agua dulce**
2. El canal de **Tikal/Pascua/Panamá/los siete colores/sal/agua dulce**
3. Las Pirámides de **Tikal/Pascua/Panamá/los siete colores/sal/agua dulce**
4. Vinicunca, la montaña de **Tikal/Pascua/Panamá/los siete colores/sal/agua dulce**
5. El salar de Uyuni, un desierto de **Tikal/Pascua/Panamá/los siete colores/sal/agua dulce**
6. La isla de **Tikal/Pascua/Panamá/los siete colores/sal/agua dulce**

21 Estos son seis lugares de interés de Hispanoamérica. Cinco de ellos corresponde a cinco de los sitios mencionados anteriormente. Escribe su nombre. Hay un lugar que no se ha mencionado, ¿cuál? ¿Sabes cómo se llama y dónde está?

1. ....

2. ....

3. ....

4. ....

5. ....

6. ....

22 ¿Son verdaderas o falsas las siguientes afirmaciones sobre el mundo hispano?

1. La Paz es la capital más alta del mundo. .... V F
2. Colombia es el segundo país exportador de flores del mundo. .... V F
3. Nicaragua no tiene ejército. .... V F
4. El canal de Panamá es una de las mayores obras de ingeniería del mundo. .... V F
5. Honduras es el país más pequeño de Centroamérica. .... V F
6. Uno de los glaciares más espectaculares del mundo está en Cuba. .... V F
7. El Aconcagua es el lago más grande del mundo. .... V F
8. El desierto de Atacama está en Chile. .... V F

Unidad 10 Estamos de fiesta

Palabras

1 Fíjate en las imágenes y completa las palabras con las letras que faltan.

1. p .... á .... n ....

2. .... s c.... d ....

3. .... p .... s

4. .... st .... l .... s

5. .... e .... h ....

6. t .... m .... e ....

2 Escribe las categorías del recuadro en el grupo de alimentos adecuado y luego marca el intruso de cada grupo.

Fruta | Verdura | Dulces | Lácteos

1. ....
   a. lechuga
   b. cebolla
   c. tapa
   d. zanahoria
   e. tomate

2. ....
   a. mantequilla
   b. jamón
   c. queso
   d. leche
   e. yogur

3. ....
   a. plátano
   b. manzana
   c. arroz
   d. naranja
   e. piña

4. ....
   a. helado
   b. chocolate
   c. pan
   d. tarta
   e. pasteles

3 Relaciona cada palabra del recuadro con su imagen correspondiente.

a. cuchara | b. botella | c. vaso | d. taza | e. tenedor | f. servilleta | g. cuchillo | h. plato

1 ☐

2 ☐

3 ☐

4 ☐

5 ☐

6 ☐

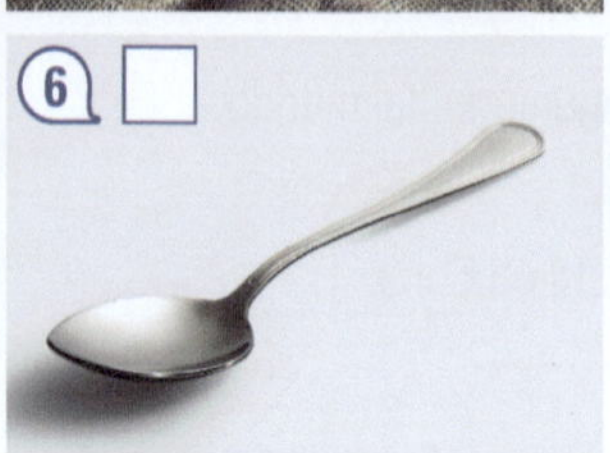

7 ☐

8 ☐

3a Completa cada frase con la palabra adecuada de la actividad anterior.

1. Utilizo la .... para tomar la sopa.
2. El agua normalmente se sirve en un .... que suele ser de cristal.
3. Por la mañana, me encanta tomar una .... de chocolate caliente.
4. Normalmente servimos la comida en un ....
5. El .... se usa para cortar la carne, la fruta o un trozo de tarta.
6. Cuando como, me limpio la boca y los dedos con una ....
7. Cuando voy a un restaurante chino, siempre pido un ...., no sé comer con palillos.
8. El agua está en una .... de plástico.

4 Relaciona.

1. ¡Muy	a. viaje!
2. ¡Muchas	b. vacaciones!
3. ¡Felices	c. aproveche!
4. ¡Buena	d. suerte!
5. ¡Que	e. felicidades!
6. ¡Buen	f. bien!
7. ¡Feliz	g. cumpleaños!

4a Reacciona usando la expresión adecuada de la actividad anterior. Hay dos expresiones que valen para la misma situación.

1. Me voy a Roma. ....
2. Hoy es mi cumpleaños. ....
3. Bueno, voy a comer. ....
4. Hoy tengo un examen. ....
5. Me voy dos semanas a la playa. ....

5 Fíjate en las imágenes. Marca aquellas en las que se puede decir *¡Enhorabuena!*

1 ☐

2 ☐

3 ☐

4 ☐

6 Lee y responde según tu experiencia.

Si no sabes una palabra, pero sí conoces una relacionada con ella, ¿intentas imaginar cómo se dice esa palabra? Marca qué haces si, por ejemplo, conoces la palabra *cantar* pero no cómo se dice la persona que canta.

1. Prefieres no decir nada o preguntar antes que inventar. .... SÍ NO
2. Piensas en otras palabras que se derivan de verbos y lo intentas aplicando el mismo modelo. .... SÍ NO
3. Te inventas una terminación. .... SÍ NO
4. Describes lo que quieres decir; por ejemplo, es la persona que canta, para no decir una palabra que no sabes. .... SÍ NO

Gramática

7 Observa la imagen y completa las frases.

1. Lidia es .... alta .... Juan.
2. Álex es .... delgado .... Lidia.
3. Hugo es .... alto .... Julia.
4. Juan y Julia son .... morenos .... Hugo.
5. Lidia tiene el pelo .... claro .... Julia.
6. Juan es .... alegre .... Hugo.
7. Álex está .... contento .... todos.
8. Hugo es .... moreno .... Álex.
9. Julia es .... alta .... los demás.

8 [19] Escucha y marca verdadero o falso.

1. Los horarios de Marruecos se parecen menos a los españoles que los europeos. .... V F
2. Los españoles comen más tarde que el resto de los europeos. .... V F
3. Para los españoles, el mediodía es entre la una y las dos. .... V F
4. En Egipto y en Marruecos cenan tan tarde como en España. .... V F
5. Los españoles cenan dos o tres horas más tarde que en el resto de Europa. .... V F
6. Los italianos se acuestan tan tarde como los españoles. .... V F

8a Ahora lee y comprueba tu respuesta anterior.

Los horarios en España son muy distintos a los que tienen en el resto de Europa, incluso en países mediterráneos como Italia o Grecia. Los horarios en que los españoles comen, cenan o se acuestan se parecen más a los horarios de países como Marruecos, Túnez o Egipto; son prácticamente los mismos.

Los italianos, por ejemplo, suelen comer a las doce y media o la una, mientras que los españoles comen normalmente entre las dos y las tres, igual que en los países del otro lado del Mediterráneo. Cuando un español habla del mediodía, se refiere a la hora de comer, a las dos o a las tres. Por eso, si alguna vez un español te dice: "Nos vemos a mediodía", pregunta la hora exacta si no quieres estar esperando durante dos o tres horas. También en España, como en Marruecos o en Egipto, se cena tarde, alrededor de las diez o incluso después; mientras que en el resto de Europa se cena mucho antes, entre las siete y las ocho.

También la hora de irse a dormir es más tarde en España, entre las once y media y la una. Solo en los países del norte de África puedes ver a tanta gente por la calle como en España después de las once.

9 Escribe un texto de unas setenta palabras para comparar los horarios de tu país con los de España.

....

....

....

....

....

....

....

10 Completa las frases con la forma adecuada de los verbos *ser* o *estar*.

1. Aquel .... el colegio donde estudia mi hermano pequeño.
2. El sofá que .... al lado del blanco .... más barato.
3. Yo .... ya bastante cansado y .... solo las diez de la mañana.
4. Marta no .... tan seria, es que hoy .... preocupada.
5. Juan y yo .... muy amigos, pero últimamente .... enfadado con él.
6. La chica que .... con Raquel .... Silvia. Ella .... la novia de su hermano; creo que .... peruana.
7. Mi móvil .... roto, no funciona. ¿Dónde .... el tuyo?
8. La casa .... muy fría. .... normal, todas las ventanas .... abiertas.

11 Elige la opción correcta.

1. Eva hoy **es/está** muy rara.
2. Los hermanos de Javi **son/están** altos.
3. La puerta del salón **es/está** cerrada.
4. ¿Por qué **eres/estás** tan contento?
5. El trabajo ya **es/está** terminado.
6. No me gusta esa novela, **es/está** una historia muy triste.
7. Antonio **es/está** un primo de mi novia.
8. Gracias, Miguel, **eres/estás** muy amable.
9. ¿**Eres/Estás** enfermo? ¿Qué te pasa?

12 Steve tiene algunos problemas con *ser* y *estar*. Corrige los errores del correo electrónico que ha escrito.

De: Steve   Para: Nuria   Asunto: Estudiando español

Hola, Nuria:

¿Cómo estás? Yo soy muy contento; estoy en segundo curso de español y creo que ahora hablo mucho mejor, ¿no crees? Estudio en una escuela nueva que está muy cerca de mi casa. La profesora es española, está de Sevilla. Es muy simpática y, además, está muy buena profesora. Sus clases son bastante divertidas y aprendemos muchas cosas. Las clases son dos días a la semana. Mi grupo está muy pequeño, estamos tres chicos y cuatro chicas. Todos son bastante simpáticos. Bueno, y tú, ¿en qué curso eres de inglés?

Steve

13 Relaciona las descripciones con su imagen correspondiente.

1 

2 

3 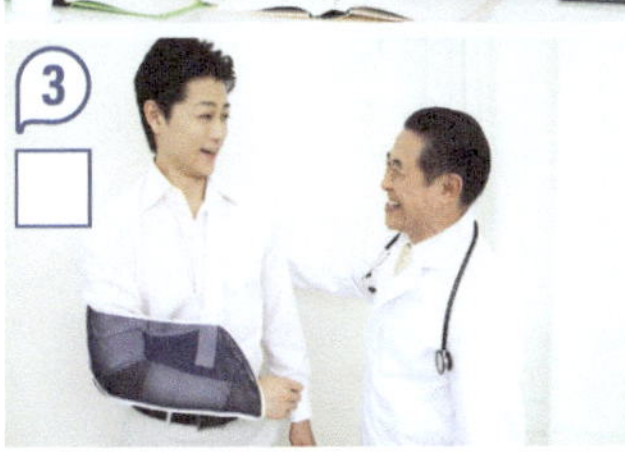

a. Es una chica, tiene el pelo castaño y es bastante joven. Normalmente es muy activa, pero ahora está enferma, por eso está en la cama.

b. Es un chico joven. Es muy moreno y bastante guapo. Es estudiante y está muy contento porque está en su coche nuevo.

c. Es Hiro, es japonés y no es muy joven, tampoco es muy alto. Es médico y ahora está en el hospital con un paciente.

d. Es rubia. Tiene el pelo largo y rizado y los ojos claros. Es una niña pequeña. Ahora está en el campo.

e. Es un hombre joven, es moreno. Está en la oficina y está enfadado porque tiene mucho trabajo.

f. Es una profesora. Es morena, tiene el pelo largo y es bastante joven. Está en la clase y está un poco preocupada.

4 

5 

6 

13a Fíjate en el chico de la imagen y escribe su descripción siguiendo los modelos de la actividad anterior.

....

....

....

....

....

....

14 Elige el ejemplo correcto para cada uso de los verbos *ser* y *estar*.

1. **Estado o situación provisional.**
   a. Juana es muy simpática.
   b. El parque no está muy lejos de aquí.
   c. La comida ya está preparada.
   d. El profesor está un poco resfriado.
2. **Relación personal o de pertenencia.**
   a. La película es muy interesante.
   b. La Habana está en Cuba.
   c. Sara y David son hermanos.
   d. Es un queso muy bueno, el mejor de la región.
3. **Resultado de una acción.**
   a. Mi madre está feliz
   b. Ya está planchada toda la ropa.
   c. Creo que estáis demasiado estresados.
   d. El periódico está en la mesa del comedor.
4. **Calidad de las cosas.**
   a. Este móvil es demasiado pequeño.
   b. Creo que ese es el coche de Susana.
   c. Su último libro es bastante bueno.
   d. La mesa es de madera y cristal, es muy bonita.
5. **Identificar.**
   a. Juan y Sonia son muy amigos.
   b. Estas son las gafas de Jaime.
   c. El agua de esta ciudad es muy buena.
   d. Este es un dulce típico de mi país.
6. **Describir el carácter de las personas.**
   a. Ana está muy preocupada hoy.
   b. Juan es muy alegre y sociable.
   c. Mi hermano está bastante enfadado.
   d. Mi profesora hoy está muy nerviosa.

15 Clasifica las palabras del recuadro en la tabla.

rápido/a | enfadado/a | fiel | valiente | de buen humor | enfermo/a | inteligente | increíble | roto/a | preocupado/a

Ser	Estar

16 Lee y responde según tu experiencia.

Hay actividades de gramática que consisten en identificar errores y corregirlos. ¿Cómo haces este tipo de actividades?

1. Repasas primero las reglas de gramática del tema de la actividad. .... SÍ NO
2. Aplicas las reglas de gramática según las recuerdas. .... SÍ NO
3. Corriges todo aquello de lo que dudas. .... SÍ NO
4. Corriges solo aquello de lo que estás seguro. .... SÍ NO

Cultura

17 Escribe las palabras del recuadro debajo de la imagen correspondiente.

regalo | piñata | palmada | baile | harina | vestido

1 
....

2 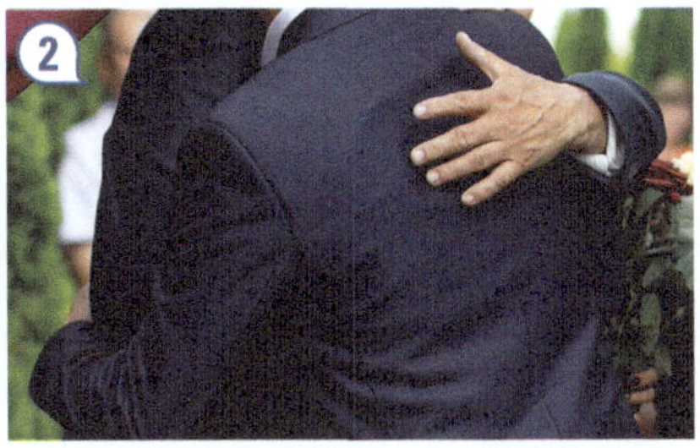
....

3 
....

4 
....

5 
....

6 
....

18 Lee los textos y marca qué tres países no se corresponden con la tradición que se menciona.

1. ☐ En México despiertan a la persona que cumple años con la canción popular *Las mañanitas* y, en la fiesta, hay una piñata.
2. ☐ En España y Argentina le tiran de las orejas tantas veces como años cumple.
3. ☐ En Paraguay, en cambio, no le tiran de las orejas, sino que le tocan el brazo.
4. ☐ En Puerto Rico la mantean, es decir, la cogen de brazos y piernas y la levantan tantas veces como años cumple.
5. ☐ En República Dominicana le echan agua encima para felicitarla.
6. ☐ En Chile le llenan la cabeza de harina y huevo y le dan palmadas en la espalda.

19 Ordena los párrafos. Luego escucha y comprueba.

[20]

a. ☐ En mi país la fiesta de las quinceañeras es una gran celebración a la que están invitadas muchas personas: la familia, que es siempre muy grande, con muchos tíos y primos,

b. ☐ una invitación a todas esas personas y ahí se indica el día, la hora y el sitio en que tendrá lugar la celebración. Por lo general, se celebra en

c. ☐ se comen muchos platos y dulces. Al final de la comida, la joven recibe los regalos de sus invitados y, para terminar, hay un gran baile que dura hasta la noche.

d. ☐ todos los amigos y, también, muchos compañeros y compañeras de la escuela. Normalmente, un mes antes, enviamos

e. ☐ llega con su padre y da inicio a la celebración bailando un vals con él. Después la gente se sienta y hay un gran banquete;

f. ☐ algún restaurante amplio o en alguna sala de fiestas, como las de las bodas. La quinceañera, vestida como una princesa,

Unidad 11 Viajes con encanto

Palabras

1 Elige la opción correcta.

1. Nos alojamos en un .... muy caro.
   a. hotel b. equipaje c. albergue
2. ¿Tienes ya el .... de avión?
   a. seguro b. albergue c. billete
3. Llevo poco ...., solo la mochila.
   a. viaje b. equipaje c. billete
4. Alojarse en un .... es más barato.
   a. seguro b. hotel c. albergue
5. Conviene tener un .... de viaje.
   a. seguro b. guía c. avión
6. En el aeropuerto venden .... de viaje.
   a. billetes b. equipajes c. guías

2 Completa estas frases con las palabras adecuadas.

1. Si vas a un hotel y tienes incluidas las tres comidas principales (desayuno, comida y cena), tienes pensión ....
2. Si en el hotel te incluyen el desayuno y la comida o la cena, tienes .... pensión.
3. Cuando haces una reserva con ...., la haces un tiempo antes.
4. Para poder disfrutar sin preocupaciones, es aconsejable tener un .... de viaje.
5. La maleta pequeña que puedes subir al avión se llama equipaje de ....; el resto del equipaje lo debes ....
6. Cuando en el hotel tienes alojamiento y comida y bebida sin límites, tienes ....

3 Relaciona.

1. Sacar	a. un albergue.
2. Alojarse en	b. un coche.
3. Consultar	c. el billete de avión.
4. Alquilar	d. una excursión.
5. Hacer	e. el equipaje.
6. Facturar	f. una guía.

3a Elige tres de las expresiones anteriores y escribe una frase con cada una de ellas.

1. ....
2. ....
3. ....

4 Fíjate en las imágenes. Escribe una frase para describir lo que hacen las personas de las fotografías.

....

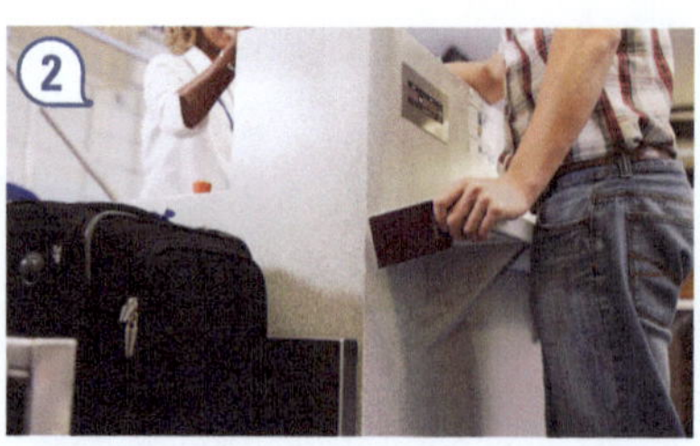

....

....

5 Lee el correo electrónico de Manuel y marca verdadero o falso.

De: Manuel Para: Susana Asunto: Vacaciones

Hola, Susana:
¿Qué tal tus vacaciones? Las mías muy bien. En junio me fui un par de semanas a la playa. Mi novia y yo reservamos un hotel con pensión completa. Así es más barato y también más cómodo, no tienes que buscar restaurantes todo los días para desayunar, comer y cenar. Lo mejor fue el desayuno, muy completo; lo peor, la cena. Por eso alguna vez cenamos fuera en restaurantes del paseo marítimo. Fuimos a un pueblo costero del norte de España en el que vive nuestro amigo Carlos y algunos días quedamos con él y su familia. Fueron unos días increíbles: tomamos el sol, nos bañamos, alquilamos unas tablas para hacer surf y comimos marisco casi a diario. Ya estamos pensando en reservar una habitación para volver y alojarnos en el mismo hotel.
Un beso,
Manuel

1. Manuel fue de vacaciones con su amigo Carlos. .... V F
2. A Manuel le encantó el desayuno. .... V F
3. Fueron a un pueblo costero del sur. .... V F
4. Practicaron deporte en la playa. .... V F
5. Comieron marisco todos los días. .... V F
6. Ya han reservado porque quieren volver al mismo hotel. .... V F

6 Clasifica las acciones del recuadro en la tabla.

Sacar el billete de avión. | Hacer excursiones. | Contratar un seguro de viaje. | Comprar una guía. | Bañarse. | Reservar el hotel. | Tomar el sol. | Visitar museos.

Antes del viaje	Durante el viaje

7 Ordena las letras de los globos para completar estas frases.

1. r c o r r e r e › .... toda la ciudad a pie.
2. r s b a u c › .... información en una guía.
3. s a a p r › ....una semana en la playa.
4. a v t i s i r › .... exposiciones y museos.

8 Escribe una redacción de unas ochenta palabras sobre tu último viaje. Cuenta cómo lo preparaste, dónde fuiste, dónde te alojaste, qué hiciste, etc.

....
....
....
....
....
....
....
....

Gramática

9 Completa la tabla con las formas que faltan del pretérito indefinido regular.

	Trabajar	Beber	Subir
yo	trabajé	[4]	subí
tú	[1]	bebiste	[7] ....
él, ella, usted	[2]	bebió	subió
nosotros/as	trabajamos	[5]	[8] ....
vosotros/as	[3]	bebisteis	[9] ....
ellos, ellas, ustedes	trabajaron	[6]	subieron

10 Completa la tabla con las formas que faltan del pretérito indefinido irregular.

	Ser/Ir	Tener	Hacer	Estar	Ver	Dar
yo	[1]	tuve	[7]	estuve	[13]	[16] ....
tú	fuiste	[4]	[8]	estuviste	viste	[17] ....
él, ella, usted	[2]	tuvo	hizo	[10]	vio	dio
nosotros/as	fuimos	[5]	hicimos	[11]	[14]	dimos
vosotros/as	[3]	tuvisteis	[9]	estuvisteis	[15]	disteis
ellos, ellas, ustedes	fueron	[6]	hicieron	[12]	vieron	[18] ....

11 Ordena estas expresiones de tiempo desde la más próxima al presente a la más lejana; luego escribe una frase con cada una de ellas.

hace dos años
el mes pasado
anteayer
anoche
el año pasado
en 2015
hace tres días

1. ....
2. ....
3. ....
4. ....
5. ....
6. ....
7. ....

12 Escucha y relaciona cada acción con el momento en que se hizo.

[21]

1. Tener un entrevista.
2. Ver una película.
3. Estar en la playa.
4. Hacer un examen.
5. Ir al supermercado.
6. Escribir una novela.

a. hace dos años
b. anteayer
c. el mes pasado
d. anoche
e. en 2009
f. el otro día

12a [21] **Completa lo que dicen escribiendo los verbos entre paréntesis en pretérito indefinido. Luego escucha de nuevo y comprueba tu respuesta.**

1. Recuerdo perfectamente cuando .... (tener, yo) mi primera entrevista de trabajo, hace ya varios años. Dos, si no me equivoco.
2. ¿Recuerdas el título de la película que .... (ver, tú) anoche?
3. Mis amigos .... (estar) anteayer en la playa. Yo no .... (ir) porque estos días tengo mucho trabajo.
4. Mi hijo .... (hacer) su último examen el mes pasado.
5. Estoy haciendo una tortilla de patatas. Es que el otro día mi hermano .... (ir) al supermercado y .... (comprar) una de esas que ya están cocinadas y cuando .... (llegar) a casa, ni mis padres ni yo la .... (probar). Así que hoy la voy a hacer yo.
6. Este autor .... (escribir) su novela más internacional en 2009.

13 [22] **Escucha a Ramón hablando de sus últimas vacaciones y marca las cinco imágenes que tienen relación con su viaje.**

13a [22] **Relaciona para formar frases. Luego vuelve a escuchar el audio y comprueba tu respuesta.**

1. El verano pasado hice
2. Fui allí para
3. Luego estuve varios días
4. Solo fui a la playa
5. Hice la ruta de
6. No tuve tiempo para
7. Comimos juntos
8. En Córdoba cogí

a. en un *camping* en Tarifa.
b. a descansar.
c. y dimos un paseo corto.
d. un viaje por varios lugares de Andalucía.
e. visitar la mezquita.
f. otra vez el tren.
g. hacer un curso de cocina.
h. los pueblos blancos.

14 Lee el blog de Manuela y marca verdadero o falso.

www.blogdemanuela.es

El viaje que me cambió la vida

Hace dos años terminé la escuela. Me tomé algún tiempo para decidir qué hacer después: empezar a estudiar Física en la universidad o viajar durante un año o dos para aprender idiomas. Decidí viajar, hablé con mis padres y ellos estuvieron de acuerdo.

Pensé en varias posibilidades: viajar a China y aprender chino, a Estados Unidos para mejorar mi inglés o a Francia para estudiar francés, un idioma que siempre me ha gustado. Después de pensarlo un tiempo y de buscar información en internet, decidí ir a Francia. París fue mi primer destino. Los dos primeros meses estudié en una academia y luego empecé a trabajar de camarera en una cafetería. Esos meses fueron un poco duros, pero después fue muy interesante; aprendí bastante francés y conocí a mucha gente. A los cuatro meses, hice las maletas y me fui a Nueva York. Durante el primer mes en la ciudad, busqué trabajo, pero no tuve mucha suerte. Luego conocí a otra española y ella me dio el contacto de un hotel. Fui allí y me ofrecieron un trabajo en la recepción. Fue muy útil porque eso me obligó a practicar inglés y a tratar con gente de todo el mundo. Estuve en Estados Unidos cinco meses y conocí a mucha gente interesante, entre ellos a un chico sueco, Sven, camarero en el mismo hotel que yo. Desde Estados Unidos Sven y yo nos fuimos a África para dar clases de Matemáticas en una escuela. Fueron los tres meses más increíbles de mi vida. Trabajé mucho, no gané dinero, pero nunca me he sentido más rica y satisfecha.

Esta semana he vuelto a casa y he decidido que no voy a estudiar Física, que prefiero estudiar Trabajo Social y volver a África. Sven va a estudiar Economía en su país para poder empezar juntos un proyecto social.

1. Manuela empezó a estudiar Física. .... V F
2. A los padres de Manuela les pareció bien su decisión. .... V F
3. Los cuatro meses en Francia fueron difíciles. .... V F
4. En Francia, Manuela trabajó en una cafetería. .. V F
5. Manuela decidió no viajar a China. .... V F
6. Manuela estudió francés en la universidad. ...... V F
7. Sven y Manuela se conocieron en Francia. .... V F
8. Sven y Manuela hicieron el mismo trabajo en Estados Unidos. .... V F
9. Para Manuela, la experiencia en África fue extraordinaria. .... V F
10. Después del viaje, Manuela no ha cambiado de opinión sobre sus estudios. .... V F

14a Responde a estas preguntas sobre el texto anterior.

1. ¿Para qué se tomó un tiempo Manuela después de la escuela? ....
2. ¿En qué destinos pensó y por qué? ....
3. ¿Qué tres trabajos realizó Manuela en sus viajes por el mundo? ....
4. ¿Quién es Sven? ¿Dónde fue con Manuela? ....
5. ¿Por qué dice Manuela que nunca se ha sentido más rica? ....

14b Fíjate en estas imágenes y escribe debajo de cada una qué momento muestra de los viajes de Manuela.

1. ....

2. ....

3. ....

4. ....

15 Relaciona cada nombre con su imagen correspondiente.

a. volcán Rano Kau
b. *ahu* o plataforma ceremonial
c. *pukao*
d. etnia rapanuí
e. moái

16 Relaciona las frases con las cantidades que les corresponden.

1. Número de moáis en la isla de Pascua.
2. Número de *pukao*.
3. Altura media en metros de los moáis.
4. Peso aproximado en toneladas.
5. Estatuas superiores a diez toneladas.

a. cinco
b. de treinta a cuarenta
c. novecientos
d. cincuenta y ocho
e. cuatro y medio

17 Lee las frases y marca verdadero o falso.

1. El nombre completo de las estatuas es *moai aringa ora*. .... V F
2. Los rapanuís construyeron las estatuas para representar a sus hijos. .... V F
3. Los *pukao* son una especie de sombrero que llevan algunos de los moáis. .... V F
4. *Mana* es el poder espiritual de los muertos. .... V F
5. La altura media de los moáis es de cinco metros. .... V F
6. Se han registrado más de mil moáis en la isla de Pascua. .... V F
7. La mayor parte de los moáis están en la cantera de Rano Raraku. .... V F

18 Completa el texto con las palabras del recuadro.

roca | pares | lluvia | trompeta | cima | jardín | interior | instrumento

En la isla de Pascua también debes visitar el [1] .... botánico Tau Kiani, con más de 1200 variedades de plantas y construido en madera y [2] .... volcánica; tiene 5000 m^2 de extensión. Tampoco te puedes perder el Pu o Hiro, al norte de la isla, [3] .... musical tallado en una enorme piedra; una especie de [4] .... que era usada en ceremonias rituales. El moái Ahu Huri a Urenga es impresionante; situado en el [5] .... de la isla, es el único que tiene dos [6] .... de manos. También hay que ir a la [7] .... del volcán Poike. Puedes subir a pie y ver una enorme cabeza de piedra llamada *Vai a Heva*, que se cree que fue utilizada para recoger agua de [8] ....

Unidad 12 Hemos conectado

Palabras

1 Escribe la letra de cada icono en su lugar correspondiente.

1. Si quieres copiar ☐ las fotos, tienes que pulsar en este icono.
2. Para cambiar el documento de sitio, puedes cortarlo ☐ y luego pegarlo ☐.
3. Por la tarde, siempre chateo ☐ un rato con mis amigas.
4. Debes guardar ☐ con frecuencia, para no perder la información.
5. En este sitio puedes subir ☐ fotos y vídeos para compartirlos ☐ y también bajar ☐ los que te gustan.
6. Si das al icono de buscar ☐ y pones algún dato del documento, lo puedes encontrar sin problemas, seguro.
7. Algunos días paso mucho tiempo navegando ☐ por internet.
8. ¿Lo has imprimido ☐ ya? Entonces puedes eliminarlo ☐ cuando quieras.

2 Elige el verbo correcto.

1. No puedo **descargarme/cortar** la película.
2. **Pega/Guarda** el trabajo antes de apagar el ordenador.
3. **Cópialo/Bórralo** y luego **pégalo/súbelo**.
4. He **impreso/subido** a Instagram una nueva foto.
5. Si quieres la foto en papel, **imprímela/compártela**.
6. **Busca/Elimina** esa información en el navegador.
7. **Elimina/Guarda** ese archivo, no sirve.
8. Solo **bajo/comparto** fotos con mis amigos y amigas.

3 Forma frases con un elemento de cada columna.

1. Marta sube	a. las fotos del viaje con sus amigos y amigas.
2. Jesús busca	b. los documentos que no son necesarios.
3. Sofía y Nuria comparten	c. el trabajo para dárselo a su profesora.
4. Tú eliminas	d. el vídeo a la plataforma.
5. Carmen imprime	e. información en internet.

4 Relaciona cada palabra con su imagen correspondiente.

a. pantalla | b. ratón | c. cámara | d. móvil | e. ordenador | f. impresora

1 ☐

2 ☐

3 ☐

4 ☐

5 ☐
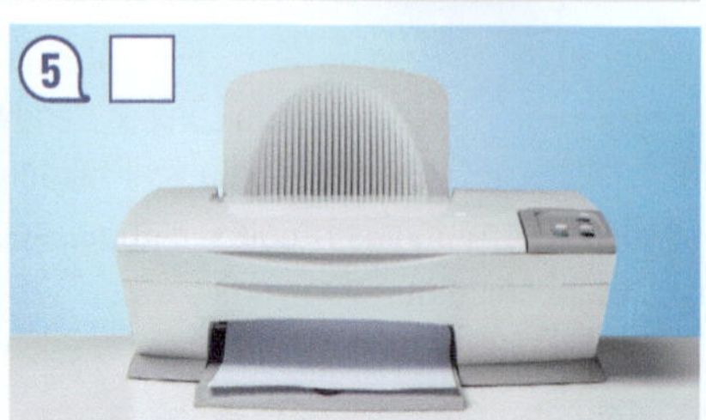

6 ☐

5 Relaciona cada palabra con su significado. Luego escucha y comprueba.

[23]

1. contraseña
2. usuario
3. teclado
4. aplicación
5. móvil
6. dispositivo

a. Persona que utiliza algo.
b. Programa diseñado para los teléfonos móviles.
c. Mecanismo que realiza una función concreta.
d. Combinación secreta de letras o números que permite acceder al ordenador, a sitios web, etc.
e. Teléfono que se puede llevar a cualquier lugar.
f. Lo forman botones que representan las letras, los números, comandos, etc.

6 Elige la opción correcta.

1. Para llegar a esa web, tienes que hacer clic en el ....
   a. dispositivo b. portátil c. teclado d. enlace
2. Cuando hablamos de ...., nos referimos al móvil, a la impresora, al ordenador, etc.
   a. dispositivos b. celulares c. contraseñas d. aplicaciones
3. Tengo una .... en el móvil que permite grabar las llamadas.
   a. impresora b. pantalla c. aplicación d. cámara
4. Yo suelo .... la música de internet.
   a. navegar b. subir c. descargar d. borrar

7 Escribe las palabras relacionadas con la informática que representan las imágenes. Cuatro de ellas se usan con otro significado. Márcalas y añade el segundo significado.

....

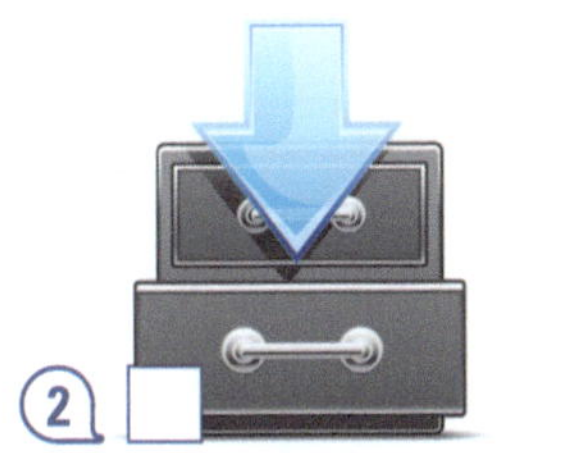

....

....

....

....

....

....

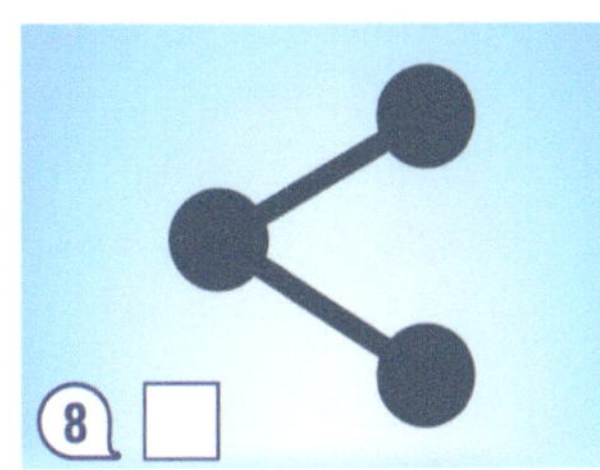

....

8 Relaciona cada palabra con su sinónimo.

1. computadora
2. móvil
3. ratón

a. *mouse*
b. ordenador
c. celular

8a ¿Qué palabras de las anteriores son propias del español de América? Escribe una frase con cada una de ellas.

....

....

....

Gramática

9 Transforma las frases usando el pretérito perfecto.

1. Salgo a las ocho de casa. › ....
2. Vemos la serie que me dijiste. › ....
3. Escribe un correo a una amiga. › ....
4. Estáis de vacaciones toda la semana. › ....
5. No tienen tiempo para hacerlo. › ....
6. ¿Se lo dices a Juan? › ....
7. Ustedes piensan lo mismo. › ....
8. Voy a la oficina. › ....

10 Completa las frases escribiendo los verbos entre paréntesis en pretérito perfecto.

1. ¿ .... (Salir, vosotros) del país alguna vez?
2. Me .... (llamar) Eva hace un rato y .... (quedar, nosotras).
3. ¿.................. (Leer, usted) este libro?
4. Hoy .... (levantarse, yo) temprano, ... (desayunar) y .... (ir) al gimnasio.
5. ¿.................. (Estar, tú) alguna vez en esa tienda? Tienen cosas bonitas y baratas.
6. .... (Cenar, nosotros) en ese restaurante varias veces.
7. ¡Ya están aquí! ¿A qué hora .... (llegar, ustedes)?
8. Solo han faltado Ramón y Julia, no .... (venir) porque .... (tener) un problema en casa.

11 Clasifica los verbos del recuadro en la tabla.

escribir | correr | poner | decir | encontrar | hacer | romper | pensar | ver | viajar | volver | abrir

Participio regular	Participio irregular

11a Completa las frases con los participios de los verbos de la actividad anterior.

1. Hemos .... mucho, hemos visitado más de diez países.
2. No sé quién ha .... este libro, algún autor joven.
3. Este plato lo he .... yo, es una receta peruana.
4. He .... unas gafas en el baño; las he .... encima de la mesa.
5. ¿Cuántos kilómetros has .... esta mañana?
6. No sé a qué hora han ...., poco antes de la cena.
7. ¿Habéis .... ya lo que queréis hacer?
8. ¿Has .... quién ha .... el ordenador? No funciona.
9. Nos ha .... la profesora que el examen va a ser el martes.
10. Han .... la tienda a las nueve y la han cerrado hace media hora.

12 Completa el texto escribiendo los verbos entre paréntesis en pretérito perfecto.

Marta nunca [1] .... (esquiar), pero [2] .... (practicar) muchos otros deportes: [3] .... (hacer) submarinismo, [4] .... (escalar) montañas, [5] .... (montar) a caballo, ella y yo [6] .... (ir) juntos a nadar muchas veces y también [7] .... (correr). La verdad es que siempre le [8] .... (encantar) el deporte.

13 Escribe estas actividades en su imagen correspondiente. Hay una actividad que sobra, anótala debajo.

Comer en un restaurante con estrella Michelin. | Volar en globo. | Ganar un premio. | Bucear.
Saltar desde un avión. | Pedir comida a domicilio. | Ir a un balneario.

1. ....

2. ....

3. ....

4. ....

5. ....

6. ....

La actividad que sobra es: ....

13a Ahora escucha y relaciona cada actividad con su marcador temporal correspondiente.

[24]

1. Volar en globo.
2. Saltar desde un avión.
3. Comer en un restaurante con estrella Michelin.
4. Pedir comida a domicilio.
5. Bucear.
6. Ganar un premio.

a. nunca
b. alguna vez
c. este verano
d. dos veces
e. hoy
f. este mediodía

14 Lee el texto y luego completa la tabla con tus propias experiencias.

Creo que en mi vida he hecho bastantes cosas interesantes. Sin duda la más importante es que me he casado y he tenido dos hijos; ser padre es la experiencia que más me ha cambiado. También he tenido diferentes empleos: he sido reportero gráfico, fotógrafo de moda... Por trabajo, he vivido en diferentes ciudades, he viajado por los cinco continentes y he conocido a bastante gente famosa. Recientemente he sido abuelo y me he jubilado.

	Ya...	Todavía no...
Casarme.		
Tener hijos.		
Tener un trabajo.		
Vivir en diferentes ciudades.		
Visitar los cinco continentes.		
Conocer a gente famosa.		
Ser abuelo/a.		
Jubilarme.		

15 Escribe un texto de unas cincuenta palabras sobre experiencias interesantes que has tenido en tu vida y sobre cosas que esperas hacer, pero que aún no has realizado.

....

....

....

....

16 Relaciona.

1. Nunca he estado en Lima.
2. ¿Nadie ha terminado el ejercicio todavía?
3. Me ha encantado la película.
4. ¿Ya han llegado todos?
5. Ni has hecho el trabajo ni me has ayudado con el mío.

a. No, todavía no están ni Javier ni Susana.
b. Ya, pero en una hora he terminado y hacemos el tuyo.
c. Aún no, nos has dado muy poco tiempo.
d. Yo tampoco, pero tengo ganas de ir.
e. A mí no me ha gustado mucho, me ha parecido muy rara.

17 Contesta a las preguntas de esta encuesta sobre internet eligiendo el marcador apropiado.

En la última semana...	No	Todavía no	Alguna vez	Muchas veces
1. ¿Has bajado música?	☐	☐	☐	☐
2. ¿Has compartido fotos?	☐	☐	☐	☐
3. ¿Has subido algún vídeo?	☐	☐	☐	☐
4. ¿Has chateado con tus amigos y amigas?	☐	☐	☐	☐
5. ¿Has escrito algún correo electrónico?	☐	☐	☐	☐
6. ¿Has visitado algún blog?	☐	☐	☐	☐
7. ¿Has leído algún periódico digital?	☐	☐	☐	☐
8. ¿Has comprado algo en línea?	☐	☐	☐	☐

18 Escribe la forma correcta de los verbos *saber* o *conocer*.

1. Yo no .... si Juan .... a Elvira.
2. Mi hermana .... seis idiomas y .... medio mundo.
3. Nosotros .... a tres chicas que .... cantar muy bien.
4. ¿.......................... vosotras mi pueblo? ¿.......................... dónde está?

19 ¿Controlas de algún modo el tiempo que dedicas al aprendizaje autónomo del español? ¿Usas alguno de estos recursos para planificarlo? Señálalo.

cronogramas | tablas horarias | gráficos | programas

19a Escribe en esta agenda cuánto tiempo has dedicado al español en la última semana y qué tipo de actividades has hecho.

Lunes	Martes	Miércoles	Jueves	Viernes	Sábado	Domingo

Cultura

20 Relaciona cada palabra con su significado.

1. plataforma
2. voluntario/a
3. virtual
4. ONG
5. difusión

a. Sin presencia física.
b. Persona que colabora con una ONG u otras organizaciones sin recibir dinero a cambio.
c. Organización no gubernamental, como Unicef, Cruz Roja, Greenpeace, etc.
d. Acción de dar a conocer entre la gente.
e. Entorno informático.

20a ¿Qué palabras de la actividad anterior relacionas con estas imágenes?

21 ¿Recuerdas qué es el *voluntariado digital*? ¿Cuál de estas definiciones te parece la correcta?

1. Donar material tecnológico a gente que lo necesita y que no tiene medios.
2. Trabajar como voluntario/a dando apoyo tecnológico a las ONG.
3. Dar apoyo, compartir conocimientos y colaborar en la difusión de proyectos desde el ordenador.

22 Elige la opción correcta.

1. **Campus Solidario...**
   a. es una universidad gratuita.
   b. son aulas virtuales donde se comparten conocimientos.
   c. es un campus virtual donde se da apoyo a estudiantes y a profesores.
2. **En Campus Solidario...**
   a. trabajas en equipo, dentro de un grupo donde todos los miembros se ayudan.
   b. puedes desarrollar tu propio proyecto tecnológico.
   c. los voluntarios imparten talleres.
3. **El voluntariado digital de Cruz Roja...**
   a. está dirigido a las personas que hacen también voluntariado presencial.
   b. es para las personas que solo pueden colaborar en línea.
   c. ofrece diferentes formas de voluntariado, tanto presencial como en línea.
4. **En el voluntariado digital de Cruz Roja...**
   a. solo puedes trabajar con gente de tu país.
   b. solo colaboran personas que han sufrido una mala experiencia.
   c. puedes ayudar a personas de otros países.
5. **El voluntariado del Tecnológico de Monterrey...**
   a. hace planes de negocios para microempresas.
   b. colabora asesorando empresas o impartiendo talleres.
   c. se ocupa del control de calidad de una microempresa.
6. **En el voluntariado del Tecnológico de Monterrey...**
   a. puedes realizar actividades comerciales en línea.
   b. puedes ocuparte de la dirección de una microempresa.
   c. asesoras a microempresas en estrategias de ventas, páginas web, etc.

Palabras

1 Lee estas definiciones y complétalas con las palabras del recuadro.

siglo | humanidad | fecha | protagonista | invento | suceso | personaje | documento

1. Un .... es algo que se crea, se diseña, se idea o se produce por primera vez.
2. Un escrito con datos de un determinado hecho histórico es un ....
3. Un .... es un periodo de cien años.
4. La persona, animal o cosa que realiza el papel principal en una historia es el ....
5. Un ser real o imaginario que forma parte de una historia es un ....
6. La .... de un acontecimiento es el momento en que sucede.
7. La .... es el conjunto de todas las personas.
8. Un hecho o acontecimiento es un ....

2 Completa el texto con las palabras de la actividad anterior en la forma adecuada.

Quizá la Segunda Guerra Mundial fue el [1] .... más importante del [2] .... pasado, Adolf Hitler su triste [3] .... y el 2 de septiembre de 1945 la [4] .... más importante, pues supuso el final del conflicto y la liberación de miles de prisioneros. Pero no debemos pensar solo en los aspectos más negativos; la historia de la [5] .... es más interesante, rica y positiva cuando la cuentan [6] .... que no estuvieron en ninguna guerra, héroes a menudo anónimos, que no aparecen en ningún [7] .... histórico, pero que con sus [8] .... y descubrimientos mejoraron nuestra vida y la cambiaron para siempre.

3 Relaciona cada imagen con su frase correspondiente.

a. El 11 de julio de 2010 es la fecha en la que España ganó el Mundial de fútbol.
b. Uno de los sucesos históricos más importantes del siglo pasado fue la llegada del hombre a la Luna.
c. Superman es un personaje que apareció por primera vez en un cómic de 1933.
d. La televisión es, quizá, el invento que más ha cambiado las costumbres de la gente.
e. Don Quijote es el protagonista de la novela más importante de la literatura española.
f. Colón llegó a América en el siglo XV, exactamente en 1492.
g. La riqueza de la humanidad es su variedad étnica y cultural.
h. El Archivo Nacional protege los documentos más significativos del país.

4 Ordena las letras de los globos para formar palabras.

1. g a o p a a d r r › ....
2. r g e o f a n › ....
3. o l g f b r a o í › ....
4. t l e e i s n v i ó › ....

4a Relaciona las palabras de la actividad anterior con estas definiciones.

a. ☐ Sistema de transmisión de imágenes a distancia.
b. ☐ Objeto que sirve para limpiar el suelo con agua.
c. ☐ Objeto que sirve para escribir con tinta.
d. ☐ Objeto que sirve para unir papeles con grapas.

5 Lee la información sobre estos inventos y marca si es verdadera o falsa.

1. Manuel Jalón Corominas, húngaro de nacionalidad argentina, inventó el bolígrafo en el año 1940 con la ayuda de un hermano químico. .... V F
2. El 19 de agosto de 1940 el mexicano Guillermo González Camarena inventó la televisión en color. .... V F
3. En 1956 el ingeniero español Ladislao José Biró inventó un utensilio que llamó *friegasuelos*. .... V F
4. En 1929 Juan Solozábal y Juan Olivé, españoles, inventaron la grapadora. .... V F

6 Fíjate en las imágenes y luego elige la opción correcta en cada país.

1. En Argentina:
   a. fregona
   b. trapeador
   c. coleto
   d. escurridor
2. En Venezuela:
   a. fregona
   b. trapeador
   c. coleto
   d. escurridor
3. En Colombia:
   a. grapadora
   b. abrochadora
   c. cosedora
   d. engrapadora
4. En México:
   a. grapadora
   b. abrochadora
   c. cosedora
   d. engrapadora

7 Lee estas estrategias para aprender vocabulario y responde *sí* o *no* según tu experiencia.

1. Siempre pongo las palabras en contexto para aprenderlas mejor. .... SÍ NO
2. Cuando veo una serie o película en español, pongo los subtítulos. .... SÍ NO
3. Descargo de internet pódcast en español. .... SÍ NO
4. Hago listados de vocabulario. .... SÍ NO
5. No solo leo las palabras, también las pronuncio y las repito. .... SÍ NO
6. Uso juegos de vocabulario en internet. .... SÍ NO

7a Escribe cinco palabras que has aprendido en este apartado.

1. .... 2. .... 3. .... 4. .... 5. ....

Gramática

8 Escribe la tercera persona del singular y del plural del pretérito indefinido de estos verbos.

1. vestirse › ...., ...
2. creer › ...., ...
3. oír › ...., ...
4. sonreír › ...., ...
5. incluir › ...., ...
6. dormir › ...., ...
7. construir › ...., ...
8. morir › ...., ...

9 Relaciona.

1. en	a. cabo de
2. el	b. enero de 2020
3. desde...	c. después
4. al	d. 4 de agosto
5. a los	e. dos semanas
6. a las	f. siguiente
7. al día	g. dos días
8. poco	h. hasta...

9a Elige seis marcadores de la actividad anterior y escribe una frase con cada uno de ellos.

1. ....
2. ....
3. ....
4. ....
5. ....
6. ....

10 [25] Escucha a Grant hablar de su vida y completa las frases.

1. Con 25 años ....
2. Desde .... hasta ....
3. Después de ....
4. Poco tiempo después, ...
5. Al cabo de unos meses, ...
6. Un año más tarde, ...
7. Después de 20 años, ...

11 Elige la opción correcta según el pasado con el que se relaciona cada marcador temporal.

1. hoy › pretérito **perfecto/indefinido**
2. ayer › pretérito **perfecto/indefinido**
3. nunca › pretérito **perfecto/indefinido**
4. todavía no › pretérito **perfecto/indefinido**
5. el año pasado › pretérito **perfecto/indefinido**
6. este año › pretérito **perfecto/indefinido**
7. hace dos meses › pretérito **perfecto/indefinido**
8. hace un rato › pretérito **perfecto/indefinido**

12 Elige la opción correcta.

David Bisbal Ferre [1] **nace/nació/ha nacido** en Almería (España) el 5 de junio de 1979. Es un cantante español que alcanzó la popularidad en el año 2001 por su participación en la primera edición del programa de televisión *Operación Triunfo*. A lo largo de su carrera, [2] **obtiene/ha obtenido/obtuvo** el Disco de Platino en más de 48 ocasiones. Su primer álbum [3] **fui/fue/ha sido** *Corazón Latino*, Disco de Diamante en España, con el que [4] **ha ganado/ganó/gané** su primer Grammy Latino en 2003 en la categoría de mejor artista revelación; pero no [5] **han sido/ha sido/fue** su único premio. En 2012 [6] **ha conseguido/consiguió/conseguí** su tercer Grammy con *Una noche en el Teatro Real*. Estos son solo algunos ejemplos, porque son muchísimos los premios que [7] **ha ganado/ganó/gané** a lo largo de su carrera. [8] **Participó/Participé/Ha participado** en varias ediciones de *La Voz* y [9] **ha compuesto/compuso/compuse** canciones para telenovelas, películas y programas de TV. También [10] **ha colaborado/colaboró/colaboré** en causas sociales: pertenece a la fundación Red Hand, que se encarga de ayudar a niños soldados, y colabora con la fundación ALAS, que ayuda a las personas adultas con discapacidad intelectual. El 19 de abril de 2017 lo [11] **han nombrado/nombró/nombraron** embajador de UNICEF.

13 Fíjate en estas imágenes de Elena y escribe una frase usando el tiempo adecuado.

1

La semana pasada ……………………

2

Esta mañana ……………………

3

Anoche ……………………

4

El verano pasado ……………………

5
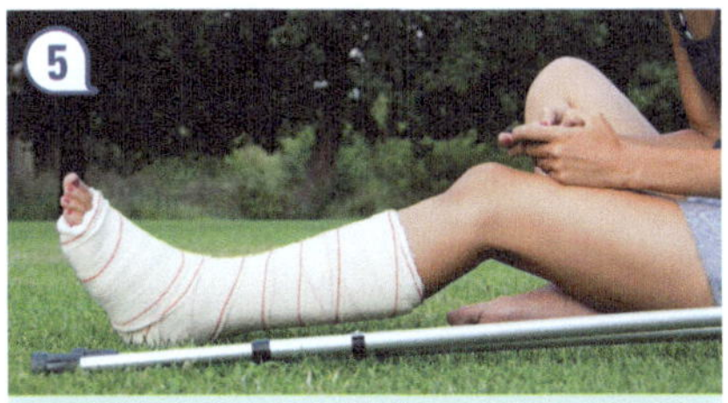

Este año ……………………

6

Hace dos semanas ……………………

14 Juliette está de visita en Madrid. Lee su agenda y escribe en tu cuaderno qué ha hecho ya y qué no ha hecho todavía.

Lunes	Viernes
Buscar mi hotel y registrarme. ✓ Wasapear con mis amigos españoles. ✓	Hacer el equipaje. Hacer el *check-in* de mi billete de vuelta. ✓
Martes	**Sábado**
Coger el autobús turístico para tener una idea general de la ciudad. Visitar el Museo del Prado. ✓	Cenar e ir a bailar con mis amigos españoles.
Miércoles	**Domingo**
Comer en Casa Lucio. Ir de tapas a Platea. ✓	Poner el despertador muy temprano. Ir al aeropuerto.
Jueves	**Lunes**
Pasear por sitios emblemáticos: la Puerta del Sol, la plaza Mayor, y hacer muchas fotos. ✓ Escribir una postal a mi familia. ✓	Volver a trabajar, ¡puf!

15 Escucha lo que Daniel cuenta sobre Bilbao en su blog de viajes y elige la respuesta correcta.

[26]

1. ¿Qué hizo crecer la población de Bilbao?
   La industrialización./La crisis económica./La modernización de la ciudad.
2. ¿Cuándo empezó la crisis económica?
   En los 60./En los 70./En los 80.
3. Ahora es una ciudad grande y moderna, ¿cuál de estos edificios la caracteriza?
   El Museo Guggenheim, de Frank Gehry./El aeropuerto, de Philippe Starck./ La Alhóndiga, de Calatrava.
4. ¿Qué calle visitó primero para comer *pintxos*?
   La calle Santamaría./Gregorio de la Revilla./Licenciado Pozas./La plaza Nueva.

16 Clasifica en la tabla las siguientes expresiones que se usan para contar una anécdota.

¡No me digas! | Cuenta, cuenta... | ¡Qué bien! | Te voy a contar una cosa... | ¿De verdad?
¿Sabes lo que me pasó...? | ¿Qué te pasó? | Pues resulta que... | ¡Qué mala suerte!

Introducir la anécdota	Mostrar interés	Reaccionar a la anécdota

16a Completa estas anécdotas de viajes con las expresiones de la actividad anterior. Puede haber varias soluciones posibles en algunos casos.

▶ ¿[1] .... cuando trabajé en China?
▷ [2] ....
▶ Un compañero me invitó a comer y me miró extrañado porque comía sin sorber ni hacer ruidos. ¡Es que allí parece que significa que la comida te gusta mucho!
▷ [3] ....

▶ [4] .... que aprendí cuando viajé por África.
▷ [5] ....
▶ [6] .... allí es señal de respeto no mirar directamente a los ojos cuando hablas con alguien, especialmente si es mayor. Todo lo contrario que aquí, así es que siempre lo hice mal.
▷ [7] ....

▶ El año pasado estuviste en Rusia, ¿no?
▷ Sí, ¡me encantó!
▶ [8] .... Tengo mucha curiosidad por las costumbres de ese país tan grande. Cuéntame alguna anécdota, hombre.
▷ ¡De acuerdo! [9] .... quedé con una amiga de Clara y le llevé flores.
▶ No me parece nada especial.
▷ Lo especial es el número de flores, que era par y parece que solo se regalan pares en los funerales. Ella se enfadó y se fue.
▶ [10] ....

17 Escribe en tu cuaderno un texto de unas cien palabras sobre alguna anécdota que has vivido.

18 Lee el texto y complétalo con las palabras del recuadro.

Malecón | salsa | carne | Varadero | La Habana | bicicleta | vuelta | playa

El año pasado fui a Cuba con mis dos mejores amigas. Pasamos solo tres días en la capital, [1] ....; estuvimos en el [2] ...., bailamos [3] .... y paseamos mucho para hacer fotos de las casas y de los coches que tantas veces hemos visto en las revistas y guías de viaje.
Decidimos no ir a [4] .... porque es demasiado turístico, así que fuimos a la playa de Holguín, un lugar con muy poca gente y unas playas increíbles. También fuimos a playa Gibara, que es donde llegó Cristóbal Colón en 1492.
Después de cuatro días en la [5] ...., nos trasladamos a Viñales, al oeste de La Habana, y montamos en [6] .... para visitar la zona. Allí conocimos a dos chicas cubanas que nos invitaron a cenar en su casa. ¡Comimos el mejor plato de [7] .... de nuestra vida!
El último día volvimos a La Habana. Dormimos en casa de la familia de Ana, una de las chicas que conocimos en Viñales.
Durante el viaje de [8] ...., aunque era de noche, no dormimos porque estuvimos todo el tiempo viendo las fotos que hicimos… ¡Más de mil!
Ha sido el viaje más bonito de mi vida.

18a Indica si estas afirmaciones sobre el texto anterior son verdaderas o falsas.

1. Solo comieron pescado y verduras. .... V F
2. Durante el viaje de vuelta no durmieron. .... V F
3. La playa de Holguín es poco turística. .... V F
4. El Malecón está en playa Gibara. .... V F
5. Cenaron una vez en casa de unas chicas cubanas. .... V F

19 Lee el texto sobre La Habana Vieja y ordena los fragmentos.

a. ☐ En ella encontrarás todo tipo de monumentos antiguos: fortalezas, iglesias, palacios… Solo esta zona de la ciudad…

b. ☐ hasta el *art déco*. La Habana Vieja es una ciudad llena de vida, en ella viven más de 70 000 personas. Es un lugar…

c. ☐ La Habana Vieja, declarada Patrimonio de la Humanidad por la Unesco en 1982, es el casco histórico de la ciudad de La Habana, formado a partir del puerto y el centro oficial, la plaza de Armas.

d. ☐ comprar en los mercadillos de la plaza de Armas, sin visitar la plaza Vieja y la catedral o sin pasear por la calle Obispo.

e. ☐ tiene cerca de mil edificios de importancia histórica; todos los estilos están representados, desde el barroco…

f. ☐ lleno de terrazas, de turistas, de músicos… Es, sin duda, el corazón de la capital cubana. No se conoce La Habana sin…

Unidad 14 ¿Cómo era antes?

Palabras

1 Relaciona cada titular con su sección del periódico correspondiente.

1. ☐ Tiempo | 2. ☐ Política | 3. ☐ Economía | 4. ☐ Deportes | 5. ☐ Sociedad | 6. ☐ Cultura y espectáculos
7. ☐ Ciencia y salud | 8. ☐ Anuncios | 9. ☐ Opinión

a) Piqué y Shakira han sido padres por segunda vez.

b) Internet, ¿une o aísla a los jóvenes?

c) Los empresarios advierten de que se ha producido un fuerte descenso en el consumo.

d) Se necesita joven para trabajos de almacén.

e) Las encuestas dan por vencedor de las próximas elecciones al Partido Liberal.

f) Fuertes lluvias y tormentas durante el fin de semana.

g) Confirmado: los alimentos ecológicos son más sanos que los convencionales.

h) Leo Messi gana su quinto Balón de Oro.

i) Se estrenó con éxito de crítica y público la última película de Guillermo del Toro.

1a Relaciona las siguientes imágenes con cuatro de los titulares anteriores.

1 ☐

2 ☐

3 ☐

4 ☐

2 Fíjate en las imágenes, elige una y escribe una noticia sobre ella que responda a las preguntas básicas que debe tener toda buena noticia: *¿qué?, ¿quién?, ¿dónde?, ¿cuándo?, ¿cómo?* y *¿por qué?*

1

2

3

3 Elige la opción correcta.

1. **Hay/Hace** sol.
2. **Es/Está** lloviendo.
3. **Hay/Hace** niebla.
4. La temperatura **es/está** alta.
5. **Hace/Está** buen tiempo.
6. El calor en Madrid **es/está** seco.
7. **Hace/Hay** lluvia.
8. **Hace/Es** frío.
9. **Está/Hace** fresco.
10. **Está/Es** soleado.

4 Relaciona.

1. Hoy
2. El clima de mi ciudad
3. Odio
4. Las temperaturas
5. En esta casa

a. el clima atlántico.
b. son muy bajas.
c. es seco.
d. hace mucho calor.
e. está nublado.

5 Lee y clasifica los siguientes fragmentos en su estación correspondiente.

Primavera	Verano	Otoño	Invierno

1. En el hemisferio norte la estación empieza en septiembre; en el sur, en marzo y, en las zonas tropicales, no existe. ....
2. Puede llover y son normales las tormentas, pero generalmente hace muy buen tiempo. ....
3. La conocemos como la estación de las flores porque, después de los meses de frío, los árboles vuelven a estar verdes y aparecen flores en los parques y en el campo. ....
4. Es la estación de las vacaciones, cuando no hay clases en los colegios y vemos las playas llenas. Es también la única estación que hay en las regiones tropicales. ....
5. En esta estación normalmente las temperaturas son suaves, aunque algunos días ya son fríos. También suele llover bastante. ....
6. Durante los tres meses de esta estación, hace mucho calor; de hecho, es la estación más cálida. ....
7. Cuanto más cerca de los polos, más dura y fría es esta estación, que es más suave en las regiones próximas al ecuador. ....
8. Es la época del frío, cuando en muchos lugares nieva y las montañas están blancas. ....
9. Muchos árboles, poco a poco, pierden las hojas o estas cambian de color; ya no son verdes, sino amarillas o rojas. ....
10. En el hemisferio sur empieza en septiembre y en el norte, en marzo. ....
11. Las temperaturas más altas no suelen pasar de los doce grados y las más bajas llegan a alcanzar varios grados bajo cero, especialmente durante la noche. ....
12. Es una estación de temperaturas suaves, pero algunos días son ya muy calurosos. ....

6 [27] Escribe el significado de cada símbolo meteorológico. Después escucha la información y relaciónalos con el lugar correspondiente del mapa.

 1. ....

2. ....

 3. ....

4. ....

 5. ....

6. ....

 7. ....

8. .... 

7 Escribe en tu cuaderno un texto de unas cincuenta palabras sobre el tiempo que hace en este momento donde vives.

Gramática

8 Completa las frases escribiendo los verbos entre paréntesis en pretérito imperfecto.

1. Siempre .... (salir, nosotros) de casa antes de las ocho.
2. En aquel tiempo, ... (soler, yo) viajar más que ahora.
3. La casa .... (ser) bastante grande, ... (tener) cuatro habitaciones y desde la terraza .... (verse) el mar.
4. Cuando llegué a casa, no .... (haber) nadie.
5. En mi clase .... (ser, nosotros) ocho y cada uno .... (venir) de un país diferente.
6. En aquel trabajo, Ana .... (hacer) cada día lo mismo.
7. Mi primer coche .... (ser) azul y solo .... (tener) dos puertas.
8. Mientras .... (cenar, tú), empezó la película.
9. Cuando me has llamado, ... (estar, yo) en la ducha.
10. Cuando .... (hacer) calor, Marta y yo .... (coger) la bici e .... (ir) a la playa.

8a Fíjate en los usos del pretérito imperfecto de la actividad anterior y clasifica las frases en la tabla.

Describir en pasado	Hablar de acciones habituales en el pasado	Acción durativa en relación con otra terminada

9 ¿Cómo era Belén de pequeña y cómo es ahora? Clasifica estos enunciados en el pasado (PS) o en el presente (PR) y conjuga los verbos en el tiempo adecuado.

1. Ser tímida. .... PS PR
2. Salir con amigos. .... PS PR
3. Hablar con poca gente. .... PS PR
4. Ser sociable. .... PS PR
5. No tener muchos amigos. .... PS PR
6. Ir a la guardería. .... PS PR
7. Estudiar Periodismo. .... PS PR
8. Querer ser veterinaria. .... PS PR
9. Querer ser presentadora. .... PS PR
10. Gustar coger insectos. .... PS PR
11. Tener novio. .... PS PR
12. Jugar sola. .... PS PR

....
....
....
....
....
....
....

....
....
....
....
....
....
....

10 El niño de la foto es Juan en su habitación cuando era pequeño. Escribe un texto de unas cincuenta palabras describiendo cómo era él y también cómo era su cuarto.

....
....
....
....
....
....

11 Cambia las formas verbales del texto de acuerdo con el marcador temporal *antes*.

Antes...

[1] Trabajo .... de nueve a cinco. A las once [2] hacemos .... una pausa y un compañero y yo [3] tomamos .... café en un bar cerca de la oficina. Luego, a las dos, [4] salgo .... a comer. Normalmente, [5] voy .... a un restaurante cercano. Me [6] gusta .... ir sola para relajarme y no hablar de trabajo. Mientras [7] como ...., [8] veo .... las noticias en la televisión. [9] Salgo .... de la oficina con una compañera y juntas nos [10] dirigimos .... al gimnasio. [11] Hacemos .... ejercicio durante una hora. Después del gimnasio, algunos días [12] vamos .... a tomar algo o [13] vemos .... una película. Otros días [14] vuelvo .... a casa y [15] preparo .... algo de cenar. Mientras [16] ceno ...., [17] veo .... alguna serie en la tele o [18] leo .... la prensa digital en el ordenador. No [19] suelo .... acostarme tarde, a las once y media ya [20] estoy .... durmiendo.

12 Completa las frases con el marcador temporal adecuado.

Siempre | Esta semana | Antes | Hace un año | Mientras | Cuando

1. .... he hecho dos exámenes.
2. .... comía, veía la televisión.
3. .... hacía más calor que ahora.
4. .... estuve en Japón.
5. .... la llamé, no estaba.
6. .... me levantaba a las ocho.

13 Lee estas tres noticias y clasifica los verbos en la tabla según su función.

1

Una niña gastó más de 1000 euros en un viaje a Disneyland París al averiguar el PIN de su padre mientras él dormía

La niña aprovechó mientras su padre dormía para averiguar el código PIN de su tarjeta de crédito. Con él, reservó un viaje para toda la familia que incluía entradas para el parque temático de Disney y un *tour* VIP a la Torre Eiffel; también pagó los billetes de avión.

2

Un ladrón engañó a un policía y este lo ayudó a entrar en una casa para robar

Jason Burns, un chico de 29 años, iba a robar en una casa cuando un policía lo vio. El joven decidió mentir al oficial diciéndole que vivía en esa casa con una amiga y le pidió ayuda para abrir la puerta porque no tenía las llaves y su amiga no estaba en casa.

3

Un niño de Barcelona regaló 10 000 euros entre sus compañeros del colegio

El niño cogió de su casa muchos billetes de cien euros, que eran los ahorros de su abuela para comprar un dispositivo sanitario que necesitaba, y los repartió entre sus compañeros de clase. Los padres se han puesto en contacto con las familias de los niños y les han pedido la devolución del dinero.

Extraído de http://www.antena3.com/noticias/diez-noticias-2017-que-parecen-inocentadas-pero-son_201712285a44f1490cf275a18cb9e62a.html

Narración/Hechos	Descripción/Circunstancias
1.	1. ....
2.	2. ....
3.	3. ....

14 Completa esta noticia escribiendo los verbos en el tiempo adecuado del pasado: pretérito perfecto, indefinido o imperfecto.

Unos 80 concursantes [1] .... (participar) en una competición anual que se [2] .... (celebrar) el pasado día 5 en Taiwán y que [3] .... (consistir) en no hacer absolutamente nada, algo que, aunque parece sencillo, no lo [4] .... (ser) en absoluto para las decenas de concursantes que [5] .... (participar) este año.

La edición, celebrada el pasado sábado, la [6] .... (ganar) un joven de 24 años de Hong Kong que [7] .... (estar) mirando al cielo durante 90 minutos. El calor, el sol y las moscas [8] .... (ser) lo más difícil para Chan Kai-Ho, el ganador, que [9] .... (quedar) impresionado de su propio logro. "[10] .... (Pensar, yo) que no [11] .... (ser) capaz de estar tanto tiempo sin hacer nada".

Bajo el lema "Relaja tu cerebro", los competidores [12] .... (tener) que estar sentados y no [13] .... (poder) hablar, dormir, comer ni usar ningún dispositivo electrónico.

El evento [14] .... (querer) llamar la atención y hacer reflexionar sobre las muchas distracciones a las que las personas nos enfrentamos en nuestra vida cotidiana.

Adaptado de http://www.antena3.com/noticias/mundo/cuanto-tiempo-aguantarias-hacer-nada-taiwan-celebrado-competicion-cuyo-objetivo-permanecer-inmovil_201712115a2e70b80cf2b410eaa9b0a0.html

14a Ahora escucha la noticia y comprueba tu respuesta anterior. Después marca verdadero o falso.

[28]

1. La competición consistía en mirar el cielo todo el tiempo posible. .... V F
2. Esta competición se celebra cada año. .... V F
3. El ganador sabía que podía conseguirlo. .... V F
4. El evento no tenía ninguna finalidad social o humana. .... V F
5. Una de las cosas más duras para el ganador fue el tiempo que hacía. .... V F
6. No se podía llevar móvil. .... V F

15 Corrige los errores.

1. Cuando era pequeña, estudié todas las tardes y luego jugaba con mis amigos. ....
2. En 1950 nadie tuvo internet. ....
3. Antes la gente ha sido menos tolerante.
   ....
4. De pequeño, me encantó la música clásica. Por eso empezaba a estudiar piano.
   ....
5. Mi abuela siempre hizo una tarta riquísima.
   ....
6. Siempre fui al trabajo en bicicleta, incluso cuando llovía.
   ....

16 Haz frases usando el pretérito pluscuamperfecto.

1. Llegué a casa. Tú te marchaste antes.
2. Fui al banco. El banco cerró antes.
3. Encendí la tele. El partido empezó antes.
4. Empezaste a cenar. La pasta se enfrió antes.
5. Fuimos a Roma con la escuela. Estuvimos dos veces antes.
6. Saliste de la oficina. Dejó de llover antes.
7. Volvisteis a casa. Yo me acosté antes.
8. No fue al teatro. Vio la función antes.
9. Me levanté. Amaneció antes.
10. Llegó a la estación. El tren salió antes.

17 Elige el marcador temporal correcto.

1. En aquella época Juan me contaba lo mismo **cuando/mientras** me llamaba por teléfono.
2. Vi un rato la televisión y **antes/después** me acosté porque era ya muy tarde.
3. **Mientras/Siempre** hacíamos el examen, la profesora se paseaba entre las mesas.
4. Había ido al médico **antes/después**, por eso he llegado hoy un poco más tarde a clase.
5. Cuando íbamos a la playa, **después/siempre** alquilábamos el mismo apartamento.

18 Lee el texto y escribe cada lengua y dialecto que se menciona (aparte del castellano) en su lugar correspondiente del mapa.

Lenguas oficiales en España

España es uno de los países plurilingües de Europa. En su territorio se hablan cuatro lenguas oficiales: el castellano, el catalán, el gallego y el euskera o vasco. En muchas zonas del país hay, por lo tanto, una situación de bilingüismo. La población que habla dos de las cuatro lenguas oficiales es aproximadamente de dieciséis millones de habitantes, es decir, el 35 % de la población. Este hecho es tratado en la Constitución española de la siguiente manera:

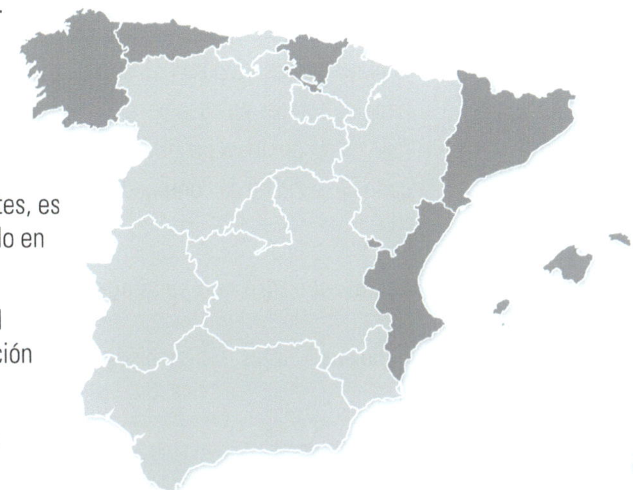

- El castellano es la lengua española oficial del Estado. Todos los españoles tienen la obligación de conocerla y el derecho de usarla.
- Las demás lenguas españolas serán también oficiales en las respectivas comunidades autónomas de acuerdo con sus Estatutos.

El castellano, el catalán y el gallego son lenguas de origen latino, pero desconocemos cuál es el origen del euskera, pues esta lengua es anterior a la llegada de los romanos a la Península. El idioma más hablado en España después del castellano es el catalán, con más de diez millones de hablantes, y el menos hablado es el euskera, con un millón. Además existen dialectos, como el valenciano y el mallorquín, que son dialectos del catalán, y lenguas en proceso de convertirse en oficiales como el bable, en Asturias.

Adaptado de http://boj.pntic.mec.es/jsic0001/lenguas_y_dialectos/lenguas.html

18a Vuelve a leer el texto y marca verdadero o falso.

1. En algunas zonas de España la gente habla dos idiomas. V F
2. La Constitución dice que el castellano es la única lengua oficial en España. V F
3. Casi todas las lenguas oficiales de España tienen origen latino. V F
4. El idioma oficial menos hablado es el gallego. V F
5. El bable es ya una lengua oficial. V F

18b Relaciona.

1. El 35 % de la población
2. España
3. El catalán
4. En España
5. El bable está en proceso de

a. es uno de los países con más idiomas oficiales de Europa.
b. hay también dialectos.
c. habla dos lenguas oficiales.
d. es el segundo idioma oficial más hablado.
e. convertirse en lengua oficial.

Unidad 15 Dentro de 50 años

Palabras

1 Lee las siguientes iniciativas para mejorar nuestro entorno y complétalas con las formas verbales del recuadro.

Crea | Instala | usar | evitar | Disminuye | Clasifica | Limpia | reciclar

1. .... la contaminación utilizando la bicicleta como medio de transporte.
2. .... la playa de basura para .... la contaminación del agua.
3. .... paneles solares en casa para .... energía limpia.
4. .... nuevos productos a partir de material reciclado.
5. .... cada desecho en su contenedor correspondiente para poder ....

2 Relaciona las palabras del recuadro con su imagen correspondiente.

pilas | bolsas | latas | periódicos | jeringuilla usada | botellas | manzanas | pañales

1 
....

2 
....

3 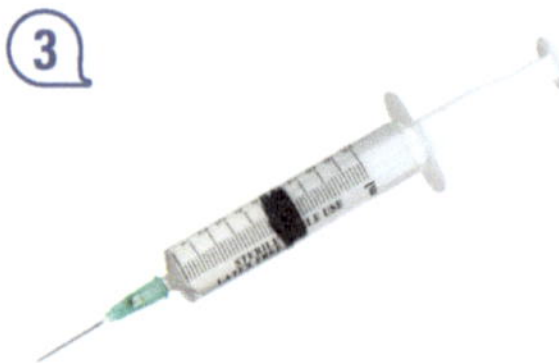
....

4 
....

5 
....

6 
....

7 
....

8 
....

2a Fíjate en el color de los contenedores y completa el tipo de material que se recicla en ellos. Luego clasifica los objetos de la actividad anterior en el contenedor adecuado.

1. E .... s .... s
....

2. P .... e ....
....

3. V .... r ....
....

4. M .... e r .... l p .... g .... o .... o
....

5. R .... t o .... o .... g á .... o ....
....

6. M .... e r .... l no b .... o d .... g .... a .... b ....
....

3 Relaciona.

1. ordenador
2. folleto
3. bolsa
4. lata
5. brik
6. caja
7. botella
8. restos

a. de papel
b. de leche
c. roto
d. de plantas
e. publicitario
f. de conservas
g. de cartón
h. de vidrio

3a Escribe en qué contenedor debe tirarse cada residuo de la actividad anterior.

1. ....
2. ....
3. ....
4. ....
5. ....
6. ....
7. ....
8. ....

4 Daniel tiene que hacer varias tareas para su madre. Lee la conversación y complétala con las palabras del recuadro.

orgánicos | cartón | corcho | pilas | envases | revistas

Madre: Toma nota de las tareas que tienes que hacer. Primero, acércate al contenedor azul y dejas todas estas [1] .... Ya no las voy a leer más.

Daniel: Si quieres, puedo bajar también las cajas de [2] .... que tengo en la habitación.

Madre: Perfecto. En el cuarto de baño he dejado algunos [3] .... vacíos que hay que llevar al contenedor amarillo. ¿Tienes algo más que podamos llevar?

Daniel: Sí, ahora que recuerdo, tengo unas [4] .... de mi reloj que puedo reciclar en el contenedor rojo. Están gastadas.

Madre: Muy bien. Lleva eso y cuando vuelvas, te doy algo más.

Daniel: ¿Qué?

Madre: He recogido varios tapones de [5] .... y quiero reciclarlos.

Daniel: ¿Y en qué contenedor tengo que dejarlos? ¿En el azul?

Madre: No. En el contenedor marrón, el de los residuos [6] .... Avísame cuando vuelvas.

Daniel: Vale. Pues cuando vuelva, me los das y los llevo.

4a [29] Ahora escucha y comprueba tus respuestas.

5 Tienes una caja de cartón y quieres darle nuevos usos. ¿Cómo la puedes reutilizar? Imagina tres opciones y escríbelas.

1. ....
2. ....
3. ....

6 Relaciona.

1. Casi todo se puede arreglar:
2. Las cajas de cartón y los briks de leche no
3. Los metales se pueden separar de los objetos que desechamos
4. En mi barrio no hay un punto limpio cerca,
5. El papel es una de las industrias
6. El vidrio y el plástico
7. En Suecia están muy concienciados con el reciclaje,
8. Menos consumo en todos sentidos:

a. y ser utilizados de nuevo.
b. así que tengo que coger el coche para poder llegar.
c. ropa, muebles, móviles... Así puede alargarse su vida útil.
d. que más utiliza materiales reciclados.
e. se tiran en el mismo contenedor.
f. por eso es el país que más recicla de Europa.
g. menos desperdicio, menos energía, menos productos no reciclables...
h. se tiran en contenedores diferentes.

Gramática

7 Completa las frases escribiendo los verbos entre paréntesis en futuro simple.

1. Está claro que en el futuro la ciencia .... (avanzar) más rápido.
2. En 50 años, probablemente algunos humanos .... (vivir) en Marte.
3. En muchas sociedades, los robots .... (cuidar) a la gente mayor.
4. ¿Alguna vez habéis pensado cómo .... (ser, vosotros) en 50 años?
5. Dentro de 50 años .... (tener) 92 años, porque ahora tengo 42.
6. Probablemente, muchas especies animales no .... (poder) sobrevivir.

8 Subraya los verbos irregulares en futuro simple.

valer | tener | estar | hacer
poner | dormir | saber | querer
conducir | salir | empezar | leer
ir | poder | decir | andar | traer
venir | llamar | escribir

8a Elige cinco de los verbos irregulares de la actividad anterior y escribe una frase con cada uno de ellos.

1. ....
2. ....
3. ....
4. ....
5. ....

9 ¿Cómo crees que será la vida de Valentina? Escribe frases sobre su futuro utilizando los marcadores temporales que aparecen a continuación.

1. Esta tarde ....
2. Dentro de diez años ....
3. En seis años ....
4. A los dieciocho años ....
5. El año que viene ....
6. En el año 2040 ....

10 Escucha a estas personas y marca la opción correcta en cada situación.

[30]

1. **Álvaro deja un mensaje para...**
   a. confirmar que va a ir al cumpleaños de Iván.
   b. decirle a Iván que no podrá ir a su cumpleaños.
   c. quedar para ir a estudiar juntos en la biblioteca.

2. **Nuria le dice a su hija que...**
   a. llegará para su cumpleaños.
   b. no sabe a qué hora llegará el sábado.
   c. llegará un día después de su cumpleaños.

3. **La cantante reacciona ante la pregunta...**
   a. enfadada y dice que no hablará de su vida personal.
   b. enfadada, pero da alguna información personal.
   c. tranquila y dice que hablará al final de la entrevista.

4. **La predicción de la vidente...**
   a. es muy positiva para Carlos y muy negativa para Míriam.
   b. dice que ve mucho silencio en la empresa.
   c. solo habla de cambios de decoración.

11 Fíjate en estas situaciones y escribe una frase en futuro simple siguiendo las instrucciones.

1. Has llegado a casa tarde otra vez. Tus padres están enfadados. › Promételes un cambio en tu comportamiento. ......
2. Tu pareja ha perdido su libro favorito. Tú no sabes dónde está, pero lo supones. › Dile dónde supones que está el libro. ......
3. Es otoño y el jardín de tu casa está lleno de hojas. › Prométele a tu pareja que lo vas a limpiar el fin de semana. ......
4. Tu mejor amigo necesita ayuda con el trabajo de Historia. › Prométele que vas a ayudarlo. ......
5. El examen de Español no ha tenido el resultado que esperabas. › Haz un compromiso contigo mismo para mejorar. ......
6. Ya sabes dónde vas a ir de vacaciones este verano. › Comenta con tus compañeros tus planes. ......

12 Relaciona.

1. ¿Cuándo piensas	a. no vais a participar.
2. La próxima semana Luis y yo	b. estará en EE. UU. el próximo año.
3. Alejandro y Eva	c. ayudarte porque no has estudiado.
4. Mi hermana	d. llegarás?
5. No pienso	e. se piensan casar en junio.
6. ¿A qué hora crees que	f. empezar a reciclar?
7. Carmen y tú	g. vamos a viajar a Santander.

13 Escribe las condiciones necesarias para que sucedan estas cosas.

1. Tendremos mares limpios si ......
2. Ahorrarás energía en casa si ......
3. Consumiré de una forma responsable si ......
4. Viviré muchos años si ......
5. Hablaré mejor español si ......
6. Tendré muchos amigos si ......

14 Fíjate en la imagen y escribe seis predicciones sobre el futuro de esta persona.

1. Posiblemente ......
2. Supongo que ......
3. Seguramente ......
4. Probablemente ......
5. Seguro que ......
6. Creo que ......

15 Transforma estas frases usando el futuro simple. Fíjate en el ejemplo.

1. Posiblemente son las diez y media.
   › *Serán las diez y media.*
2. Creo que Juan está enfermo.
   › ....
3. Pienso que María tiene quince años.
   › ....
4. Es la una y cuarto, creo.
   › ....
5. Probablemente cuesta treinta euros.
   › ....
6. Creo que mide casi dos metros.
   › ....
7. Probablemente estamos a 0 °C.
   › ....
8. Posiblemente pesa diez kilos.
   › ....

16 Completa el texto escribiendo los verbos entre paréntesis en futuro simple.

El futuro de los idiomas

En un futuro no muy lejano, probablemente dentro de unos cien años, los idiomas [1] .... (ser) menos complicados y [2] .... (haber) muchos menos. Según el doctor en lingüística John McWhorter, el 90 % de las lenguas que conocemos en la actualidad [3] .... (desaparecer). Si en la actualidad existen unas seis mil lenguas en todo el mundo, en poco más de un siglo solo [4] .... (existir) unas seiscientas. Los movimientos migratorios, que [5] .... (continuar) en los próximos años, [6] .... (causar) la pérdida de los idiomas de origen en muchos casos. Sobre los idiomas mayoritarios, no sabemos si el inglés [7] .... (tener) la misma importancia que ahora, ya que el uso del español [8] .... (ser) cada vez mayor. Otras lenguas con numerosos hablantes, como el mandarín o el árabe, no [9] .... (poder) alcanzar al inglés por su dificultad para aprenderlas de adulto.

Adaptado de https://www.elconfidencial.com/alma-corazon-vida/2015-01-23/que-lengua-hablara-el-mundo-en-2115_628877/

16a Vuelve a leer el texto y decide si las siguientes afirmaciones son verdaderas o falsas.

1. Existen alrededor de seis mil idiomas en todo el mundo. .... V F
2. La mayoría de las lenguas actuales desaparecerán dentro de cien años. .... V F
3. Probablemente el español será la lengua universal del futuro. .... V F
4. Hay lenguas que se perderán a causa de los movimientos migratorios. .... V F
5. El mandarín tendrá más importancia que el inglés. .... V F
6. El árabe será una de las lenguas que desaparecerán en el próximo siglo. .... V F
7. Las lenguas serán más sencillas en el futuro. .... V F

17 Elige uno de estos temas y escribe un texto con tus hipótesis para el futuro. Puedes utilizar el diccionario.

la vivienda | las ciudades | la medicina | los deportes | la educación | las nuevas tecnologías

....

18 Decide si estas afirmaciones sobre el Festival Internacional de Cine de San Sebastián son verdaderas o falsas.

1. El Festival de Cine de San Sebastián tiene más de cien años. .... V F
2. El festival se celebra todas las primaveras. .... V F
3. Es un certamen de cine español y latinoamericano. .... V F
4. Muchos directores de cine han presentado sus películas en el festival. .... V F
5. Al festival acuden cada año muchos famosos del cine. .... V F
6. Las Conchas de Oro y Plata son los premios más importantes. .... V F
7. El certamen se celebra en la ciudad mediterránea de San Sebastián. .... V F

19 Fíjate en las imágenes y elige la opción correcta.

1.
a. Es el Teatro Victoria Eugenia de San Sebastián.
b. Es el museo Guggenheim de Bilbao.
c. Es el Kursaal, sede actual del Festival Cine de de San Sebastián.

2.
a. El Festival de Cine de San Sebastián es famoso por su sección de efectos especiales.
b. El estreno en Europa de *Star Wars* tuvo lugar en el Festival de Cine de San Sebastián.
c. Muchos actores veteranos reciben premios por su carrera.

3.
a. Donostia o San Sebastián es una ciudad vasca de la costa norte de España.
b. San Sebastián está en Galicia, en el norte de España.
c. Donostia es la capital del País Vasco.

20 Completa el texto con las palabras del recuadro.

actores | premiados | directores | figuras | españoles | prestigio | carrera | actrices

Costa-Gavras

Premios Donostia

En 1986, el Festival de Cine de San Sebastián creó el Premio Donostia para reconocer las grandes [1] .... del cine, las que han hecho las mayores aportaciones y que forman ya parte de la historia de la cinematografía mundial.

El primer premio Donostia fue para Gregory Peck, en reconocimiento a su extraordinaria [2] .... Otros muchos grandes [3] .... y [4] .... han sido [5] ...., como los estadounidenses Al Pacino, Bette Davis o Robert de Niro; los europeos Max Von Sydow, Jeanne Moreau y Anthony Hopkins y los [6] .... Antonio Banderas y Penélope Cruz. Pero no solo han recibido el Premio Donostia intérpretes, también lo han ganado [7] .... como Costa-Gavras, Oliver Stone o Francis Ford Coppola.

El Premio Donostia se entrega durante la celebración del festival y cada año lo reciben una o más personalidades de la industria del cine. Este premio ha conseguido dar más [8] .... al festival y lo ha convertido en uno de los más importantes certámenes de cine del mundo.

Unidad 16 En línea

Palabras

1 Relaciona las palabras del recuadro con las imágenes.

tuit
buscador
usuario
banderola
sitio web
boletín

1

....

2

....

3

....

4

....

5

....

6

....

1a Utiliza las palabras de la actividad anterior para completar estos diálogos.

1. ▶ Oye, leí el .... que pusiste ayer. Me encantó, era muy divertido.
   ▷ Gracias. No sabía que tú también tenías .... en Twitter, ¿qué nombre usas?
2. ▶ Estoy harta de este .... de móviles; salen continuamente .... de publicidad que me tapan la pantalla. Tú conocías uno con precios interesantes, ¿no?
   ▷ Sí, escribe en el .... movilesbaratos.com. Es necesario suscribirse al ....; luego ya puedes comprar cualquier móvil sin molestias a precios increíbles.

2 Relaciona cada palabra con su definición.

1. etiqueta	a. Plataforma digital que pone en contacto a gran número de usuarios.
2. red social	b. Palabra o serie de palabras precedida por el símbolo de almohadilla #.
3. visita	c. Acceso de una persona a un sitio web.
4. boletín	d. Número de veces que se publica un anuncio en un sitio web.
5. frecuencia	e. Publicación digital distribuida a través de internet a los usuarios que quieren recibirla.

3 Lee estos mensajes y marca los que crees que se han publicado en un boletín.

1. ☐ Buenos días. Te adjunto las fotos que hicimos en la excursión del pasado fin de semana. Un saludo, Lidia.
2. ☐ Hola, ¿alguien con la tarde libre para ver una peli? :-)
3. ☐ Estimados/as amigos/as: El próximo mes, en nuestro club de cine de los viernes, hablaremos de las siguientes películas:...
4. ☐ Hola a tod@s. He comprado un móvil nuevo, un GG 203S, y no sé qué antivirus instalar. ¿Tenéis alguna recomendación?
5. ☐ La última actualización de nuestro programa ya está disponible. Toda la información en la página 3.

3a ¿Dónde crees que pueden aparecer los otros mensajes?

4 Elige la opción correcta.

1. ¿Va a pagar con **tarjeta/etiqueta** de crédito o en efectivo?
2. Cuesta quince euros, pero hay que pagar tres más por **las garantías/los gastos** de envío.
3. Los consumidores están contentos con nosotros. Nuestra empresa tiene buena **reputación/política**.
4. Me han dicho que este producto no tiene **garantía/reputación**; si se rompe, no me devuelven el dinero.
5. Nuestra **política/historia** de devolución especifica que solo pueden pasar quince días después de la compra para el reembolso del dinero.

5 Lee las siguientes etiquetas y relaciónalas con una imagen.

1. #TarjetaDeCrédito
2. #GarantíaPorDefecto
3. #Reembolso
4. #GastosDeEnvío
5. #FormaDePago
6. #Reputación

A

B

C

D

E

F

5a Utiliza las etiquetas de la actividad anterior para clasificar los mensajes que aparecen en este foro.

1. **Teresa.** Yo tampoco compraré nunca más. Estuve viendo comentarios y la mayoría eran positivos, así que compré unos altavoces. Nunca funcionaron; eso sí, no tuve problemas para recuperar el dinero.

   ....

2. **Leo.** Pues yo estoy muy contenta con este sitio. He comprado varias cosas y cuando, después de un tiempo, alguna me ha dado problemas, la garantía me ha cubierto la reparación sin ningún problema.

   ....

3. **Martín.** El problema es que los precios parecen muy interesantes, pero solo lo parecen porque, cuando te dispones a hacer la compra, el coste del envío es alto y, al final, resulta más caro que otros sitios.

   ....

4. **Sara.** Yo tuve problemas al meter el número de la tarjeta de crédito y no se podía hacer un pago contrarreembolso, así que al final tuve que comprarlo en otro sitio.

   ....

5. **Raúl.** Asegúrate de que escribes correctamente todos los números, revísalos. También debes poner la fecha de caducidad, es decir, hasta cuándo es válida y, por último, los tres números de seguridad que vienen por detrás. Antes de aceptar, repasa todos los datos.

   ....

6. **Paco.** Pues yo estoy muy satisfecho: buena relación calidad-precio, atención maravillosa y, además, me lo llevaron gratis a casa. Para mí, un diez.

   ....

5b Vuelve a leer los mensajes anteriores y relaciónalos con los siguientes enunciados.

a. ☐ Piensa que el anuncio miente.
b. ☐ No piensa volver a comprar en ese sitio.
c. ☐ Está satisfecho con la garantía del producto.
d. ☐ Tuvo problemas con el medio de pago.
e. ☐ El reembolso fue sencillo.
f. ☐ No es tan barato como parece.
g. ☐ No tuvo que pagar gastos de envío.
h. ☐ Debe revisar bien sus datos.

Gramática

6 Completa la tabla del imperativo con las formas que faltan.

	Hablar	Leer	Escribir
tú	habla	[3]	[5] ....
usted	[1]	lea	[6] ....
vosotros/as	hablad	[4]	escribid
ustedes	[2]	lean	[7] ....

7 Relaciona las personas con sus imperativos negativos.

1. tú | 2. vosotros/as | 3. usted | 4. ustedes

a. ☐ no viváis
b. ☐ no digas
c. ☐ no durmáis
d. ☐ no lea
e. ☐ no pidan
f. ☐ no empieces
g. ☐ no salgas
h. ☐ no duerma
i. ☐ no pidáis
j. ☐ no digan

8 Elige la opción correcta.

1. Hijo mío, **piensa/piensen** antes de hablar.
2. Señores pasajeros, **apagad/apaguen** sus móviles.
3. Si no está satisfecho con la compra, **devuelve/devuelva** el producto.
4. Si os gusta esta autora, **leed/lees** esta novela.
5. Si tienes algún problema, **hablan/habla** conmigo.
6. **Te duerme/Duérmete** ya, es tarde.
7. **Cállense/Callaos** un minuto, os tengo que contar una cosa.

9 Completa estas frases con los verbos en la persona *tú* del imperativo afirmativo.

1. .... (Encender) el ordenador, quiero enseñarte mi presentación.
2. .... (Hacer) lo que te digo, verás qué bien.
3. Necesito llamar, ... (colgar) el teléfono.
4. Todavía no es la hora, ... (seguir) durmiendo.
5. .... (Sustituir) el documento por el que te envío; lo he corregido.
6. Hay poca luz, ... (tener) cuidado.
7. Tiene muchos errores, ... (volver) a hacerlo.
8. .... (Poner) la tele, quiero ver las noticias.
9. ¿Qué tal el fin de semana? .... (Contar, a mí).
10. Tienes muy mala cara, ... (ir) al médico.
11. .... (Empezar) tú sola, ahora mismo voy yo.
12. .... (Vestirse), que nos vamos.

9a Clasifica los verbos de la actividad anterior en la tabla según con su irregularidad.

e › ie	o › ue	e › i	i › y	Otros irregulares

10 Transforma los imperativos afirmativos en negativos sin cambiar la persona.

1. Ven antes de las diez. › ....
2. Baja esa canción. › ....
3. Di la verdad. › ....
4. Sigue hablando. › ....
5. Introduzca su número secreto. › ....
6. Id a verla. › ....
7. Salgan despacio. › ....
8. Hablad con los compañeros. › ....
9. Marcad el código. › ....
10. Coged el teléfono. › ....
11. Jugad fuera. › ....
12. Duerme al niño. › ....

11 Escucha al dependiente de una tienda que está hablando sobre un móvil y marca si las siguientes acciones aparecen en imperativo afirmativo (A) o negativo (N).

[31]

1. Cargar dos horas antes del primer uso. .... A N
2. Bloquear con la huella dactilar. .... A N
3. Poner una tarjeta de memoria externa. .... A N
4. Hacer fotos de día. .... A N
5. Hacer fotos de noche o en interiores. .... A N
6. Mojar el móvil. .... A N

12 Responde a estas preguntas con el imperativo adecuado. No olvides añadir los pronombres necesarios.

1. ▶ ¿Puedo abrir la ventana?
   ▷ Claro que sí, ...
2. ▶ ¿Crees que debo comprar estos libros?
   ▷ No, ...
3. ▶ ¿Le cuento la verdad a Juan?
   ▷ Sí, sí, ...
4. ▶ Perdone, ¿puedo ir al aseo?
   ▷ Por supuesto, ...
5. ▶ ¿Cojo un paraguas?
   ▷ Sí, sí, ...
6. ▶ ¿Puedo llevarme este libro?
   ▷ No, ...
7. ▶ ¿Te llamo luego?
   ▷ Sí, por favor, ...
8. ▶ Llaman a la puerta, ¿abro?
   ▷ No, ...
9. ▶ Tenemos prisa. ¿Podemos irnos?
   ▷ Por supuesto, ...
10. ▶ ¿Podemos cerrar la ventana? Hace frío.
    ▷ Sí, sí, ...
11. ▶ ¿Le doy a José la camisa?
    ▷ No, ...
12. ▶ ¿Os mando la foto por correo?
    ▷ No, ...
13. ▶ ¿Qué te parece si le regalo un móvil?
    ▷ Claro que sí, ...
14. ▶ ¿Os digo lo que pienso?
    ▷ Sí, claro, ...

13 Completa estas frases con *deber* + infinitivo, *tener que* + infinitivo o *poder* + infinitivo en la forma y tiempo adecuados.

1. Mañana tengo un examen, hoy no .... salir.
2. Con el mando a distancia, cualquiera .... dirigir el aparato.
3. ¿Crees que Marta .... decirle la verdad? Yo creo que no es necesario.
4. Me .... ir ya, tengo una cita en diez minutos.
5. Lo siento, no .... llamarte esta mañana, he estado muy ocupado.
6. Ayer Eva y yo .... ir al hospital para ver a una amiga.

14 Completa las siguientes advertencias con los verbos entre paréntesis en la forma adecuada del imperativo. Luego relaciónalas con las imágenes de la página siguiente.

a. .... (Introducir, usted) su tarjeta.
b. Antes de entrar, ... (dejar, ustedes) salir.
c. .... (Abrocharse, ustedes) los cinturones de seguridad.
d. No .... (olvidar, usted) comprobar su cambio.
e. .... (Apagar, ustedes) sus teléfonos móviles durante la función.
f. .... (Respetar, usted) la distancia de seguridad.

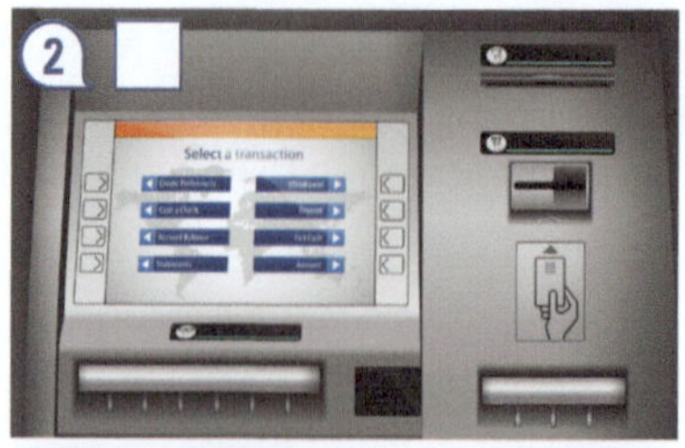

14a [32] Escucha el audio y comprueba tus respuestas de la actividad anterior.

14b [32] Escucha de nuevo y escribe en la tabla todos los imperativos que se dicen.

Situación 1	Situación 2	Situación 3

Situación 4	Situación 5	Situación 6

15 Lee y completa el texto con los verbos del recuadro en la persona *tú* del imperativo.

tener | pensar | hacer | buscar | dudar | usar | comprar | revisar

Compra en línea sin riesgos (o casi)

Con el inicio del año llega el tiempo de ofertas y rebajas en las tiendas y también en el comercio en línea. Es una gran oportunidad para conseguir "chollos", pero también puede serlo para los estafadores en internet. La seguridad al cien por cien no existe, pero sí es posible reducir mucho los riesgos si sigues estos consejos:

- Si una oferta es demasiado buena, [1] .... de ella. Se debe tener mucho cuidado con todas las ofertas a precios imposibles que encontramos cada día en internet.
- [2] .... bien los textos; una mala redacción siempre es sospechosa.
- Si no conoces bien el sitio, no [3] .... clic en enlaces y archivos adjuntos. Así puedes evitar los virus y el acceso a tus datos importantes.
- [4] .... un candado verde en tu navegador, así podrás saber que la conexión es segura.
- Si compras por primera vez en un comercio, no [5] .... contraseñas que ya has utilizado en otros lugares. [6] .... diferentes contraseñas para que, si descubren una, no puedan entrar a otros sistemas como el de tu banco o tu correo. Si tienes muchas, [7] .... en usar un administrador de contraseñas, siempre es una buena idea.
- Si no encuentras comentarios o estos son negativos, no [8] .... ahí. La valoración de otros usuarios te puede ser de gran ayuda.

16 Relaciona para formar frases.

1. Naranjito fue
2. La publicidad siempre ha sido
3. En los 80, España se convirtió en
4. Los resultados han servido para
5. La salud empezaba a ser
6. Las marcas concienciaban a la gente

a. la tercera potencia mundial en materia publicitaria.
b. uno de los principales argumentos publicitarios.
c. reflejo de la sociedad en la que nace.
d. inspirar a toda una generación de creativos.
e. de la importancia de las dietas sanas.
f. la mascota del Mundial de Fútbol celebrado en España en 1982.

17 Lee el texto y luego elige la opción correcta.

Quiero que mi eslogan tenga éxito, ¿qué hago?

El eslogan, esa frase simple y original que identifica a un producto o servicio, es una de las herramientas de *marketing* más poderosas que existen.

Un buen eslogan debe tener un máximo de ocho palabras, tiene que identificar claramente al producto y destacar los beneficios que lo hacen especial. Es una frase que atrapa al consumidor y define y sintetiza la idea del producto o servicio.

Para que tu eslogan tenga éxito, tienes que seguir estas pautas:

- Destaca tus propiedades respecto a la competencia. Piensa qué te hace diferente y crea una frase que represente esa diferencia.
- Sé original. Usa imágenes, rimas, ritmos, etc., para crear una frase difícil de olvidar. Recuerda también que debe tener una pronunciación fácil, ya que hay personas no nativas que también tendrán que recordarlo. No te olvides: si no es breve y fácil de memorizar, no es un eslogan.
- Haz que la marca rime con el eslogan. Esta estrategia se llama *marca incorporada* y ha tenido mucho éxito en los últimos diez años.
- Explica muy brevemente qué hace la marca. "Si es Bayer, es bueno" es un eslogan que representa exactamente qué hace la marca e incluso describe el beneficio que se promete. No te olvides de que, para desarrollar un eslogan exitoso, es necesario conocer perfectamente el negocio que quieres promocionar y ser un experto en lenguaje publicitario.
- Crea un logotipo. Un logotipo es un símbolo formado por imágenes o letras que sirve para identificar a una empresa o marca. El logotipo y el eslogan forman la combinación perfecta para crear tu identidad como marca.

Adaptado de https://www.entrepreneur.com/article/268482

1. **Además del eslogan, la marca necesita...**
   a. una imagen.
   b. un logotipo.
   c. una descripción de la marca.
2. **Un eslogan debe...**
   a. explicar la utilidad del producto o servicio.
   b. ser honesto, no original.
   c. tener como mínimo ocho palabras.
3. **Un eslogan no debe...**
   a. ser breve.
   b. explicar qué hace la marca.
   c. ser difícil de pronunciar.
4. **Para crear un buen eslogan, tienes que...**
   a. conocer muy bien lo que quieres promocionar.
   b. saber rimar.
   c. ser un experto en lenguaje.

Unidad 17 Compartir espacios

Palabras

1 Relaciona las palabras del recuadro con su imagen correspondiente.

ducha | sillón | terraza | dormitorio | lavadora | planta | ventana | cocina | estantería

2 Elige la opción correcta.

1. Me gusta esta casa porque tiene el **suelo/techo/baño** muy alto.
2. Excepto en el baño, el **edificio/lavabo/suelo** de toda la casa es de madera.
3. El apartamento está en un **pasillo/edificio/techo** bastante nuevo.
4. Quiero quitar la **bañera/taza/pared** y dejar solo la ducha.
5. En esta **puerta/terraza/pared** voy a colgar un espejo grande.
6. En la **estantería/nevera/lavadora** hay muchos libros.

3 [33] **Escucha el diálogo y escribe el nombre de cada elemento en el lugar correspondiente de la imagen.**

cocina | baño | dormitorio pequeño | salón
dormitorio principal | pasillo | armario | sillón | bañera
lavabo | sillas | estantería 1 | estantería 2
nevera | sofá | mesita | mesa | lavadora

4 Lee las preguntas y escribe una redacción de unas cincuenta palabras sobre tu casa.

1. ¿Cómo es? ¿Cuántas habitaciones tiene?
2. ¿Cómo son las habitaciones? ¿Qué hay en ellas?
3. ¿Cuál es tu lugar favorito de la casa? ¿Por qué?
4. ¿Qué es lo que menos te gusta?

5 Relaciona los verbos con los complementos y luego cada frase con su imagen correspondiente.

1. Limpiar	a. el polvo.
2. Quitar	b. la aspiradora.
3. Poner	c. el suelo/los platos.
4. Pasar	d. la basura.
5. Fregar	e. la lavadora.
6. Sacar	f. la cocina/el baño.

A

B

C

D

E

F

6 Mira la imagen y marca verdadero o falso.

1. En mi casa no hay terraza. .... V F
2. Mi casa tiene tres habitaciones y dos baños. .... V F
3. En mi salón hay un sofá muy grande. .... V F
4. En la cocina hay cuatro sillas. .... V F
5. Mi casa tiene garaje. .... V F
6. En mi casa hay algunas plantas. .... V F
7. En mi casa hay dos camas. .... V F
8. En cada habitación hay un escritorio. .... V F
9. Una habitación no tiene armario. .... V F

Gramática

7 Completa la tabla con las formas verbales que faltan y escribe el nombre del tiempo al que pertenecen.

	[1]		
	Cantar	**Aprender**	**Abrir**
yo	cante	[5]	abra
tú	[2]	aprendas	[8] ....
él, ella, usted	[3]	aprenda	[9] ....
nosotros/as	cantemos	[6]	abramos
vosotros/as	[4]	aprendáis	[10] ....
ellos, ellas, ustedes	canten	[7]	abran

7a Conjuga estos verbos en el mismo tiempo verbal que los de la actividad anterior.

	Ser	Haber	Saber	Ir	Querer	Pedir
yo						
tú						
él, ella, usted						
nosotros/as						
vosotros/as						
ellos, ellas, ustedes						

	Hacer	Contar	Tener	Dormir	Conocer	Huir
yo						
tú						
él, ella, usted						
nosotros/as						
vosotros/as						
ellos, ellas, ustedes						

8 Completa las frases escribiendo los verbos entre paréntesis en presente de subjuntivo.

1. El profesor no nos deja que .... (usar, nosotros) el móvil en clase.
2. Os recomiendo que .... (visitar) la exposición, os va a encantar.
3. No te pido que lo .... (hacer) tú, solo que me .... (ayudar).
4. ¿Esperas que te .... (volver, ella) a llamar después de lo que dijiste?
5. Quiero que .... (conocerse, ellos), por eso espero que .... (venir) los dos a la cena.
6. Te prohíbo que .... (ir) con esa gente, no me gusta nada.
7. Me ha pedido que le .... (traducir) el correo electrónico al inglés.
8. No te aconsejo que .... (dormir) en esta habitación, hay mucho ruido de la calle.
9. Solo deseo que mañana .... (hacer) mejor tiempo y que .... (poder, ellas) ir a la montaña.
10. No permiten que sus hijos .... (jugar) con los nuestros.
11. Queremos que Marta .... (limpiar) su cuarto ya.
12. Luis me aconseja que .... (hablar) con ella.

8a Clasifica los verbos de la actividad anterior en la tabla.

Regulares	Con irregularidades propias del presente de subjuntivo	Con la misma irregularidad que en presente de indicativo

9 Sustituye el verbo principal de cada frase por un sinónimo del cuadro.

permitir ~~rogar~~ suplicar prohibir esperar aconsejar

1. Te pido que te calles. › *Te ruego que te calles.*
2. La escuela no deja que se use el móvil en clase. › ....
3. Deseo que todo te vaya bien. › ....
4. Siempre me ruega que la ayude. › ....
5. Nos recomiendan que visitemos el centro. › ....
6. Les impiden que vayan juntos. › ....

10 Elige la opción correcta.

1. Nadie quiere que eso **ocurre/ocurra**, todos esperan que se **soluciona/solucione** antes.
2. Está prohibido que **comemos/comamos** durante la clase.
3. Mis padres no me dejan que **asistir/asista** al concierto porque acaba muy tarde.
4. Solo os pido, por favor, que **terminéis/termináis** antes de las tres.
5. No te aconsejo **pasear/pasees** solo por este barrio tan tarde.
6. ¿Quieres que **hablo/hable** con él y que le **cuente/cuento** lo que pasó?
7. Mi jefe no me ha permitido **salir/salga** quince minutos antes.
8. Mis padres quieren **vayan/ir** de vacaciones a la montaña.

11 Corrige el error que hay en cada una de estas frases.

1. Espero que no te caes. › ....
2. Quiero que mi hermano viene a mi escuela. › ....
3. No quiero que ninguna persona duerme en la calle. › ....
4. Ojalá sabes la respuesta. › ....
5. Os prohíbo que Carlos y tú conducís de noche, es muy peligroso. › ....
6. No está bien que apagas la luz. › ....
7. Os recomiendo que vais al museo otro día, hoy hay mucha gente. › ....
8. Preferimos que no pides *pizza* para cenar. › ....
9. Quiero que recoges la habitación antes de mañana por la tarde. › ....
10. Te aconsejo que repites el ejercicio. › ....
11. Os recomiendo que practicáis más el examen oral. › ....

12 Clasifica las frases del recuadro en la tabla.

1. Quiero que mis abuelos vivan aquí. | 2. Espero que tengas suerte. | 3. Te pido que no vayas allí. | 4. Espero que no llueva. | 5. Te recomiendo que comas más verdura. | 6. Te ruego que contestes el correo. | 7. Te prohíbo que salgas mañana. | 8. Deseo que mi hijo apruebe los exámenes. | 9. Te sugiero que compres esa camiseta. | 10. Te dejo que juegues toda la tarde. | 11. No te permito que hables así. | 12. Te suplico que vuelvas. | 13. No quiero que digas mentiras.

Dar consejos y hacer recomendaciones	Expresar deseos	Hacer peticiones	Expresar permiso o prohibición

13 Expresa un deseo para estas personas con los verbos del recuadro.

llegar | gustar | dormir | ser | mejorarse | tener | aprobar | ganar

1

Deseo que ....

2

Espero que ....

3

Deseo que ....

4

Ojalá que ....

5

Deseo que ....

6

Ojalá que ....

7

Quiero que ....

8

Espero que ....

14 Ordena los párrafos del siguiente texto. Luego escucha y comprueba.

[34]

a. ☐ Por poner algunos ejemplos, en Singapur no está permitido que la gente mastique chicle por la calle, en Bangladesh las leyes no dejan que se usen bolsas de plástico y en Canadá no se puede pagar solo con monedas si el precio supera los diez dólares.

b. ☐ Para terminar, siempre es recomendable, cuando viajas a otro país, observar cómo se comporta la gente y respetar sus normas, aunque puedan parecerte extrañas. Lo más inteligente es seguir ese proverbio que dice: "Donde vayas, haz lo que veas".

c. ☐ Las cosas que están permitidas o prohibidas en diferentes lugares del mundo dependen de muchos factores culturales y sociales que, a veces, no son fáciles de comprender, pero que, en su contexto, suelen tener una explicación y una lógica.

d. ☐ En primer lugar, todas estas medidas tienen una razón que las explica. En Bangladesh, por seguir con el ejemplo, descubrieron que la mayoría de las inundaciones que sufrían eran debidas a la gran cantidad de bolsas de plástico que había en los desagües.

e. ☐ Por otro lado, están las religiones y los sistemas políticos que, a menudo, condicionan las costumbres y prohíben a la gente que haga cosas que, en otros lugares del mundo, son absolutamente naturales.

14a Busca en el texto los marcadores discursivos con las funciones indicadas y añade otros que conozcas.

1. Introducir un argumento. › ....
2. Añadir un argumento. › ....
3. Concluir con una argumentación. › ....

15 Completa el nombre de estos instrumentos.

1 m .... r .... a s

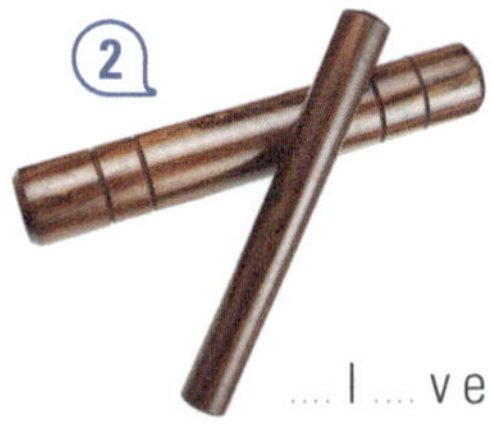

2 .... l .... v e ....

3 .... n g .... s

4 r .... n d .... o r

5 .... as .... a .... u .... a ....

6 .... c o .... d .... ó ....

16 Completa el texto con las palabras del recuadro.

ritmos | estilos | merengue | género | conciertos | son

El origen de la salsa

Fue a finales de los años 60 e inicio de los 70 cuando surgió el nombre de *salsa* como un [1] .... musical. Después de alcanzar una notable repercusión en Estados Unidos, la música latina llegó a todo el mundo y fue conocida por este género. Esto sucedió de una forma muy curiosa: Izzy Sanabria, diseñador gráfico en los estudios de Fania All Stars, reunió todos los [2] .... de origen cubano que había hasta entonces bajo una misma denominación. La intención era eliminar confusiones y poder vender el concepto mucho mejor. El término que utilizó para unir todos estos sonidos dispersos fue el de *salsa*, una palabra con la que se animaba a las bandas durante los [3] .... Así, se puede decir que la salsa, como conjunto de ritmos y [4] ...., nació en Cuba, pero fue en Estados Unidos donde se desarrolló y se lanzó hacia el resto del mundo.

Suele decirse que la principal influencia de la salsa es el [5] .... cubano. Pero, a la vista de su origen en la sucesión de estilos y ritmos, también hay que decir que tiene influencias del mambo, el chachachá, la guaracha, la rumba, la bomba, la plena y el [6] ....

Adaptado de https://www.goandance.com/es/blog/salsa/52-los-origenes-de-la-salsa-y-su-historia

17 Relaciona cada artista con su género.

1. Celia Cruz	a. bachata
2. Los Panchos	b. merengue
3. Daddy Yankee	c. bolero
4. Romeo Santos	d. reguetón
5. Juan Luis Guerra	e. salsa

18 Marca los tres géneros musicales que son latinoamericanos.

- ☐ vals
- ☐ tango
- ☐ ranchera
- ☐ flamenco
- ☐ milonga
- ☐ rumba

19 Marca los tres cantantes o grupos que son latinoamericanos.

☐ Calle 13 ☐ Selena Gómez ☐ Lana del Rey ☐ Juanes ☐ Christina Aguilera ☐ Luis Fonsi

Unidad 18 Un poco de educación

Palabras

1 Lee esta información sobre una escuela de español y escribe las palabras del recuadro en su lugar correspondiente.

cursos | clases | matrícula | horarios | bachillerato | aprendizaje | intercambio | asignaturas

Nuestra escuela ofrece diferentes programas para el [1] .... del español. Tenemos [2] .... intensivos de cuatro horas diarias que te permitirán una rápida inmersión en la lengua y la cultura españolas.

Si no dispones de mucho tiempo para estudiar y necesitas [3] .... enfocadas a tus necesidades, puedes tomar lecciones particulares. El profesor o la profesora se desplazará a tu domicilio o a tu lugar de trabajo, o, si lo prefieres, puedes recibir las clases *online* o en nuestras aulas, todas equipadas con las últimas tecnologías.

Además, hay cursos específicos orientados al estudio, en español, de [4] .... como Historia, Arte o Literatura, cursos especialmente diseñados para estudiantes extranjeros que desean realizar el [5] .... en España. Si eliges esta opción, cada semana tendrás una interesante charla en nuestra sala de conferencias.

Nuestro programa de [6] .... también va dirigido estudiantes de secundaria: vivirás durante unas semanas con una familia española y, luego, tu anfitrión español vivirá en tu casa. Será, sin duda, una experiencia inolvidable.

Encontrarás información sobre las condiciones de la [7] .... y los [8] .... de cada curso en nuestra página web. Si lo prefieres, contacta por medio del chat o ven a vernos. En secretaría te informaremos personalmente y, además, conocerás las instalaciones: el aula multimedia, la biblioteca, la sala de profesores y la cafetería.

1a Subraya en el texto anterior todas las palabras relacionadas con la enseñanza y clasifícalas en la tabla según su categoría.

1.	2. Personas	3. Programas/Tipos de ....
aulas		*intensivos*

4. Ciclos	5.	6. Otros
	Historia	*escuela*

1b Lee el correo que ha escrito un estudiante extranjero a la escuela de español y corrige los errores que ha cometido al combinar las palabras.

De: Hans Bosch Para: Escuela de español Asunto: Clases

Estimados señores:
Me gustaría hacer clases específicas de español de los negocios. ¿Pueden decirme si es posible estudiarlo en curso particular o si tengo que hacerlo en clases intensivas? También me interesa mucho el curso de intercambio, ¿podrían enviarme más información?
Gracias de antemano por su respuesta.
Hans Bosch

2 Elige la opción correcta.

1. Después de la universidad, haré un .... para completar mi formación.
   a. graduado b. máster c. bachillerato
2. ¿Qué .... piensas estudiar en la universidad?
   a. nota b. apuntes c. carrera
3. Mi hermano ya está ....; terminó Medicina en junio.
   a. grado b. estudiado c. graduado
4. Hizo muy bien el examen y obtuvo muy buenas ....
   a. asignaturas b. notas c. becas
5. Ayer no pude venir a clase, ¿me dejas tus ....?
   a. apuntes b. carreras c. notas
6. Mi .... favorita es Historia. ¿Cuál es la tuya?
   a. matrícula b. aula c. asignatura

3 Completa las frases con el verbo adecuado en la forma correcta.

1. .... el examen porque no tuve tiempo para prepararlo bien.
2. .... esta asignatura porque el año pasado no pude examinarme de ella.
3. Diego ya .... en una academia para estudiar inglés.
4. Sara ya .... una beca para el año que viene.
5. Espero que mi hermano .... todas las asignaturas.
6. Seguramente el año que viene Rosa .... mejores notas que este.
7. Las calificaciones no están porque el profesor aún no .... los exámenes.
8. ¿Por fin tu novia .... un máster el año que viene?

4 Relaciona las actividades con su espacio correspondiente de un aula virtual.

1. Discutir las actividades y los temas con otros estudiantes.
2. Publicar anuncios y avisos.
3. Hablar en directo con los compañeros.
4. Valorar el curso.
5. Pedir información sobre los cursos.
6. Disponer de material de apoyo.
7. Consultar bibliografía.
8. Ver las fichas personales de los compañeros.

a. Encuestas
b. Chat
c. Tablón de noticias
d. Foro
e. Curso y contenidos
f. Secretaría
g. Rincón del estudiante
h. Recursos

5 Escribe en tu cuaderno un texto de unas cien palabras sobre tu currículum académico. Ten en cuenta los siguientes puntos.

- Los diferentes ciclos que has estudiado y dónde los has realizado.
- Las asignaturas en que has tenido mejores notas.
- Los exámenes más importantes que has hecho.
- Cursos de idiomas u otras materias: ¿dónde y cómo los has realizado?
- Cursos en línea.

Gramática

6 Relaciona las columnas para formar las frases.

1. El profesor descubrió que...
2. Noto que las asignaturas...
3. ¿No crees que las vacaciones...
4. No veo que...
5. ¡No me digas que...
6. No me parece que...

a. has aprobado el examen!
b. vayas a suspender.
c. son más difíciles cada curso.
d. haya ningún problema en aplazar el proyecto.
e. varios alumnos habían copiado en el examen.
f. son para descansar y no hacer tareas?

7 Escucha las frases e indica qué expresan. [35]

a. ☐ un sentimiento (alegría)
b. ☐ un consejo
c. ☐ una petición
d. ☐ un sentimiento (enfado)
e. ☐ una valoración subjetiva
f. ☐ una prohibición

7a Escribe seis frases que expresen lo mismo.

1. ....
2. ....
3. ....
4. ....
5. ....
6. ....

8 Algunas de estas frases son incorrectas. Indica cuáles, marca el error y escríbelas correctamente.

1. Me sorprende que Eva no venga al examen. Ella es siempre muy puntual.
....
2. No creo que Matemáticas es la asignatura más difícil. A mí me encanta.
....
3. Me alegra que Roberto quiere estudiar Medicina. Es un chico muy inteligente.
....
4. Si estás preocupado, te aconsejo que hables con tu tutora. Seguro que ella te ayudará.
....
5. No me importa estudiar para un examen, pero me molesta que hay tantos deberes.
....

9 Olga habla con su abuela sobres sus planes para el próximo curso. Pon las palabras del recuadro en el lugar correcto.

increíble | bien | necesario | ilusionada | suerte

Abuela: ¿Ya has decidido qué vas a estudiar el próximo curso?
Olga: Sí. Estoy muy [1] .... con la opción que he elegido.
Abuela: Bueno, ¿no me lo vas a decir?
Olga: ¡Voy a estudiar Veterinaria!
Abuela: ¡Qué maravilla! Con lo que te gustan los animales, es una [2] .... que puedas estudiar esa carrera. ¿Ya es seguro?
Olga: Bueno, es [3] .... hacer un examen de ingreso, pero creo que no habrá problema.
Abuela: Y tus amigos, ¿qué van a hacer?
Olga: Pues Mateo aún no lo sabe. Siempre le ha gustado Historia, pero sus padres quieren que estudie Derecho.
Abuela: Es [4] .... que los padres no escuchen el deseo de su hijo. ¿Y Leticia?
Olga: Pues aún no lo sabe. Supongo que Medicina o Biología, pero no está segura. Quiere hablar con su tutora esta semana.
Abuela: Bueno, está [5] .... que hable con alguien experto antes de decidir.

9a Vuelve a leer la conversación y responde verdadero (V) o falso (F) a las siguientes afirmaciones.

1. A la abuela de Olga le encanta que su nieta quiera estudiar Veterinaria. .... V F
2. Olga está preocupada por el examen de ingreso. .... V F
3. Los padres de Mateo están de acuerdo con que su hijo estudie Historia. .... V F
4. La abuela de Olga cree que los padres de Mateo deberían escuchar a su hijo. .... V F
5. Leticia no está segura de lo que quiere hacer. .... V F

10 Completa la conjugación del pretérito perfecto de subjuntivo.

	Hablar	Leer	Traducir
yo			
tú			
él, ella, usted			
nosotros/as			
vosotros/as			
ellos, ellas, ustedes			

11 Escribe los participios de estos verbos.

1. decir › ....
2. hacer › ....
3. ver › ....
4. volver › ....
5. poner › ....
6. escribir › ....
7. morir › ....
8. abrir › ....
9. cubrir › ....
10. romper › ....

12 Transforma estas frases usando el pretérito perfecto de subjuntivo.

1. Has aprobado el examen. › Me alegro de que ....
2. El vuelo se ha retrasado una hora. › Me molesta que ....
3. Habéis venido a cenar. › A mi padre le encanta que ....
4. Juan se ha enfadado con nosotras. › No creo que Juan ....
5. Pepe ha encontrado un nuevo trabajo. › No es verdad que ....
6. Jaime ha tenido la culpa. › No está claro que ....

13 Fíjate en las imágenes y expresa un sentimiento usando el pretérito perfecto de subjuntivo.

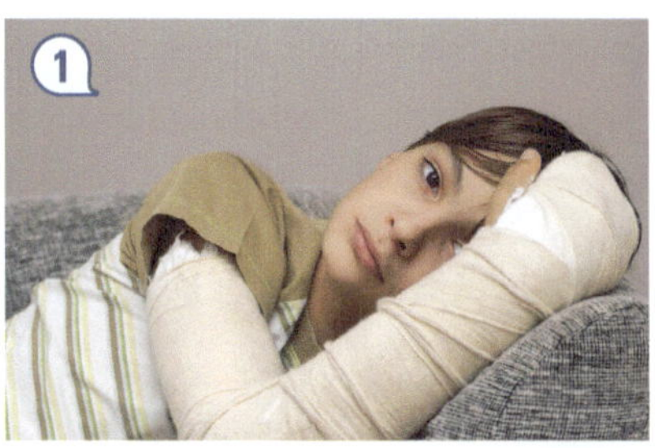

....

....

....

....

....

....

14 Relaciona los dos verbos con las palabras de la columna.

1. Me da...
2. Me pone...

a. ☐ miedo
b. ☐ alegría
c. ☐ triste
d. ☐ contento/a
e. ☐ pena
f. ☐ nervioso/a
g. ☐ furioso/a
h. ☐ vergüenza
i. ☐ igual

14a Completa las frases con el verbo adecuado, pon los pronombres necesarios.

1. A Eva .... pena los perros abandonados.
2. ¿A usted .... contento esta canción?
3. A ellos .... vergüenza hablar en público.
4. .... nervioso cuando tomo más de un café.
5. A ti antes .... bastante miedo los gatos.
6. (A nosotras) .... mucha alegría veros.
7. A José .... igual que no le inviten a la fiesta.
8. ¿A vosotros .... tristes sus libros?

15 Escribe qué sentimientos te producen las siguientes situaciones utilizando estructuras con los verbos *dar / poner.*

1. un examen sorpresa ....
2. las vacaciones de verano ....
3. el comienzo del curso ....
4. un examen oral ....
5. los trabajos en grupo ....
6. demasiados deberes ....

16 Completa libremente estas frases.

1. Me pongo triste si ....
2. Me da vergüenza si ....
3. Me da pena que ....
4. Me pongo nervioso/a si ....
5. Me da miedo que ....
6. Me da igual ....

17 ¿Recuerdas un día especial en clase? Escribe brevemente cómo fue, qué pasó y qué sentimientos tuviste.

....
....
....
....
....

18 Lee las opiniones de algunos alumnos de ESO y expresa acuerdo, acuerdo parcial o desacuerdo usando las estructuras aprendidas en la lección y argumentando tus respuestas.

1. Aitor: "En el instituto no nos enseñan a pensar, solo a aprender los conceptos de memoria".
....
2. Elena: "Me preocupa que los estudios en secundaria sean tan teóricos, tendría que haber más asignaturas prácticas para ayudarnos a sobrevivir en la vida real".
....
3. Fermín: "A mí me molesta que la mayoría de los profesores solo nos valoren por las notas y no por otras cualidades importantes como nuestra capacidad, interés, motivación y esfuerzo".
....
4. Eva: "No es necesario estudiar demasiado, con revisar los conceptos el día anterior del examen es más que suficiente".
....
5. Almudena: "La Historia me aburre y no sirve para nada".
....
6. Félix: "Me parece increíble que tengamos tantas vacaciones. Debería haber menos tiempo de descanso y más de trabajo".
....

18a Añade tus propias opiniones sobre los estudios de secundaria de tu país. Escribe una opinión positiva y otra negativa.

Opinión positiva: ....

Opinión negativa: ....

19 Completa el texto sobre el profesor o la profesora ideal con los verbos del recuadro en la forma correcta.

aplicar | permitir | disfrutar | generar | ser | escuchar | llevar | incorporar

Lo más importante es que esta persona [1] .... de su trabajo, que [2] .... creativa, que [3] .... materiales nuevos, que [4] .... en la clase metodologías diferentes y las nuevas tecnologías y que [5] .... la clase a espacios diferentes. También es fundamental que nos [6] .... cuando hablamos, que nos [7] .... opinar y que [8] .... un ambiente de confianza y participación.

19a Escribe un texto de unas cincuenta palabras sobre cómo crees que debe ser el profesor o la profesora ideal.

Espero que esta persona ....

....

....

....

....

20 Escucha y completa con la información que falta.

[36]

En la región de América Latina y el Caribe, aunque todavía se presentan algunas carencias, en los últimos años los sistemas educativos han podido cubrir buena parte de las necesidades de la población y los resultados se están viendo. Por ejemplo, Colombia participó en las pruebas Pisa en el año 2012 [1] .... Luego, en 2015, obtuvo un resultado de 416 puntos.

De acuerdo con otras cifras presentadas por los expertos, para 2030 América Latina tendrá un 96.6 % de cobertura [2] ...., y para 2042 se espera que la cobertura sea universal en este nivel. En cuanto a la educación media, para 2030 se espera que la región tenga [3] .... y que en 2066 sea total. Por último, en [4] ...., la cobertura será de un 72.7 % [5] .... y se calcula que alcanzará [6] ....

Al mismo tiempo, un tema preocupante para la región es el de los maestros, [7] .... Los profesores de América Latina ganan menos que otros profesionales. Los docentes de preprimaria y primaria ganan el 76 % de lo que reciben otros profesionales o técnicos, mientras que los profesores de secundaria ganan el 88 % [8] ....

Adaptado de https://www.semana.com/educacion/articulo/informe-unesco-sobre-educacion-en-america-latina/542592

20a Lee el texto anterior y marca las afirmaciones verdaderas.

1. ☐ En el presente no hay carencias, se han cubierto las necesidades de la población.
2. ☐ Colombia, en tres años, mejoró sus resultados en las pruebas Pisa.
3. ☐ La cobertura en educación primaria será total a mediados de siglo.
4. ☐ La educación media superior no tendrá una cobertura universal en el siglo XXI.
5. ☐ Los profesores de secundaria ganan un 88 % más que los de primaria.

Unidad 19 ¿Para qué sirve?

Palabras

1 ¿Cómo se llaman las partes de estos objetos? ¿Qué cosas pueden tenerlas?

①  ②  ③  ④ 

2 Marca el intruso.

1. rectangular, plano, circular, triangular
2. tela, cartón, estrecho, aluminio
3. mango, piedra, punta, asa
4. plástico, madera, metal, ancho

2a Escribe una frase con cada una de las palabras marcadas en la actividad anterior.

1. ....
2. ....
3. ....
4. ....

3 Elige la opción correcta.

1. Es de **aluminio/corto**.
2. Tiene forma de **circular/círculo**.
3. Está hecho de **cuadrado/metal**.
4. Tiene forma **alargada/cartón**.
5. Es **rectangular/rectángulo**.
6. Es **alargado/aluminio**.

4 Completa estas palabras que expresan formas y figuras.

1. .... rt ....
2. h .... r .... z .... t ....
3. .... ct ....
4. r .... d .... nd ....
5. d .... a .... on l
6. a .... ho
7. v .... rt l
8. .... la .... g .... d ....
9. .... ír .... l ....
10. .... l .... n ....

5 Completa las frases con la palabra que representan las imágenes.

1. Las ....  de esta cacerola están muy calientes, ten cuidado.
2. Pon la .... , todavía no vamos a comer y no quiero que se enfríe la comida.
3. Este lápiz no tiene .... , es imposible escribir con él.
4. Deja la cuchara en el ....  de la sartén.
5. ¿Dónde está el ....  de la botella? No lo veo por ninguna parte.

6 Completa estas frases con las palabras del recuadro.

circular | diagonal | horizontal | vertical | triangular | rectangular

1. Para hacer este ejercicio debes tumbarte, estar en posición ....
2. Es una plaza redonda, completamente ....
3. Cada lado de la pirámide de Keops tiene forma ....
4. No es cuadrado, es .... porque estos dos lados son un poco más largos.
5. Desde allí la vista es espectacular, se ve la línea .... de los rascacielos.
6. El tamaño de una pantalla se mide de esquina a esquina, en ....

7 Observa las imágenes. ¿Qué objetos ves en ellas? ¿Para qué se han usado? Descríbelas utilizando los verbos del recuadro. Fíjate en el ejemplo.

servir | usarse | utilizarse | emplearse

1. *Hay botellas de cristal que **sirven** de lámparas./**se han usado** como lámparas.*
2. ....
3. ....
4. ....
5. ....
6. ....

7a [37] Escucha una entrevista en la que se habla de estos objetos. Marca el orden en el que se mencionan. ¿Hay algún objeto que no se dice? ¿Cuál?

☐ juguetes ☐ sillones ☐ macetas ☐ lámparas ☐ puertas ☐ barca

7b [37] Vuelve a escuchar la entrevista y marca si las afirmaciones son verdaderas o falsas.

1. El concurso era para promover el reciclaje y el consumo. .... V F
2. Tenían que hacer un objeto fundamentalmente con cosas ya usadas. .... V F
3. Se valoraba la reutilización de objetos, la originalidad y el nuevo uso que se les daba. .... V F
4. No había cosas muy originales. .... V F
5. Había una barca hecha solo con botellas de plástico. .... V F
6. Laura participó con algunos compañeros. .... V F
7. Buscaron ideas en internet. .... V F
8. El padre de Laura tiene un taller donde había ruedas suficientes. .... V F

8 Escribe un texto de unas cincuenta palabras describiendo un objeto hecho con otros reutilizados. Debes hablar de los materiales, las formas y las partes que lo componen.

....
....
....
....

Gramática

9 Completa las siguientes frases con los relativos del recuadro.

que (2) | el que | la que | los que
las que | lo que (2) | donde (2)

1. El curso en .... me inscribí es del ayuntamiento.
2. No encuentro las ruedas con .... estábamos haciendo los sillones.
3. El libro .... estoy leyendo es muy divertido.
4. Nada de .... te ha dicho es verdad.
5. El hotel .... nos alojamos está en el centro, ¡qué suerte!
6. La biblioteca a .... voy a estudiar tiene muchos libros de historia.
7. Los chicos con...................... nos encontramos ayer son primos de Javi.
8. Aquí no hay nadie .... nos pueda ayudar, vámonos.
9. La casa .... vivo es muy grande.
10. Cuéntanos .... ha pasado.

10 Lee este chat entre Jaime y un amigo extranjero que aún no sabe formar oraciones relativas y corrígelo. Fíjate en las palabras resaltadas.

Steve: Oye, Javier, tengo **un videojuego** nuevo. **El videojuego** es muy bueno y divertido.
1. ....

Javier: ¿Cómo se llama?

Steve: Tiene **un nombre** muy raro, no recuerdo **el nombre** ahora.
2. ....
Si quieres, jugamos mañana. ¿Puedes traer **tu consola**? **Tu consola** es mejor.
3. ....

Javier: Sí, claro. La llevo.

Steve: Por cierto, te debo **dinero**. Me prestaste **el dinero** el otro día.
4. ....

Javier: Vale, no hay problema.

11 Marca la opción que no es correcta para completar estas frases.

1. ¿Hay un bote...
   a. ☐ que está vacío? Perfecto, necesitaba uno. Me lo llevo.
   b. ☐ que esté vacío? Es que necesito uno. Si encuentras alguno me lo dices, ¿vale?
   c. ☐ que está vacío? Es que necesito uno. Si encuentras alguno me lo dices, ¿vale?
2. Busco un libro...
   a. ☐ que tenga las tapas amarillas. Es para una foto.
   b. ☐ que tenga las tapas amarillas. Lo vi en tu habitación, pero no recuerdo el título.
   c. ☐ que tiene las tapas amarillas. No recuerdo el autor, pero creo que era inglés. ¿Te acuerdas?
3. Iremos al restaurante...
   a. ☐ que tú quieres, pero otro día vamos al que he dicho yo.
   b. ☐ que tú quieras, elige.
   c. ☐ que tú quieres, pero di uno ya, que es tarde para comer.
4. Las personas...
   a. ☐ que tengan entrada tienen que ponerse a la derecha. Vamos a ver cuántos son.
   b. ☐ que tienen entrada ya están dentro. Corre, que va a empezar.
   c. ☐ que tengan entrada son Luis, Ana y Pepe.

12 [38] Escucha esta conversación. ¿En qué tipo de tienda se encuentran? ¿Qué se vende ahí?

Están en una ....
Una tienda donde se puede comprar: ....
....

12a Escucha de nuevo y di si las siguientes frases son verdaderas (V) o falsas (F). Justifica tu respuesta.

[38]

1. La mujer no recuerda la palabra *archivador*. .... V F
2. Quiere un archivador de un color específico. .... V F
3. Hay dos tipos de cuadernos. .... V F
4. La mujer quiere un bolígrafo que ha visto en la tienda. .... V F
5. No hay bolígrafos en la tienda. .... V F
6. La mujer no sabe si existe un producto para borrar tinta. .... V F
7. La mujer quiere el corrector más barato de los dos que le ofrecen. .... V F
8. La mujer busca una carpeta cualquiera para niños. .... V F
9. Todo lo que compra la señora cuesta menos de 20 euros. . ... V F

13 Completa estos folletos con la forma correcta de los verbos y con las palabras del cuadro.

robot | aspiradora | reloj

¿Estás cansado de tener una [1] .... que [2] .... (hacer) mucho ruido, que no [3] .... (llegar) a todos los rincones y que [4] .... (ocupar) mucho espacio en el armario? ¿Necesitas una máquina que [5] .... (limpiar) el suelo, lo [6] .... (dejar) brillante y reluciente? Compra la nueva CAR-105.

¿Siempre dudas del tiempo de cocción que [7] .... (necesitar) las legumbres? ¿No tienes tiempo para cocinar y comer de forma saludable? ¿Buscas un [8] .... que [9] .... (cocinar) por ti y te [10] .... (permitir) disponer de tiempo para lo que de verdad importa? El nuevo J-35-U5 es lo que [11] .... (estar, tú) buscando.

Necesitas un [12] .... al que no [13] .... (tener, tú) que cambiar la pila, que [14] .... (ser) ligero y que te [15] .... (mostrar) las notificaciones de tu teléfono? El 49KK es el único con una batería que [16] .... (durar) más de 48 horas en uso, que [17] .... (conectarse) con todos tus dispositivos y que [18] .... (pesar) menos de 50 gramos, ¡y será tuyo por menos de 150 €!

14 Elige la opción correcta. Atención, en algún caso las dos opciones son posibles.

1. A lo mejor este año **vayamos / vamos** de vacaciones a Mallorca.
2. Quizá Luis no lo **sabe / sepa**, voy a decírselo.
3. Puede que ya lo **sabes / sepas**: Marta viene este fin de semana.
4. No es posible que **esté / está** ya en casa, si ha salido hace diez minutos.
5. Es poco probable que **puedo / pueda** veros mañana, tengo mucho trabajo.
6. Probablemente se **enfade / enfadará** contigo, no le gustan esas cosas.
7. Lo mismo me **quede / quedo** en casa, está haciendo demasiado frío.
8. Igual **llega / llegue** tarde, tiene clase hasta las ocho.

15 Completa las frases libremente.

1. Raquel no ha llegado todavía, probablemente ....
2. Estoy llamando a Fran y no me responde, a lo mejor ....
3. Mira cuánta gente hay en esa calle, lo mismo ....
4. Tose mucho y dice que le duele todo el cuerpo, es posible que ....
5. Al final no hice muy mal el examen, puede que ....
6. Si va Antonio a la fiesta, es probable que ....
7. El cielo está muy oscuro, igual hoy ....

16 Haz hipótesis para explicar las situaciones de las imágenes. Usa los marcadores de probabilidad indicados.

Quizá ....
Tal vez ....
Seguramente ....

Igual ....
A lo mejor ....
Probablemente ....

17 Relaciona las dos columnas para formar frases y elige el marcador de finalidad más adecuado.

1. Tráfico recomienda el uso del transporte público...		los alumnos estén informados.
2. El profesor puso un vídeo...		la ciudad sea más segura.
3. Han puesto un cartel en la escuela...	con el fin de (que)	evitar atascos.
4. Ayer vinieron unos amigos...	para (que)	explicarnos el subjuntivo.
5. Voy a bajar a la calle...	a (que)	verme.
6. El gobierno ha aumentado la presencia de policía...		me dé un poco el aire.
7. Estoy estudiando mucho...		sacar buena nota.

18 Pon las expresiones del recuadro donde corresponda de acuerdo con su función.

¿Sabes qué...? | Sí, ya lo sabía. | ¿Sabes que...? | Lo siento, no lo sé.
¿Sabías que...? | No tenía ni idea. | No tengo ni idea. | ¿Sabes cómo...?

Preguntar algo que se desconoce	Responder negativamente	Preguntar si los otros conocen ya la información que introducimos	Responder si conocíamos o no una información

19 Completa este texto sobre el Rastro de Madrid con los fragmentos que tienen debajo.

En todas las ciudades y en casi todos los pueblos de España [1] ☐ van de pueblo en pueblo y de ciudad en ciudad ofreciendo sus variadas mercancías.

En ciudades pequeñas y pueblos, el día [2] ☐ a comprar comida, ropa o artículos para la casa, entre otras cosas.

Algunos de estos mercadillos se han convertido en un auténtico evento social, ya que [3] ☐ a buscar objetos que normalmente no encuentran en las tiendas.

El más famoso es, sin duda, el Rastro, un mercadillo con más de cuatrocientos años de historia situado en el animado ambiente del centro histórico de Madrid en el que los domingos y festivos se pueden [4] ☐, así como tabernas y bares donde tomar el aperitivo y sentirte un madrileño más.

El mercado se sitúa en torno a la calle Ribera de Curtidores, una cuesta donde [5] ☐ muebles, películas, libros, cómics, ropa nueva o usada, enchufes, objetos de adorno, cuadros…

Muchas calles próximas a la Ribera de Curtidores se dedican a la venta de productos y objetos especializados y [6] ☐.

a. del mercado las calles se llenan de gente que se desplaza desde otras poblaciones más pequeñas
b. encontrar mercancías de todo tipo, antigüedades y objetos curiosos
c. se organiza un mercadillo un día a la semana. Los comerciantes ambulantes
d. se extienden cientos de puestos con los objetos más variados:
e. cada vez son más las personas que deciden dedicar una mañana
f. es posible encontrar puestos y tiendas abiertas todos los días de la semana

19a ¿Conoces algún mercadillo como el Rastro? Escribe un texto de unas cincuenta palabras contando cómo es, cuándo se celebra y dónde, qué tipo de objetos venden, si tú vas a menudo y qué sueles comprar.

....

....

....

....

....

20 [39] Escucha la conversación entre Miguel y Sebastián y luego indica si estas afirmaciones son verdaderas o falsas.

1. El viaje de Miguel a Madrid no ha estado mal. .... V F
2. A Miguel uno de los lugares de Madrid que más le gusta es el Rastro. .... V F
3. Miguel compró vinilos para decorar su cuarto. .... V F
4. Sebastián tiene mucha idea a la hora de decorar. .... V F
5. Sebastián compró en el Rastro una máquina de coser. .... V F
6. Miguel y Sebastián planean ir juntos a Madrid. .... V F

Unidad 20 El voluntariado

Palabras

1 Clasifica las acciones del cuadro en el departamento de una ONG con el que guarden relación.

Hacer una colecta | Dar difusión al proyecto | Recaudar fondos | Atender a personas en situación de exclusión social | Aportar un donativo | Captar socios | Donar ropa | Organizar actividades benéficas

1 Departamento de Comunicación

....

2 Departamento de Contabilidad

....

3 Departamento de Actividades

....

1a Completa estas frases con alguna de las acciones de la actividad anterior, pon los verbos en la forma adecuada.

1. Nosotras, el fin de semana pasado, ... por el barrio y conseguimos 1500 €.
2. Todo el mundo puede ...., no importa la cantidad. Un euro también ayuda.
3. Es muy importante seguir ...., necesitamos que lo conozca todo el mundo.
4. ▶ ¿Dónde vas con esa bolsa?
   ▷ Voy a ...., tengo mucha que no uso y tal vez a alguien le sirva.
5. Aquella organización ....: mayores solos, niños abandonados, migrantes irregulares, etc. Los ayudaban mucho.

1b Escribe tres frases con las actividades que no has usado en el ejercicio anterior.

1. ....
2. ....
3. ....

2 Relaciona elementos de las tres columnas para formar frases.

1. Violación		auxilio.
2. Bancos	a	lucro.
3. Velar		derechos humanos.
4. Prestar	Ø	situación de vulnerabilidad.
5. Aliviar		el respeto a las leyes.
6. Sin ánimo	por	colaboradoras.
7. Encontrarse		exclusión.
8. Acoger	de	el sufrimiento.
9. Entidades		refugiados.
10. Riesgo	en	armado.
11. Conflicto		alimentos.

2a Utiliza las combinaciones de la actividad anterior para completar las presentaciones de estas ONG. Pon los verbos en la forma adecuada.

Paya SOS: Somos una organización de artistas del mundo de la comedia que tenemos por objetivo [1] .... mediante la risa, porque sabemos que no podemos solucionar sus vidas, pero estamos convencidos de que podemos hacerlas algo menos complicadas con el humor. Viajamos a zonas donde hay [2] ...., desastres naturales o cualquier lugar donde los niños [3] ....

Comedores Solidarios: Somos un grupo de cocineros voluntarios que se dedican a recoger alimentos destinados a la basura para dar una comida caliente a personas que están en [4] ....: migrantes, refugiados, parados, etc. A diferencia de los [5] ...., nuestra misión es elaborar un menú con los productos que nos ceden nuestras [6] ....: mercados, supermercados y restaurantes de la ciudad.

Derecho al Derecho: Asociación de abogados [7] .... que lucha contra la [8] .... sin importar el país donde se produzca y que [9] .... internacionales, defendiendo sin coste a todas las personas en el Tribunal de La Haya. Soñamos con un mundo justo y seguro para todas las personas.

Barcos Abiertos: Organización de rescate en el Mediterráneo. [10] .... a todas las embarcaciones que se encuentren en peligro y llevamos a sus ocupantes a puertos seguros de países que tienen el compromiso de [11] ....

2b [40] Escucha a estas cuatro personas y escribe con cuál de las ONG de la actividad anterior colaboran.

Luisa: .... Alberto: .... Alfonso: .... Elena: ....

2c [40] Vuelve a escuchar el audio y relaciona estos enunciados con las personas anteriores.

1. Conoció la organización mientras estudiaba.
2. Tomó la decisión después de ver una noticia en la tele.
3. Había consultado otras ONG antes de empezar con esta.
4. Un conocido le habló de la organización.
5. Empezó a colaborar cuando terminó la carrera.
6. Conoció la ONG durante un espectáculo.
7. No está en contacto directo con las personas que reciben ayuda.
8. Ya tenía afición por la interpretación.

a. Luisa
b. Alberto
c. Alfonso
d. Elena

3 Elige la opción correcta para completar estas frases.

1. **Nuestro .... es llegar a los 5000 socios.**
   a. riesgo b. reto c. compromiso
2. **La .... necesita más voluntarios.**
   a. actividad b. colecta c. entidad
3. **Hemos recibido un .... de 10 000 €.**
   a. donativo b. auxilio c. reto
4. **Se dedican a prestar .... a los necesitados.**
   a. ayuda b. donativo c. reto
5. **Es necesario tener .... y compromiso.**
   a. implicación b. lucro c. protección
6. **Ha empezado la .... de donaciones.**
   a. acogida b. campaña c. difusión

Gramática

4 Completa las frases con la forma adecuada del futuro compuesto. Luego di qué valor tiene: futuro anterior a otro futuro (F) o hipótesis sobre el pasado reciente (H).

1. Seguramente Juan .... (llegar) ya, llámalo. .... F H
2. Mañana, a esta hora, ... (terminar, nosotros) el examen. .... F H
3. En pocos años los teléfonos fijos .... (desaparecer). .... F H
4. ¿Crees que en una hora .... (terminar, tú) el informe para la jefa? .... F H
5. No sé dónde .... (ir) Juan esta mañana, ha salido muy temprano. .... F H
6. Laura no ha llegado aún, ... (dormirse, ella). .... F H
7. Según esta aplicación, a las seis ya .... (dejar) de llover. .... F H
8. ¿Crees que para mañana .... (arreglar, tú) el coche? .... F H

5 Lee el texto y elige la opción correcta entre futuro simple o compuesto.

¿Y qué [1] **pasará/habrá pasado** con el temido cambio climático? A juicio de Jorge Olcina, catedrático de Análisis Geográfico Regional en la Universidad de Alicante, dentro de cincuenta años [2] **notaremos/habremos notado** de manera más evidente los efectos del calentamiento global porque difícilmente los Gobiernos se [3] **pondrán/habrán puesto** de acuerdo antes para buscar una solución. En España [4] **tendremos/habremos tenido** veranos más calurosos y las lluvias [5] **serán/habrán sido** más irregulares. Aunque para entonces [6] **subirá/habrá subido** el nivel del mar, Olcina no cree que en el Mediterráneo se note mucho porque no va a ser un mar muy expuesto a este proceso. El geógrafo cree que en 2070 ya se [7] **pondrán/habrán puesto** en marcha leyes para evitar cualquier intento de modificación artificial de las lluvias; de lo contrario piensa que [8] **estaremos/habremos estado** perdidos.
En el ámbito de la alimentación, Olcina, en cambio, es optimista. Cree que de aquí a entonces [9] **mejorarán/habrán mejorado** las técnicas de producción de alimentos y que seguramente [10] **haremos/habremos hecho** un uso más eficiente del agua, aunque antes algunas producciones agrícolas [11] **tendrán/habrán tenido** que adaptarse a las nuevas condiciones del clima.

Adaptado de https://www.laopiniondemalaga.es/sociedad/2017/06/12/futuro-espera-50-anos/936860.html

5a Escribe en tu cuaderno un texto de unas cien palabras sobre lo que habrá cambiado en el mundo dentro de cincuenta años a causa del cambio climático.

6 Completa libremente las frases usando el futuro compuesto.

1. Dentro de cinco años yo ya ....
2. El verano que viene ....
3. En cien años los móviles ....
4. Dentro de un rato ya ....
5. El próximo mes ....
6. Esta noche, a las doce, ya ....
7. Mañana a estas horas ya ....
8. Para 2030 ya ....

7 Clasifica cada nexo temporal en la tabla según lo que expresa. Recuerda que algunos pueden tener más de un valor temporal.

cuando | mientras
en cuanto | siempre que
al | hasta que
nada más | antes de
cada vez que
desde que | después de

Simultaneidad	Anterioridad	Posterioridad	Inicio y límite temporal

7a Completa las frases con algunos de los nexos de la actividad anterior.

1. .... yo escribía unos correos, Alberto preparaba la cena.
2. Le esperaremos .... llegue, tenemos que hablar con él.
3. .... ir a la facultad voy al gimnasio; .... las clases vuelvo a casa.
4. .... llegar a la oficina, llamé al cliente para explicarle lo que había pasado.
5. .... se jubiló, se fue a vivir al campo, ¡el mismo día!
6. No la reconocí .... se puso a mi lado.
7. .... tuvieron al niño, apenas nos vemos, están siempre muy ocupados.

8 [41] Escucha la conversación y ordena cronológicamente las acciones que muestran las imágenes.

A ☐

B ☐

C ☐

D ☐

E ☐

F ☐

G ☐

H ☐

8a [41] Escucha de nuevo, completa el cuadro de gramática y añade ejemplos de la audición.

- Con *cuando, siempre que, cada vez que, hasta que, desde que* y *en cuanto* se usa [1] .... en presente y pasado:
  Ejemplo: [2] ....
- Todos estos nexos temporales se construyen con [3] .... para expresar futuro:
  Ejemplo: [4] ....
- Con *antes de* y *después de* se utiliza el [5] .... cuando el sujeto de las oraciones es el mismo y el [6] .... si son diferentes:
  Ejemplo: [7] ....
  Ejemplo: [8] ....

9 Lee esta entrevista a una actriz y escribe los verbos entre paréntesis en la forma correcta.

▶ ¿Cuándo [1] .... (saber, tú) que querías ser actriz?

▷ Desde que [2] .... (ser) niña, siempre [3] .... (querer) dedicarme a la interpretación. A los 16 años, cuando [4] .... (estar) en el instituto, formé mi primer grupo de teatro y desde entonces no [5] .... (hacer) otra cosa. Bueno…, sí…, mientras [6] .... (hacer) teatro, también estudiaba, claro.

▶ ¿En qué estás trabajando en este momento?

▷ Ahora [7] .... (tener) un papel muy bonito en una nueva serie y, además, cada noche [8] .... (actuar) en el teatro Victoria; así que, imagínate, cuando [9] .... (llegar) a casa medianoche, estoy agotada.

▶ Cuando [10] .... (terminar, tú) estos trabajos, ¿qué proyectos tienes?

▷ Solo uno… En cuanto [11] .... (acabar, yo), [12] .... (irse) de vacaciones unos días con mi hija. No [13] .... (hacer, yo) nada nuevo hasta que no me [14] .... (ofrecer, ellos) algo realmente interesante. Mientras, [15] .... (estudiar, yo) para perfeccionar mi inglés.

▶ Por cierto, ¿tu hija también quiere ser actriz?

▷ Todavía es muy pequeña, cuando [16] .... (ser) algo mayor, [17] .... (poder, ella) decidir, pero yo espero que no, porque este es un trabajo muy inestable.

10 Completa libremente las frases.

1. Mañana cuando ....
2. Mientras hablábamos ....
3. Te llamé nada más ....
4. Nos veremos antes de que ....
5. Hemos salido después de ....
6. Lo compraré en cuanto ....
7. Cada vez que ....
8. No sé cuándo ....
9. Mañana, desde que ....
10. Siempre que ....
11. Nos fuimos antes de ....
12. Nos veremos después de que ....

11 Lee los diálogos y contesta a las preguntas en tu cuaderno usando el futuro simple o el compuesto para expresar tus hipótesis.

(1)
- No me lo puedo creer…
- No te preocupes, no pasará nada. Verás cómo todo se soluciona enseguida. Seguro que no te lo ha dicho en serio, que solo estaba un poco enfadada.

(2)
- ¿Qué ha pasado? Está todo desordenado y hay muchas cosas rotas.
- No lo sé… Esta mañana estaba todo bien… ¿Qué ha podido suceder?

(3)
- Mira, Sandra, es increíble… En mi cuenta hay cien mil euros, pero yo tenía menos de cinco mil.
- No puede ser… ¿Estás seguro? ¿Lo has mirado bien?

(4)
- Ha sido un día increíble, lo hemos pasado genial. Qué bonito e interesante era todo, ¿verdad?
- Sí, tenemos que repetir, a mí también me ha encantado.

- ¿Dónde piensas que se encuentran estas personas?
- ¿Qué relación crees que hay entre ellas?
- ¿Qué imaginas que están haciendo en este momento?
- ¿Cómo crees que se sienten? ¿Por qué?
- ¿Qué crees que ha sucedido antes? ¿Qué han hecho o qué les pasado?

12 Relaciona las columnas para formar los diez principios del comercio justo.

1. Oportunidades
2. Transparencia
3. Prácticas
4. Pago
5. No al trabajo infantil,
6. No a la discriminación, igualdad
7. Buenas condiciones
8. Desarrollo
9. Promoción
10. Respeto

a. comerciales justas.
b. de trabajo.
c. para productores desfavorecidos.
d. no al trabajo forzoso.
e. y responsabilidad.
f. de capacidades.
g. al medioambiente.
h. del comercio justo.
i. de género y libertad de asociación.
j. justo.

COMERCIO JUSTO

13 Lee el texto sobre el comercio justo e inserta los siguientes fragmentos en el lugar correspondiente.

a. elaborada con ingredientes naturales extraídos mediante procesos respetuosos con el medioambiente
b. de que el producto que tienes en tus manos es, efectivamente, de comercio justo
c. punto de encuentro entre los productos y los consumidores
d. que hacen que los pequeños productores puedan exportar sus productos
e. con un sistema de garantías que asegura que se cumpla con los criterios y principios del comercio justo
f. de forma artesanal y tradicional y que se comercializan a través de diferentes ONG

Lo que debes saber del comercio justo

Dentro de la cadena de producción del comercio justo participan diferentes agrupaciones de personas: productores y productoras que trabajan con las materias primas, organizaciones comercializadoras [1] ☐, organizaciones importadoras, tiendas de comercio justo, [2] ☐, o certificadoras que garantizan que los productos cumplen con todas las condiciones que exige el comercio justo.

- **¿Cómo se garantiza que las personas que elaboran lo que consumimos reciben un salario justo por su trabajo?**

La Organización Mundial de Comercio Justo, la WFTO (World Fair Trade Organization), cuenta [3] ☐.

- **¿Cómo saber si un producto es de comercio justo?**

Tanto si compras en una tienda solidaria como en un supermercado, es normal que quieras una garantía [4] ☐. Para ello, se han creado una serie de sellos que confirman la procedencia: el más habitual es el de la Organización Internacional de Certificación de Comercio Justo.

- **¿Qué tipo de productos podemos encontrar en este tipo de tiendas?**

Los productos de alimentación son los más conocidos: café, arroz, cacao…, pero la oferta es mucho más amplia: hay cosmética natural, [5] ☐; moda sostenible, pues sus marcas confeccionan prendas solo con materias primas naturales o recicladas y velan por que en el proceso se cumplan ciertas condiciones sociales y medioambientales. También existe un gran mercado de productos elaborados [6] ☐; son productos que, por sus características, se suelen comprar para hacer regalos.

Adaptado de https://www.tierramadre.org/blog/que-es-el-comercio-justo-y-cuales-son-sus-objetivos/

Unidad 21 ¡Súmate!

Palabras

1 Completa las frases con los verbos del recuadro en la forma correcta.

dejar | reducir | reciclar | reparar | desperdiciar | reutilizar | tirar | alargar

1. Si cierras el grifo mientras te lavas los dientes, no .... tanta agua.
2. Si se te estropea un aparato, no lo ...., comprueba antes si se puede ....
3. Al salir de casa, asegúrate de que no te .... ningún aparato enchufado o en *stand-by*.
4. Hay que intentar .... la vida de los objetos y .... los dándoles nuevos usos.
5. Tan importante como .... la basura tirándola en el contenedor adecuado es .... los residuos.

2 Clasifica las palabras en su lugar correspondiente.

lince ibérico | huracanes | deforestación | carbón | naturales | armadillo | eólica | fósiles | inundaciones
tala de árboles | renovables | gas | oso polar | hombre | tsunamis | extinción | solar | generación de residuos
deshielo | ola de calor | petróleo | calentamiento global | consumismo | colibrí | cambio climático

Animales en peligro de ....

Acción del ....

vertidos tóxicos

Energías ....

biomasa

Desastres ....

sequía

Consecuencias

Energías ....

3 Relaciona de forma lógica. Sigue el ejemplo.

1. Reducir	masivo	natural.
2. Cultivo	el consumo	de basura.
3. Pérdida	las emisiones	de alimentos.
4. Apostar por	selectiva	climático.
5. Recogida	el cambio	responsable.
6. Luchar contra	del hábitat	de dióxido de carbono.

4 Observa la secuencia y escribe tú otras dos según la ley de causa y efecto.

1. Uso de vehículos contaminantes en las ciudades › emisión de gases de efecto invernadero › calentamiento global › deshielo en los glaciares › aumento del nivel del mar.
2. ....
3. ....

5 Completa la tabla.

Verbo	Sustantivo	Participio	Verbo	Sustantivo	Participio
1.	la contaminación		5. extinguirse		
2. reciclar			6.		reducido/a
3.		reutilizado/a	7.		talado/a
4.	el ahorro		8. deforestar		

6 Escucha las noticias e indica el orden en el que se mencionan los temas representados en las imágenes.

[42]

6a Completa ahora las noticias con las palabras que faltan. Después escucha de nuevo y comprueba tus respuestas.

[42]

El Gobierno destina 100 millones para fomentar el uso del coche [1] .... y la movilidad sostenible

Las ayudas podrán llegar hasta los 5500 euros.

El plan también incluye el apoyo al alquiler de [2] .... eléctricas, la conversión de carriles convencionales en carriles [3] .... o ayudas al [4] .... público.

Con estas medidas se pretende [5] .... el uso de [6] .... contaminantes, principales responsables de las emisiones de gases de [7] ....

Estado de emergencia por el vertido de 21 000 toneladas de [8] .... en el Ártico

El derrame se produjo a causa de un accidente en la central termoeléctrica de Norilsk y podría ser el mayor [9] .... de petróleo registrado en la zona.

Empresas y entidades federales trabajan en las labores de [10] .... del desastre [11] .... cuyos daños tardarán una década en ser reparados. Mientras, drones y helicópteros supervisan la enorme mancha que [12] .... en la superficie del [13] ....

América Latina concentra la mayor [14] .... de 2019

Datos demoledores colocan a cinco países de América Latina al margen de los esfuerzos globales por [15] .... el medioambiente. A Brasil, que encabeza la lista, le siguen Bolivia, Perú, Colombia y México que, en total, perdieron 11.9 millones de hectáreas de [16] .... en 2019. La pérdida de esta masa forestal se debe en gran parte a los numerosos [17] .... y a la [18] .... de árboles para actividades de [19] .... intensiva.

Gramática

7 Lee estas afirmaciones sobre el condicional y marca las que son correctas.

1. ☐ Existen dos tiempos en condicional: el simple y el compuesto.
2. ☐ En el condicional simple no hay formas irregulares.
3. ☐ Para formar el condicional compuesto, utilizamos el verbo *estar* en condicional simple + participio.
4. ☐ El condicional compuesto se usa para hacer suposiciones, expresar deseos y situaciones imaginarias en el pasado.

8 Conjuga el condicional simple de los siguientes verbos en las personas indicadas.

1. estudiar, él › ....
2. decir, yo › ....
3. escuchar, tú › ....
4. beber, nosotros › ....
5. hacer, vosotros › ....
6. saber, yo › ....
7. venir, nosotros › ....
8. querer, tú › ....
9. poder, ella › ....

8a Elige cinco verbos del ejercicio anterior y escribe una frase con cada uno de ellos. ¿Qué uso del condicional has utilizado en cada caso? Escríbelo a continuación.

1. ....
Uso: ....
2. ....
Uso: ....
3. ....
Uso: ....
4. ....
Uso: ....
5. ....
Uso: ....

9 Lee el texto y complétalo con los verbos del recuadro en condicional simple.

ser | respetar | tener (2) | jugar | existir | haber | hacer | vivir

En mi mundo ideal, todos los días [1] .... fiesta. Todos los niños del mundo [2] .... muchos juguetes y [3] .... la mayor parte del día. En mi mundo ideal, no [4] .... las guerras ni las enfermedades, tampoco [5] .... deberes en la escuela. Toda la gente [6] .... suficiente comida y ropa y nunca [7] .... mal tiempo. En mi mundo ideal, los hombres [8] .... en armonía con la naturaleza y [9] .... a los animales.

9a Escucha y comprueba tus respuestas.

[43]

9b Escribe ahora un texto similar describiendo cómo serían tus vacaciones ideales: dónde irías, con quién, qué harías, qué comprarías...

....

....

....

....

10 Identifica la persona de cada una de estas formas verbales.

1. habláramos › ....
2. comieras › ....
3. viviéramos › ....
4. durmierais › ....
5. leyeran › ....
6. condujera › ....
7. pusieras › ....
8. dijerais › ....
9. vinierais › ....

11 Completa las formas que faltan y escribe el nombre del tiempo conjugado.

	....						
	Ser	**Haber**	**Estar**	**Hacer**	**Querer**	**Tener**	**Dar**
yo	fuera			hiciera			diera
tú			estuvieras			tuvieras	
él, ella, usted		hubiera			quisiera		
nosotros/as			estuviéramos			tuviéramos	
vosotros/as	fuerais			hicierais			dierais
ellos, ellas, ustedes		hubieran			quisieran		

11a Elige seis formas verbales de la actividad anterior y escribe una frase con cada una.

1. ....
2. ....
3. ....
4. ....
5. ....
6. ....

12 Ya sabes que este tiempo tiene dos formas distintas, escribe la segunda de las que tienes a continuación.

1. fueras › ....
2. dijeran › ....
3. salierais › ....
4. pudiéramos › ....
5. construyera › ....
6. creyerais › ....
7. volviera › ....
8. preparara › ....
9. escribiéramos › ....
10. trajeras › ....
11. hubiera › ....
12. oyeras › ....

13 Escribe de nuevo estas frases atendiendo al cambio de tiempo.

1. Necesito que vengas a mi casa.
   Necesitaba que ....
2. Mis padres quieren que vayamos al campo.
   Mis padres querían que ....
3. Prefiero que todo el mundo recicle su basura.
   Prefería que ....
4. Me da rabia que haya tanta contaminación.
   Me daba rabia que ....
5. Espero que haga buen tiempo.
   Esperaba ....
6. Busco un libro que tenga ejercicios.
   Buscaba ....

14 Marca cuál de estas tres definiciones se corresponde con la de la oración condicional.

1. ☐ Es una oración compuesta que expresa una relación de tiempo entre las acciones de sus dos verbos.
2. ☐ Oración compuesta donde la subordinada expresa la condición que debe cumplirse para que ocurra lo que dice la oración principal.
3. ☐ Oración compuesta que expresa un obstáculo, real o posible, para la realización de una acción.

15 Vamos a recordar la primera condicional. Elige el tiempo y verbo correctos para cada una de las siguientes oraciones.

salir | tirar | ducharse | ayudar | morir | ahorrar | ir | consumir | pasar | respetar

1. .... (tú) los envases al contenedor, si .... (tú) esta tarde por allí.
2. Si no ....(nosotros) el medioambiente, la Tierra ....
3. Si ....(yo) en lugar de bañarme, ... (yo) agua.
4. Si María .... esta noche contigo, ... (yo) con vosotras al cine.
5. Si .... (nosotros) menos productos animales, ... (nosotros) a salvar el planeta.

16 ¿Qué condición se necesita cumplir en cada uno de estos casos? Escríbelas.

1. Tendríamos mares limpios si ....
2. Ahorrarías energía en casa si ....
3. Consumiría de una forma responsable si ....
4. Viviría muchos años si ....
5. Hablaría español si ....
6. Tendría muchos amigos si ....
7. Muchos objetos tendrían un nuevo uso si ....
8. Contribuirías a mantener el aire limpio si ....
9. Ahorrarías mucha agua si ....
10. Todos viviríamos mejor si ....

17 Fíjate en las imágenes y escribe qué harías tú si estuvieras en estas situaciones.

1 
....

2 
....

3 
....

4 
....

5 
....

6 
....

18 Si tuvieras ahora diez años más, ¿cómo crees que sería tu vida? Escribe una redacción de entre 100 y 150 palabras contándolo.

....

19 Clasifica la siguiente información junto al paraíso en peligro al que se refiere.

1. Atraviesa tres países: Perú, Colombia y Brasil.
2. El aumento de la temperatura y la emisión de gases de efecto invernadero son sus principales amenazas.
3. La zona que recorre es conocida como el pulmón del planeta.
4. Se agrupan en los bosques de oyamel.
5. La velocidad a la que se derrite es alarmante.
6. Su hábitat ha sido declarado Reserva de la Biosfera por la Unesco.

20 Marca verdadero o falso. Después corrige la información falsa.

1. Las mariposas monarca viajan cada año desde Canadá hasta Yucatán, en México. .... V F
2. El Amazonas constituye las dos terceras partes del agua dulce del planeta. .... V F
3. El 80 % de la extensión de la Patagonia está afectada por el calentamiento. .... V F
4. La principal amenaza de las mariposas monarca son la agricultura y la deforestación. .... V F
5. En la Patagonia ya han desaparecido decenas de glaciares. .... V F
6. Las principales amenazas de la Amazonia son el turismo y la industrialización de la zona. ... V F

21 Lee el texto y ordena los fragmentos.

Otros paraísos en peligro

a. ☐ la mayor cantidad de especies amenazadas. Ecuador es el país sudamericano con mayor cantidad de vertebrados en peligro crítico de extinción (340), seguido por Brasil (154) y Colombia (132), según

b. ☐ El manatí del Caribe o la vaquita marina, cetáceo del Golfo de California, se encuentran entre las especies en estado vulnerable; el tapir y la iguana rinoceronte, en peligro de extinción; mientras que la rana gigante del Titicaca, junto al jaguar o yaguareté, pertenece a las especies amenazadas en estado crítico.

c. ☐ –la selva tropical del Amazonas–, sino también seis de los países con más biodiversidad de la Tierra: Brasil, Colombia, Ecuador, México, Perú y Venezuela. Pero al mismo tiempo también tienen

d. ☐ La región de América Latina y el Caribe concentra cerca del 60 % de la vida terrestre del planeta, según datos del Programa de la ONU para el Medio Ambiente (PNUMA). No solo está aquí el hábitat con mayor biodiversidad del mundo

e. ☐ El Cocodrilo del Orinoco, el armadillo, la salamandra o la tortuga de Carey amplían la larga lista de estas especies, amenazadas principalmente por causas como el cambio climático, la destrucción de su hábitat, la contaminación y la caza y venta ilegal.

f. ☐ la Unión Internacional para la Conservación de la Naturaleza (IUCN). Las especies en situación más preocupante son catalogadas en la lista roja de la IUCN en tres categorías: vulnerable, en peligro o en estado crítico.

Adaptado de https://www.dw.com/es/biodiversidad-amenazada-en-am%C3%A9rica-latina/g-41096956

21a ¿Existen en tu país especies animales o vegetales amenazadas por el cambio climático? ¿Cuáles? ¿Por qué? Investiga y escribe lo que has averiguado en tu cuaderno.

Unidad 22 Rebobinamos

Palabras

1 Lee las definiciones y elige la opción correcta.

1. Condiciones atmosféricas que caracterizan una zona.
   a. clima
   b. medioambiente
   c. temperatura
2. Extensión de agua que cubre la mayor parte de la tierra.
   a. océano
   b. mar
   c. continente
3. Periodo de cien años.
   a. ciento
   b. centenar
   c. siglo
4. Estación del año con el clima más frío.
   a. otoño
   b. invierno
   c. primavera
5. Residuos que se generan en la casa.
   a. vertedero
   b. basura
   c. reciclaje
6. Clima que no es frío ni cálido.
   a. tropical
   b. tibio
   c. templado

2 Relaciona las palabras que se usan en España con sus equivalentes en el español de América.

1. reservar	a. computadora
2. ordenador	b. *mouse*
3. móvil	c. *living*/sala
4. solamente	d. hacer una reservación
5. salón	e. papa
6. dormitorio	f. celular
7. patata	g. banana
8. plátano	h. remera
9. ratón	i. cuarto
10. camiseta	j. nomás

3 Marca las palabras que tienen relación con internet.

1. ☐ red social
2. ☐ descubrimiento
3. ☐ polución
4. ☐ buscador
5. ☐ etiqueta
6. ☐ residuo
7. ☐ servidor
8. ☐ tuit
9. ☐ banderola
10. ☐ contenedor

4 Fíjate en la imagen y escribe las palabras que faltan para completar las frases.

1. Entre el sofá y la tele hay una .... ovalada.
2. En el .... hay una lámpara muy moderna.
3. Debajo de la tele hay un .... largo.
4. La ventana está entre dos ....
5. Delante de la ventana hay una ....
6. Las .... son marrones y grises.
7. En la ventana, a la izquierda, hay una ....
8. Debajo de la ventana está la ....
9. Entre el sofá y el mueble, en el suelo, hay una .... blanca.

5 Relaciona cada tarea doméstica con su imagen correspondiente.

a. Quitar el polvo. | b. Pasar la aspiradora. | c. Cocinar. | d. Hacer la compra. | e. Fregar. | f. Planchar.

1 ☐

2 ☐

3 ☐

4 ☐

5 ☐

6 ☐

6 Relaciona cada palabra con su significado.

1. descubrimiento
2. reciclaje
3. contenedor
4. anuncio
5. boletín
6. reputación

a. Algo que se encuentra por primera vez y que era desconocido.
b. Publicación digital periódica de una empresa.
c. Soporte en que se transmite publicidad.
d. Opinión que se tiene de alguien o de algo.
e. Lugar donde se pone la basura.
f. Utilización de un material que ya está usado.

7 Relaciona las palabras del recuadro con su icono correspondiente.

a. nublado | b. frío | c. sol y nubes | d. este | e. sol
f. tormenta | g. calor | h. nieve | i. oeste | j. lluvia

1 ☐

2 ☐

3 ☐

4 ☐

5 ☐

6 ☐

7 ☐

8 ☐

9 ☐

10 ☐

8 Escribe el nombre de la sección del periódico correspondiente a cada titular.

1. Mañana se juega la final de la Copa del Mundo. › ....
2. El crecimiento de la economía será del 2 %. › ....
3. Ayer se estrenó la última película de Almodóvar. › ....
4. El próximo día 20 se celebran las elecciones generales. › ....
5. Esta semana va a llover mucho y las temperaturas van a ser bajas. › ....
6. Ayer se produjo un accidente ferroviario en Almería. › ....
7. Esta mañana se ha casado la famosa actriz Maribel Verdú. › ....

Gramática

9 [44] **Escucha y marca verdadero o falso.**

1. Pedro se fue a la facultad con su hermana pequeña. .... V F
2. La hermana de Pedro estaba enferma. .... V F
3. Pedro no pudo ir a clase porque tenía fiebre. .... V F
4. Los padres de Pedro tenían un día difícil en el trabajo. .... V F
5. La clase de Literatura estuvo muy bien. .... V F
6. En clase leyeron una novela muy divertida. .... V F
7. La novela trata de un extraterrestre que busca a su pareja en Barcelona. .... V F
8. La novela es un diario escrito por un extraterrestre. .... V F

9a [44] **Escucha el diálogo de nuevo y completa los espacios en blanco.**

Amaya: Hola, Pedro. ¿Qué hiciste ayer? ¿Por qué [1] ....?
Pedro: Me tuve que quedar en casa con mi hermana pequeña.
Amaya: ¿Y eso?
Pedro: No pudo ir al colegio [2] .... y mis padres tenían los dos un día muy complicado en el trabajo y [3] ....
Amaya: ¿Y ya se ha puesto bien tu hermana?
Pedro: Sí, mi padre la ha dejado esta mañana en el colegio.
Amaya: Pues ayer [4] .... una clase muy divertida.
Pedro: ¿Cuál?
Amaya: La de Literatura. La profe [5] .... que se titula *Sin noticias de Gurb*.
Pedro: [6] ...., pero sé que es de Eduardo Mendoza.
Amaya: Pues leímos un fragmento muy divertido. ¿Sabes de qué trata?
Pedro: No, ¿de qué?
Amaya: Es sobre un extraterrestre que [7] .... a principios de los noventa y perdió a su compañero en la ciudad. La novela es el diario que escribió [8] .... contando sus aventuras. [9] ....
Pedro: ¿Tenemos que leerlo para la clase?
Amaya: Sí, y también escribir un pequeño comentario.

9b **Escribe en tu cuaderno un texto de unas cuarenta palabras para contar el argumento del último libro que has leído.**

10 **Completa el cuadro de gramática con las palabras que tienes a continuación.**

narración | imperfecto | descripción | circunstancias | puntuales

- Los pretéritos perfecto, indefinido y pluscuamperfecto expresan acciones terminadas y [1] ...., por eso usamos estos tiempos para la [2] ....:

  *Ayer **llegó** tarde y hoy **ha hecho** lo mismo. / Cuando me levanté, ya te **habías ido**.*

- El pretérito [3] .... presenta la acción en un tiempo pasado, pero sin especificar el comienzo o el final de la misma; por eso es el tiempo que usamos para la [4] ...., para hablar de las [5] .... que rodean los hechos:

  *Ayer hubo muchos problemas de tráfico porque **nevaba**.*

11 [45] Escucha la conversación entre Manuel y Carmen y completa la tabla con lo que sienten en cada caso.

	Las películas de terror	Los musicales	Cenar en sitios con música en vivo	Cenar en restaurantes argentinos	Ir a bailar
Carmen					
Manuel					

11a [45] Vuelve a escuchar y completa la información.

1. Carmen le pregunta a Manuel si le apetece ....
2. A Carmen .... que usen siempre los mismos recursos para asustar.
3. A Carmen le sorprende que a Manuel .... los musicales.
4. A Carmen .... que haya que gritar para entenderse.
5. Manuel pregunta a Carmen si no le da pena ....
6. Carmen dice que Manuel no soporta que ...., pero que le pone contento ....
7. A Carmen le extraña que Manuel .... porque él .... las discotecas.
8. A Manuel normalmente .... tanto ruido y tanta gente.

12 Lee este artículo donde una periodista habla sobre el reciclaje y escribe los verbos del recuadro donde corresponda en la forma correcta.

preservar | poder | adquirir | estar | aprender | entender | saber
dejar | ser | disfrutar | comprender | tener

El reciclaje para mí es algo cotidiano. Creo que con un simple gesto como el de separar los diferentes residuos en nuestras casas para que luego se [1] .... reciclar o reutilizar, [2] .... aportando nuestro granito de arena para que se [3] .... la naturaleza y la [4] .... las generaciones futuras. Es necesario que nuestros hijos [5] .... a reciclar; para ellos es como un juego, pero es importante que [6] .... el hábito del reciclaje cuanto antes porque si lo hacen desde pequeños, no creo que [7] .... de hacerlo en el futuro. De momento, mis hijos ya saben que, por ejemplo, el envase del yogur, la lata del refresco o el brik del zumo [8] .... que ir a la bolsa amarilla, y nunca se olvidan de depositarlos ahí.

Para que [9] .... la relación que hay entre reciclar y preservar el planeta, siempre que hacemos excursiones al campo, a la montaña o a la playa, les explico que tienen la gran suerte de disfrutar de la naturaleza porque la cuidamos entre todos y que si no lo hacemos nosotros, nadie vendrá a hacerlo. Me parece fundamental, para que [10] .... respetuosos con su entorno y [11] .... cuidarlo, que [12] .... la relación directa que hay entre la preservación del entorno natural y los hábitos diarios como reciclar, no despilfarrar agua, consumir con responsabilidad o apagar las luces de casa cuando no son necesarias.

Adaptado de https://www.ecoembes.com/es/planeta-recicla/blog/el-futuro-del-planeta-depende-de-las-generaciones-del-manana

13 Marca los usos del subjuntivo que han aparecido en las actividades 11 y 12.

- ☐ Expresar sentimientos.
- ☐ Expresar causa.
- ☐ Expresar hipótesis.
- ☐ Expresar finalidad.
- ☐ Expresar opinión.
- ☐ Expresar valoración.

14 Fíjate en la imagen y responde a las preguntas en tu cuaderno siguiendo el modelo.

▶ *¿Hay algo que sea de papel?*

▷ *Sí, hay una cosa que es de papel, la bolsa.*

1. ¿Hay algún objeto que sirva para beber?
2. ¿Ves alguna cosa que usemos para hablar?
3. ¿Hay algún objeto que cueste mucho dinero?
4. ¿Ves algún objeto que tenga asas?
5. ¿Hay algo que sea de piedra?
6. ¿Ves alguna cosa que utilicemos para cocinar?
7. ¿Hay algo que funcione con motor?
8. ¿Ves algún objeto que corte?
9. ¿Hay alguna cosa que tenga tapa?
10. ¿Ves algo con lo que nos vistamos?

15 Escucha la siguiente entrevista a Ángel Durández, presidente de la Oficina de Justificación de la Difusión (OJD), sobre la crisis de la prensa e indica si las siguientes afirmaciones son verdaderas o falsas.

[46]

1. No existe ningún tipo de mejora económica en el sector de la prensa. ☐V ☐F
2. La prensa del corazón se vende más que nunca. ☐V ☐F
3. Muchos periódicos solo saldrán impresos durante el fin de semana. ☐V ☐F
4. Imprimir y distribuir no es lo más costoso para los periódicos. ☐V ☐F
5. Los editores no piensan dejar de editar en papel. ☐V ☐F
6. Para el entrevistado no existe ningún conflicto entre papel e internet. ☐V ☐F
7. La prensa escrita debería ocuparse más de la noticia inmediata. ☐V ☐F
8. Es imposible que surjan nuevos periódicos en papel. ☐V ☐F

15a Vuelve a escuchar y escribe todos los marcadores de hipótesis que se dicen en la entrevista.

[46]

....

....

15b De los marcadores que has anotado, ¿cuales pueden construirse con indicativo y subjuntivo? Subráyalos.

15c ¿Cuál es el futuro de la prensa escrita según tu opinión? Escribe tus hipótesis en tu cuaderno. ¿Estas de acuerdo con Ángel Durández?

16 Fíjate en las imágenes y completa los nombres.

1. m .... á ....

2. .... a r .... c i

3. qu .... c .... ñ .... r ....

4. B .... lb ....

5. m .... r .... a ....

6. L .... H .... a .... a

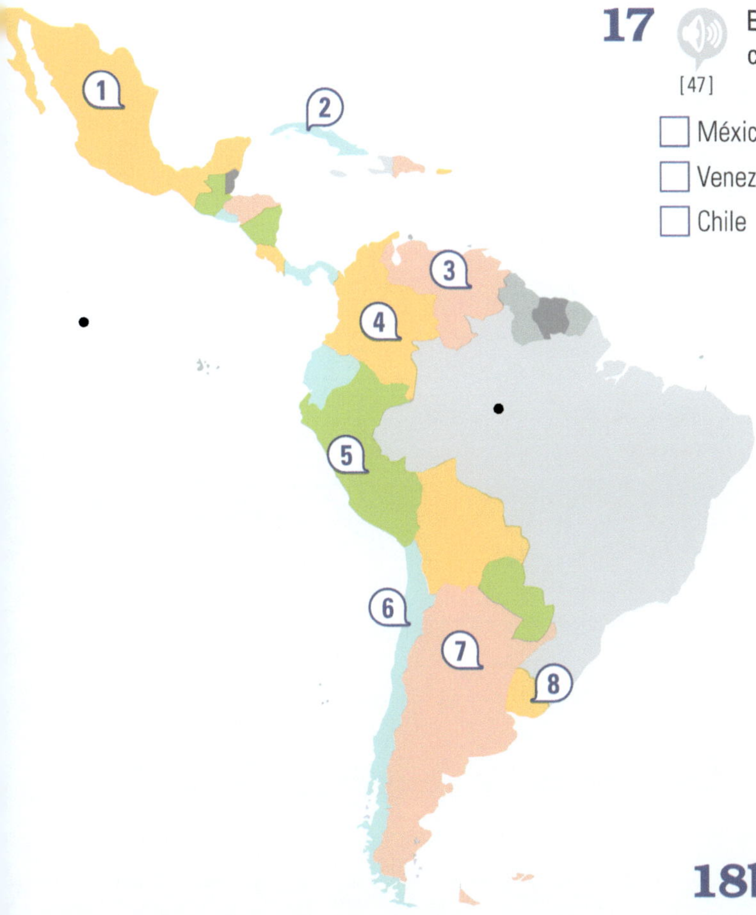

17 Escucha y escribe el número de cada país donde corresponda.

[47]

- [ ] México
- [ ] Venezuela
- [ ] Chile
- [ ] Colombia
- [ ] Perú
- [ ] Cuba
- [ ] Uruguay
- [ ] Argentina

18 Marca las cuatro comunidades españolas que aparecen entre los siguientes nombres.

- [ ] Galicia
- [ ] Toledo
- [ ] Lanzarote
- [ ] País Vasco
- [ ] Granada
- [ ] Andalucía
- [ ] Extremadura
- [ ] Mallorca

18a Dos de las comunidades de la actividad anterior tienen una lengua propia. Indica cuáles y escribe el nombre de sus lenguas.

....

....

18b Además de esas dos lenguas, hay otras dos que tienen carácter oficial en España. Escribe sus nombres.

....

....

Apéndices

Gramática y comunicación

Unidad 1: Nos presentamos

Abecedario

Se escribe	Se llama	Palabra
A a	a	**A**lemania
B b	be	**B**élgica
C c	ce	**C**olombia
D d	de	**D**inamarca
E e	e	**E**cuador
F f	efe	**F**rancia
G g	ge	**G**recia
H h	hache	**H**olanda
I i	i	**I**talia
J j	jota	**J**apón
K k	ka	**K**enia
L l	ele	**L**etonia
M m	eme	**M**arruecos
N n	ene	**N**oruega

Se escribe	Se llama	Palabra
Ñ ñ	eñe	Espa**ñ**a
O o	o	**O**mán
P p	pe	**P**erú
Q q	cu	Tur**q**uía
R r	erre	**R**usia
S s	ese	**S**uecia
T t	te	**T**anzania
U u	u	**U**ruguay
V v	uve	**V**enezuela
W w	uve doble	Ku**w**ait
X x	equis	Lu**x**emburgo
Y y	i griega	**Y**emen
Z z	zeta	**Z**ambia

RAE

LÉXICO

Recuerda que en el español de América hay letras que tienen nombres diferentes:

- b › *be alta* o *be larga.*
- v › *ve, ve baja, ve corta* o *ve chica.*
- w › *ve doble, doble ve.* En México y en algunos países de Centroamérica, *doble u.*
- y › *ye.*

Fíjate:
La *ch* y la *ll* son **dígrafos**, es decir, dos letras que representan un sonido único: *chico, llave.*

Números cardinales

0	cero	11	once	22	veintidós	40	cuarenta
1	uno	12	doce	23	veintitrés	44	cuarenta y cuatro
2	dos	13	trece	24	veinticuatro	50	cincuenta
3	tres	14	catorce	25	veinticinco	60	sesenta
4	cuatro	15	quince	26	veintiséis	70	setenta
5	cinco	16	dieciséis	27	veintisiete	80	ochenta
6	seis	17	diecisiete	28	veintiocho	90	noventa
7	siete	18	dieciocho	29	veintinueve	100	cien
8	ocho	19	diecinueve	30	treinta	101	ciento uno
9	nueve	20	veinte	31	treinta y uno	102	ciento dos
10	diez	21	veintiuno	32	treinta y dos	111	ciento once

Fíjate:
Entre las decenas y las unidades se incluye la conjunción *y* a partir de *treinta.*

Género de los gentilicios y las profesiones

Masculino	Femenino	Masculino	Femenino
-o	*-a*	*-o*	*-a*
italian**o**	italian**a**	camarer**o**	camarer**a**
argentin**o**	argentin**a**	abogad**o**	abogad**a**
-consonante	-consonante + *a*	-consonante	-consonante + *a*
francés	frances**a**	profesor	profesor**a**
español	español**a**	escritor	escritor**a**
alemán	aleman**a**	conductor	conductor**a**

-a, -í, -ense, -iense	*-ista*
belg**a**	tax**ista**
iran**í**	recepcion**ista**
estadouni**dense**	futbol**ista**
cana**diense**	

> Recuerda:
> Los gentilicios son adjetivos que indican la nacionalidad o el origen de una persona o cosa.

Pronombres sujeto

	Singular	Plural
1.ª persona	yo	nosotros, nosotras
2.ª persona	tú	vosotros, vosotras
3.ª persona	él, ella, usted	ellos, ellas, ustedes

- La mayoría de las veces no se usa el pronombre de sujeto porque el verbo indica la persona:

  ▶ *¿De qué trabajas?* (tú)

  ▷ *Trabajo de enfermero.* (yo)

- Las formas ***usted*** y ***ustedes*** son formales y sirven para mostrar respeto (personas mayores, superiores, desconocidos…) o distancia afectiva. Concuerdan con el verbo en tercera persona del singular y el plural, respectivamente.
- En Hispanoamérica y en algunas zonas de España (Canarias y Andalucía occidental) los pronombres *vosotros/as* no se usan; en su lugar, se usa ***ustedes***:

  *Aprenden **ustedes** mucho más cuando estudian cada día.*

- En el Cono Sur (Argentina, Uruguay y Paraguay, principalmente) la forma para ***tú*** es ***vos***:

  *Quiero saber algo de **vos**.*

- En otras partes de Hispanoamérica (México, América Central, Caribe) se usan las formas: ***tú***, ***usted*** y ***vos***.

Verbos *trabajar* y *vivir*

Los verbos *trabajar* y *vivir* son regulares, fíjate en las terminaciones:

	Trabajar	Vivir
yo	trabaj**o**	viv**o**
tú	trabaj**as**	viv**es**
él, ella, usted	trabaj**a**	viv**e**
nosotros/as	trabaj**amos**	viv**imos**
vosotros/as	trabaj**áis**	viv**ís**
ellos, ellas, ustedes	trabaj**an**	viv**en**

Verbos *ser* y *tener*

Es importante conocer los verbos *ser* y *tener* porque se usan muy frecuentemente. Son irregulares:

	Ser	Tener
yo	**soy**	**tengo**
tú	**eres**	t**ie**nes
él, ella, usted	**es**	t**ie**ne
nosotros/as	**somos**	tenemos
vosotros/as	**sois**	tenéis
ellos, ellas, ustedes	**son**	t**ie**nen

Verbos pronominales

Algunos verbos muy habituales en español van acompañados de un pronombre reflexivo: *me*, *te*, *se*, *nos*, *os*, *se*, como, por ejemplo, el verbo *llamarse*:

	Llamarse
yo	**me** llamo
tú	**te** llamas
él, ella, usted	**se** llama
nosotros/as	**nos** llamamos
vosotros/as	**os** llamáis
ellos, ellas, ustedes	**se** llaman

Pronombres interrogativos: preguntar por información personal

- *¿Cómo* + verbo?
  ¿Cómo te llamas/se llama?
- *¿Dónde* + verbo?
  ¿Dónde vives/vive?
- *¿De dónde* + verbo?
  ¿De dónde eres/es?
- *¿De qué* + nombre + verbo?
  ¿De qué ciudad eres/es?
- *¿Cuánto/a/os/as* + nombre + verbo?
  ¿Cuántos años tienes/tiene?
- *¿Cuál/es es/son* + nombre?
  ¿Cuál es tu/su profesión?
  ¿Cuáles son tus/sus apellidos?
- *¿A qué* + *dedicarse?*
  ▶ *¿A qué te dedicas/se dedica?*
  ▷ *Soy estudiante de Económicas.*

Presentarse y dar información personal

- *Me llamo* + nombre
- *Tengo* + edad
- *Soy* + profesión
- *Soy* + nacionalidad/*Soy de* + país/ciudad
- *Vivo en* + ciudad/país
- *Trabajo/Estudio en* + lugar de trabajo o estudios

Presentar a otros y dar información personal sobre ellos

- *Mira/Mire, este/esta es* + nombre
- *Mira/Mire, estos/estas son* + nombres
- *Te/Le presento a* + nombre
- *Tiene* + edad
- *Es* + profesión
- *Es* + nacionalidad/*Es de* + país/ciudad
- *Vive en* + ciudad/país
- *Trabaja/Estudia en* + lugar de trabajo o estudios

Responder a la presentación

- ¡Hola!
- Encantado/Encantada (de conocerte/lo/la).
- Mucho gusto.

Saludos

Informal

- ¡Hola, ¿qué tal (estás)?
- ¿Cómo estás?
- Y tú, ¿qué tal?

Formal

- Buenos días,/Buenas tardes,/Buenas noches, ¿qué tal está usted?
- ¿Cómo está usted?

Despedidas

- Adiós.
- Adiós, + buenos días/buenas tardes/buenas noches.
- Hasta mañana/luego/pronto.
- *Hasta* + *el* + día de la semana

Pedir aclaraciones

- ¿Puedes repetir, por favor?
- Más despacio, por favor.
- ¿Cómo se dice en español "@"?
- ¿Qué significa *Pza.*?

Abreviaturas y signos

- C/ › calle
- Av./Avd./Avda. › avenida
- Pl./Plza./Pza. › plaza
- Tfno./Tel./Teléf. › teléfono
- Móv. › móvil
- Cel. › celular
- @ › arroba
- www › uve doble, uve doble, uve doble; doble u, doble u, doble u; tres uves dobles; triple uve doble; triple doble u.
- . › punto
- - › guion, guion medio
- _ › guion bajo, barra baja
- / › barra

Unidad 2: Mi casa, mi barrio

Género de los nombres

- Son de género **masculino**:
  - Los nombres terminados en *-o*:
    piso, libro, teléfono...
  - Los nombres terminados en *-aje*:
    viaje, traje, garaje...
- Son de género **femenino**:
  - Los nombres terminados en *-a*:
    casa, planta, mesa...
  - Los nombres terminados en *-ción*, *-sión* y *-dad*:
    habitación, ocasión, verdad

> Recuerda:
> Hay algunas excepciones a esta norma: *la mano, la foto, la radio, el problema, el día...*

- Los nombres referidos a **personas** y **animales** suelen tener los dos géneros:
  niño/niña, chico/chica, profesor/profesora, perro/perra, gato/gata...
- Hay nombres que usan **palabras diferentes** para el masculino y el femenino:
  hombre/mujer, padre/madre, actor/actriz, caballo/yegua, toro/vaca...
- Los nombres que se refieren a **cosas** tienen solo **un género**:
  el baño, la cama, el libro, la mesa...
- Los nombres que terminan en **consonante** o en *-e* pueden ser masculinos o femeninos:
  el restaurante, el coche, la fuente, la calle, el lápiz, la pared...

> Recuerda:
> Para conocer el género de los nombres puedes consultar el diccionario.

Número de los nombres

Para formar el plural de los nombres se añade *-s* si el nombre termina en vocal y *-es* si el nombre termina en consonante:

piso › *pisos*, *casa* › *casas*, *ciudad* › *ciudades*, *televisión* › *televisiones*...

> Fíjate:
> Las palabras que terminan en *-z* hacen el plural en *-ces*:
> *lapiz* › *lápices*, *actriz* › *actrices*...

Concordancia entre nombre y adjetivo

- Los adjetivos **concuerdan** en **género** y **número** con los nombres a los que acompañan:

  libro blanco, casa bonita, barrios céntricos, ventanas abiertas...

- Los adjetivos que terminan en *-o* tienen variación de género y número:

  bonito/bonita/bonitos/bonitas; rojo/roja/rojos/rojas...

- Los adjetivos que terminan en *-e* o en **consonante** no varían en cuanto al género, pero sí en cuanto al número:

  apartamento grande ↔ cocina grande *apartamentos grandes ↔ cocinas grandes*

Artículo indeterminado y artículo determinado. Artículos contractos

- En español hay dos artículos:

	Indeterminado		Determinado	
	Masculino	**Femenino**	**Masculino**	**Femenino**
Singular	**un** restaurante	**una** cafetería	**el** restaurante	**la** cafetería
Plural	**unos** restaurantes	**unas** cafeterías	**los** restaurantes	**las** cafeterías

– Sirve para hablar **por primera vez** de un nombre que es desconocido por nuestro interlocutor:

*Tengo **un** apartamento en Ibiza.*

– Sirve para hablar de un nombre **ya conocido** por el interlocutor:

***El** apartamento tiene dos dormitorios.*

- El artículo determinado *el* junto a las preposiciones *a* y *de* se contrae:

  a + el › ***al*** *de + el* › ***del***

> Fíjate:
> Las contracciones *al* y *del* son las únicas que existen en español.

Verbo *estar*

- El verbo *estar* es un verbo irregular en algunas personas:

	Estar
yo	**estoy**
tú	**estás**
él, ella, usted	**está**
nosotros/as	estamos
vosotros/as	estáis
ellos, ellas, ustedes	**están**

- Se utiliza para **localizar** objetos y personas en el espacio y se combina con la preposición *en* y otras expresiones de lugar:

  *Mi hermano **está en** casa.*

  *El libro **está encima de** la mesa.*

Contraste *hay/está(n)*

- Para hablar de la **existencia** de algo o de alguien y de su cantidad, se usa la estructura *hay* + (*un/una/unos/unas*) + nombre. *Hay* tiene una sola forma para singular y plural:

  *En mi barrio **hay un restaurante, una peluquería, tres escuelas, cafeterías**, y **árboles** y **plantas** por todas partes.*

- También se usa para hablar de una **cantidad indeterminada**: *Hay* + *mucho/a/os/as - poco/a/os/as* + nombre:

  *En mi barrio hay **muchos restaurantes** pero **pocas farmacias**.*

- Para **localizar** algo o a alguien, se usa: *el/la/los/las* + nombre + *está(n)*:

  ***Los niños están** en la escuela.*

Expresiones de lugar

- Para **localizar** algo o a alguien en el espacio se usa el verbo ***estar*** y las expresiones de lugar. Estas son las más comunes:

- La preposición ***en*** puede sustituir a ***encima de*** y ***dentro de***:

  *El libro está **en/encima de** la mesa.* *Los platos están **en el/dentro del** armario.*

Cuantificadores

- Usamos ***mucho/a***, ***poco/a*** + nombre para expresar la cantidad de un concepto incontable:

  *En esta calle hay **mucho ruido**, en las iglesias antiguas hay **poca luz**.*

- Usamos ***muchos/as***, ***pocos/as*** + nombre para expresar una cantidad indeterminada de conceptos contables:

  *En esta ciudad hay **muchas casas** y **pocos parques**.*

Números desde 100

100	cien
101	**ciento** un(o)/una
102	ciento dos
115	ciento quince
168	ciento sesenta y ocho
200	**doscientos/as**
300	**trescientos/as**
400	**cuatrocientos/as**
500	**quinientos/as**
600	**seiscientos/as**
700	**setecientos/as**
793	**setecientos/as** noventa y tres
800	**ochocientos/as**
900	**novecientos/as**
1000	**mil**
1001	mil un(o)/a
1439	mil cuatrocientos/as treinta y nueve

> Fíjate:
> - ***Un/a*** y las centenas cambian de género según el nombre al que acompañan o se refieren:
>
>   *ciento **un** euros/ciento **una** personas doscient**os** eur**os**/doscient**as** person**as***
> - Entre las centenas y las decenas no se incluye *y*.

Números ordinales

Para indicar el orden de los elementos, se usan los **números ordinales**. Los números ordinales tienen el mismo género y número del nombre al que acompañan o al que se refieren:

- 1.º (er)/a/os/as › **primero** (primer)/a/os/as
- 2.º/ª/os/as › **segundo/a/os/as**
- 3.º (er)/ª/os/as › **tercero** (tercer)/a/os/as
- 4.º/ª/os/as › **cuarto/a/os/as**
- 5.º/ª/os/as › **quinto/a/os/as**
- 6.º/ª/os/as › **sexto/a/os/as**
- 7.º/ª/os/as › **séptimo/a/os/as**
- 8.º/ª/os/as › **octavo/a/os/as**
- 9.º/ª/os/as › **noveno/a/os/as**
- 10.º/ª/os/as › **décimo/a/os/as**

> Fíjate:
> piso **primero** › **primer** piso
> piso **tercero** › **tercer** piso

*Vivo en la **décima** planta de este edificio.* *Somos los **terceros** de la clase.*

Unidad 3: Vamos de viaje

Ir y *viajar*

El verbo *ir* es irregular. El verbo *viajar* es regular, fíjate en sus terminaciones:

	Ir	Viajar
yo	**voy**	viajo
tú	**vas**	viajas
él, ella, usted	**va**	viaja
nosotros/as	**vamos**	viajamos
vosotros/as	**vais**	viajáis
ellos, ellas, ustedes	**van**	viajan

Preposiciones *a* y *en*

La preposición ***a*** sirve para:

- Expresar la **dirección** y el **destino**:

  *Esta noche voy **a** un restaurante.*

  Recuerda: *a* + *el* › *al*:

  *Voy **al** cine.*

- Expresar la **distancia** o el **tiempo**:

  *El colegio está **a dos calles** de aquí.*

  *Estamos **a tres minutos** en coche.*

La preposición ***en*** sirve para:

- **Localizar** personas, lugares u objetos:

  ***Tu casa está en** el centro de la ciudad.*

- Hablar del **medio de transporte**:

  *Vamos **en tren**.*

Fíjate en estas excepciones:
*ir **a** pie - ir **andando** - ir **a** caballo*

Verbos *poder, querer* y *preferir*: expresar posibilidad, deseos y preferencia

- Los verbos *poder, querer* y *preferir* son irregulares en presente de indicativo. Fíjate en sus formas:

	Poder	Preferir	Querer
yo	**pued**o	prefi**e**ro	qui**e**ro
tú	**pued**es	prefi**e**res	qui**e**res
él, ella, usted	**pued**e	prefi**e**re	qui**e**re
nosotros/as	podemos	preferimos	queremos
vosotros/as	podéis	preferís	queréis
ellos, ellas, ustedes	**pued**en	prefi**e**ren	qui**e**ren

- *Poder* + infinitivo expresa **posibilidad**:

  *En la playa **puedes tomar** el sol.*

- *Preferir* + nombre/infinitivo expresa **preferencia**:

  ***Prefiero el autobús/ir** en autobús porque es más barato.*

- *Querer* + nombre/infinitivo expresa **deseos**:

  *Los niños **quieren un helado**.*

  *Marta **quiere visitar** museos.*

Hay, ser y *estar*

- ***Hay*** se usa para hablar de la **existencia** o **inexistencia** de algo:

  *Cerca del museo **hay** un parque.* *En el hotel no **hay** restaurante.*

- ***Ser*** + adjetivo se usa para **describir** objetos, lugares y personas:

  *La mesa **es** grande.* *Barcelona **es** cosmopolita.* *Amelia **es** simpática.*

- ***Estar*** se usa para **localizar** objetos, lugares y personas en el espacio:

  *El bolígrafo **está** en la mesa.* *La estación **está** cerca del hotel.* *¿Dónde **están** tus padres?*

Expresar deseos

Para hablar de **deseos**, utilizamos el verbo *querer* + nombre/infinitivo:

qu**ie**ro
qu**ie**res
qu**ie**re
queremos
queréis
qu**ie**ren

Marta quiere un viaje cultural y visitar museos.

Expresar causa

¿Por qué...? se usa para **preguntar** por la causa y *porque* para **responder**:

▶ *¿**Por qué** te vas?*
▷ ***Porque** tengo clase.*

Pedir y dar información

- Para **pedir información** puedes usar:
  - Perdón, ¿cómo puedo/podemos ir a...?
  - Por favor, ¿dónde está/están...?

    *Perdón, ¿**cómo podemos ir a** plaza Central?*

- Para **hacer aclaraciones más precisas** puedes usar:
  - (Mira/Mire),
    gira/gire a la derecha/izquierda... en...
    cruza/cruce la calle...
    sigue/siga todo recto por esta/la calle... hasta...
  - Allí/Allá está/están...

    ▶ *Por favor, ¿dónde está la oficina de información?*
    ▷ ***Mira, sigue** todo recto hasta la segunda calle, **gira a la derecha** y **cruza la calle**. **Allí está** la oficina de información.*

- Para **dar información** puedes usar:
  - *Puede(s)/Pueden* + *tomar/coger/ir en* + medio de transporte

    ***Pueden coger** el metro o **ir en** el autobús.*

> Fíjate:
> - Las formas *mira, gira, cruza* y *sigue* son informales, se usan con *tú*. *Mire, gire, cruce* y *siga* son formales, se usan con *usted*.
> - En español, para hablar de la cercanía o lejanía, se utilizan los adverbios:
>   - **aquí** (más cerca del hablante)
>   - **ahí** (distancia intermedia)
>   - **allí** (más lejos del hablante)
> - En Hispanoamérica se prefieren las formas *acá* y *allá* en lugar de *aquí* y *allí*.

Preguntar y decir el precio de algo

Para preguntar y decir el **precio** de algo se usa el verbo *costar*, que es irregular:

▶ *¿Cuánto **cuesta** la excursión?*
▷ ***Cuesta** 20 euros.*

Unidad 4: En familia

Presente de indicativo regular: verbos terminados en *-ar, -er, -ir*

- En español existen **tres conjugaciones**, es decir, todos los infinitivos acaban en: *-ar, -er* o *-ir*. Cada una tiene sus propias terminaciones:

	Hablar	**Aprender**	**Escribir**
yo	habl**o**	aprend**o**	escrib**o**
tú	habl**as**	aprend**es**	escrib**es**
él, ella, usted	habl**a**	aprend**e**	escrib**e**
nosotros/as	habl**amos**	aprend**emos**	escrib**imos**
vosotros/as	habl**áis**	aprend**éis**	escrib**ís**
ellos, ellas, ustedes	habl**an**	aprend**en**	escrib**en**

- El presente se usa para expresar **acciones habituales** (con **expresiones de frecuencia** como: *normalmente, todos los días, con mucha frecuencia, a veces, los domingos...*) o **acciones** que se realizan en el **presente**:

  *Todos los días **me levanto** a las 7 h para ir a trabajar.*
  *A veces **voy** al cine los domingos.*
  ***Vivo** en Madrid.*

Hablar de acciones que están en proceso

- Para hablar de acciones que **se están desarrollando** en este momento se usa la estructura *estar* + gerundio:

estoy		
estás		cocinando
está	+	aprendiendo
estamos		escribiendo
estáis		
están		

- Para formar el gerundio se sustituye la terminación del verbo por estas terminaciones:
  - verbos en *-ar* › *-ando*
  - verbos en *-er, -ir* › *-iendo*

  *En este momento **estoy estudiando**, hablamos mañana.*

Fíjate:
- dormir › d**u**rmiendo
- vestir › v**i**stiendo
- decir › d**i**ciendo
- leer › le**y**endo
- ir › **y**endo
- oír › o**y**endo
- pedir › p**i**diendo
- morir › m**u**riendo
- sentir › s**i**ntiendo

Adjetivos y pronombres demostrativos

Los demostrativos sirven para indicar **la distancia** entre los interlocutores y el objeto o persona a los que se refieren. Pueden utilizarse como adjetivos (si acompañan al nombre) o como pronombres (si van solos):

	Masc. singular	Fem. singular	Masc. plural	Fem. plural	
Aquí	este	esta	estos	estas	
Ahí	ese	esa	esos	esas	(+ nombre)
Allí	aquel	aquella	aquellos	aquellas	

***Esta casa** es muy grande.* (Cerca de los interlocutores, aquí).
***Esos vestidos** son caros.* (A media distancia de los interlocutores, ahí).
***Aquel profesor** es simpático.* (Lejos de los interlocutores, allí).

Fíjate:
Es frecuente utilizar las manos para señalar el objeto del que estamos hablando, reforzando así la idea de cercanía o lejanía.

Adjetivos posesivos

- Los posesivos indican de **quién** es un objeto o la relación de **parentesco** entre las personas:

	Singular	Plural	
Un poseedor	mi tu su	mis tus sus	(yo) (tú) (él, ella, usted)
Varios poseedores	nuestro/a vuestro/a su	nuestros/as vuestros/as sus	(nosotros/as) (vosotros/as) (ellos, ellas, ustedes)

- El posesivo concuerda en género y número con la persona o cosa poseída:

  *Ellos son **mis hermanos** Antonio y Miguel.*
  ***Nuestra familia** es muy numerosa.*

- El posesivo *su* puede referirse a uno o a varios poseedores:

  ***Su madre** es muy amable.* (Puede ser la madre de él, de ella, de ellos, de ellas, de usted o de ustedes)

Expresar frecuencia

– (casi) nunca • a veces • con frecuencia • a menudo • normalmente • siempre → +

Describir el físico y el carácter

- Para describir el **físico** puedes usar:

Ser	Tener		Tener/Llevar
– alto-a/bajo-a – gordo-a/delgado-a – guapo-a/feo-a – rubio-a/moreno-a – pelirrojo-a	– los ojos negros, verdes, azules, marrones... oscuros/claros	– el pelo rubio, moreno, castaño, negro, blanco... corto/largo liso/rizado	– barba – bigote

- Para describir el **carácter** puedes usar:

Ser			Tener
– alegre – simpático/a – antipático/a	– serio/a – sociable – tímido/a	– trabajador/a – inteligente – torpe	– buen/mal carácter

Cuando describimos un aspecto físico o del carácter un poco negativo, lo podemos suavizar con ***un poco*** o con las terminaciones ***-ito/a/os/as***:

*Alejandro es **un poco serio**, pero muy buena persona.* *Mi hermano pequeño es muy guapo pero es **bajito**.*

- Para describir **la ropa y los complementos** se usa el verbo *llevar*:

__Lleva__ unos vaqueros, una camisa blanca y gafas de sol.

Unidad 5: Igual que todos los días

Presente de indicativo: verbos irregulares

	e > ie Cerrar	Otros verbos	o > ue Dormir	Otros verbos	e > i Pedir	Otros verbos	u > ue Jugar
yo	cierro	empezar	duermo	recordar	pido	reírse	juego
tú	cierras	comenzar	duermes	poder	pides	repetir	juegas
él, ella, usted	cierra	merendar	duerme	volver	pide	vestirse	juega
nosotros/as	cerramos	querer	dormimos	contar	pedimos	medir	jugamos
vosotros/as	cerráis	preferir	dormís	costar	pedís	elegir	jugáis
ellos, ellas, ustedes	cierran	despertarse	duermen	acostarse	piden	corregir	juegan

Algunos verbos tienen un cambio ortográfico para conservar el sonido original del infinitivo. Este cambio no se considera una irregularidad: co**g**er > co**j**o; conven**c**er > conven**z**o; se**gu**ir > si**g**o...

RAE

GRAMÁTICA
- Recuerda que la forma vos se usa principalmente en Argentina, Uruguay y Paraguay.
- El presente de la forma *vos* es regular: *vos* pensás, sabés, tenés, dormís, jugás, pedís, hacés, decís...:

*Vos **pensás** así porque no **tenés** hijos...*

Verbos que tienen la primera persona *(yo)* irregular

	Hacer	Saber	Salir	Poner	Dar	Ver	Conocer
yo	**hago**	**sé**	**salgo**	**pongo**	**doy**	**veo**	**conozco**
tú	haces	sabes	sales	pones	das	ves	conoces
él, ella, usted	hace	sabe	sale	pone	da	ve	conoce
nosotros/as	hacemos	sabemos	salimos	ponemos	damos	vemos	conocemos
vosotros/as	hacéis	sabéis	salís	ponéis	dais	veis	conocéis
ellos, ellas, ustedes	hacen	saben	salen	ponen	dan	ven	conocen

Verbos con doble irregularidad: *tener* y *venir*

- Algunos verbos tienen una doble irregularidad como *tener* y *venir*: la primera persona irregular y el cambio vocálico *e* › *ie*:

	Tener	Venir
yo	**tengo**	**vengo**
tú	t**ie**nes	v**ie**nes
él, ella, usted	t**ie**ne	v**ie**ne
nosotros/as	tenemos	venimos
vosotros/as	tenéis	venís
ellos, ellas, ustedes	t**ie**nen	v**ie**nen

Verbos con irregularidad propia

- Los verbos *ser*, *estar* e *ir* tienen una irregularidad propia:

	Ser	Estar	Ir
yo	**soy**	**estoy**	**voy**
tú	**eres**	**estás**	**vas**
él, ella, usted	**es**	**está**	**va**
nosotros/as	**somos**	estamos	**vamos**
vosotros/as	**sois**	estáis	**vais**
ellos, ellas, ustedes	**son**	**están**	**van**

Verbos reflexivos

- Se forman añadiendo los pronombres *me*, *te*, *se*, *nos*, *os* y *se*:

	Levantarse	Otros verbos
yo	**me** levanto	duchar**se**
tú	**te** levantas	despertar**se**
él, ella, usted	**se** levanta	llamar**se**
nosotros/as	**nos** levantamos	apellidar**se**
vosotros/as	**os** levantáis	vestir**se**
ellos, ellas, ustedes	**se** levantan	lavar**se**

- Los verbos reflexivos expresan que la **acción** se hace **sobre el propio sujeto**. Muchos de los verbos que expresan acciones cotidianas son reflexivos: *lavarse, ducharse, levantarse, acostarse...*:

  Me ducho todos los días a las ocho de la mañana.

  Te acuestas muy tarde y por eso tienes sueño.

Hablar de la frecuencia

- *los* + día de la semana

  Los lunes voy al gimnasio por la tarde.

- Estos son los días de la semana. No cambian en plural, excepto *el sábado* › *los sábados* y *el domingo* › *los domingos*:

el lunes – los lunes	el jueves – los jueves	el sábado – los sábados
el martes – los martes	el viernes – los viernes	el domingo – los domingos
el miércoles – los miércoles		

- Para hablar del sábado y el domingo también puedes usar *el fin/los fines de semana*.

- (casi) todos los días/meses /años/fines de semana
  *Organizamos dos o tres viajes **casi todos los años**.*
- (casi) todas las mañanas/tardes/noches/semanas
  ***Casi todas las mañanas** voy a la escuela en autobús.*
- una vez/n.º veces al día/a la semana/al mes/al año
  *Hago yoga **tres veces a la semana**.*
- normalmente/a veces
  ***Normalmente** desayuno en casa.*
  ***A veces** cenamos fuera.*
- (casi) siempre/nunca
  ***Casi siempre** estudio por la tarde.*
  ***Nunca** tomo café.*

> Estas expresiones pueden aparecer en diferentes posiciones dentro de la frase:
> ***No** tomo café **nunca**.* ‹› ***Nunca** tomo café.*
> ***Normalmente** desayuno en casa.* ‹› *Desayuno en casa **normalmente**.*

Hablar de las partes del día y relacionar acciones en el tiempo

- En el español de España se prefiere la preposición ***por*** para hablar de las **partes del día**. En cambio, en el español de América se prefiere la preposición ***en***:
  ***Por la mañana** voy a clase.* *Te veo mañana **en la mañana**.*
- Para **ordenar** las acciones en el tiempo se usa:
  – primero – luego/después – por último/finalmente
  ***Primero** desayuno, **luego** me ducho, **después** me visto y **por último** me lavo los dientes.*
- Para hablar de acciones **posteriores** a otras puedes usar ***después de*** + infinitivo/nombre:
  ***Después de ducharme/la ducha** me visto.*
- Para hablar de acciones **anteriores** a otras puedes usar ***antes de*** + infinitivo/nombre:
  *Todos los días corro por el parque **antes de cenar/la cena**.*

> Fíjate:
> Aunque el **mediodía** marca una hora concreta del día (las 12:00), en España y en la mayoría de países de Hispanoamérica es un periodo de tiempo que incluye la hora de la comida (entre las 12:00 y las 15:00 h).

Hablar de la hora, la fecha y los horarios

- Para preguntar la hora se usa:
  *¿**Qué hora es**?* *¿**Qué hora tienes**?*
- Y para decir la hora:
  ***Es la una y** cinco (minutos).*
  ***Son las dos**/tres/cuatro… **menos** tres (minutos).*
  *Son las tres **y cuarto/media, menos cuarto**.*
- En contextos formales se usa el formato 24 horas para expresar la hora:
  El tren sale a las 17:30. (El tren sale a las diecisiete treinta horas).

> Recuerda:
> Los meses del año son: **enero, febrero, marzo, abril, mayo, junio, julio, agosto, septiembre, octubre, noviembre** y **diciembre**.

- Para hablar de **fechas** se usa *el* + día + *de* + mes:
  *Mi cumpleaños es **el 20 de febrero**.*
- Para **preguntar por los horarios** puedes usar:
  – ¿Cuál es el horario de…? – ¿A qué hora abre/cierra…?
  – ¿Qué días abre/cierra…?
- Para **hablar de los horarios** puedes usar:
  – a las + hora
  *El museo cierra **a las** siete de la tarde.*
  – de/desde las + hora a/hasta las + hora
  *El horario de las tiendas normalmente es **de/desde las** 09:00 o 10:00 **a/hasta las** 20:00.*
  – … hasta las + hora
  *En Ciudad de México algunos bancos abren **hasta las** siete de la tarde.*
  – entre las + hora y las + hora
  *Los bancos atienden al público de lunes a viernes, **entre las** 09:00 **y las** 16:00.*

Unidad 6: ¡Me encanta!

Gustar, encantar e interesar

- Para **expresar gustos** usamos los verbos *gustar* y *encantar*, y para **expresar intereses** el verbo *interesar*. Estos verbos tienen una construcción especial:

(a mí)		**me**		gust**a**	+ infinitivo/nombre singular
(a ti)		**te**		encant**a**	
(a él, ella, usted)	(no)	**le**	+	interes**a**	
(a nosotros/as)		**nos**		gust**an**	+ nombre plural
(a vosotros/as)		**os**		encant**an**	
(a ellos, ellas, ustedes)		**les**		interes**an**	

*(A mí) Me **gusta jugar** al baloncesto.* *(A vosotros) Os **gusta el baloncesto**.* *(A Francis) Le **gustan los deportes**.*

El verbo ***encantar*** expresa el gusto en grado máximo: significa 'me gusta mucho'.

- Hay otros muchos verbos en español que tienen la misma estructura que *gustar* como *molestar, doler, aburrir, asustar*...:

Me asusta la oscuridad. *Nos aburre ir de compras.*

Adverbios *mucho, bastante, poco, nada*

- Para graduar los gustos o intereses podemos usar los adverbios *mucho, bastante, poco* o *nada*:

*Me gusta **mucho** el fútbol.*

*Me gusta **bastante** cocinar.*

*Me gusta **poco** bailar. = **No** me gusta **mucho** bailar.*

***No** me gustan **nada** los deportes de riesgo.*

- Con el verbo ***encantar*** no se usan estos adverbios, porque ***encantar*** indica el grado máximo de satisfacción y, por tanto, no se puede graduar:

***Me encanta** ~~mucho~~ el cine.*

- Para expresar el **grado máximo de insatisfacción** se puede usar también el verbo ***odiar***. Este verbo funciona como la mayoría de los verbos que conoces y es regular:

***Odio** el cine.*

*Mis padres **odian** llegar tarde.*

Igual que ocurre con el verbo ***encantar***, el verbo ***odiar*** no admite cuantificadores porque indica el grado máximo de insatisfacción, en este caso.

Expresar gustos iguales y gustos diferentes

Gustos iguales

- Yo/A mí también

▶ *Yo estudio español.*
▷ ***Yo también.***

▶ *(A mí) Me gusta bailar.*
▷ ***A mí también.***

- Yo/A mí tampoco

▶ *Yo no hablo italiano.*
▷ ***Yo tampoco.***

▶ *(A mí) No me gusta el fútbol.*
▷ ***A mí tampoco.***

Gustos diferentes

- Yo/A mí no

▶ *Yo estudio español.*
▷ ***Yo no.***

▶ *(A mí) Me gusta bailar.*
▷ ***A mí no.***

- Yo/A mí sí

▶ *Yo no hablo italiano.*
▷ ***Yo sí.***

▶ *(A mí) No me gusta el fútbol.*
▷ ***A mí sí.***

Interactuar en un bar o restaurante

- El/La camarero/a **pregunta**:
  - ¿Qué quieres/queréis tomar? (Informal)
  - ¿Qué quiere/quieren tomar? (Formal)
  - ¿Y de segundo/de beber/de postre...?
  - ¿Quieres/Queréis tomar café/algo más? (Informal)
  - ¿Quiere/Quieren tomar café/algo más? (Formal)
- El/La cliente **dice**:
  - (De primero/segundo/beber/postre...) Yo (quiero)...
  - Para mí...
  - A mí me pones/pone (formal)...
- Para **pedir aclaraciones** sobre un plato o sus ingredientes:
  - *¿De qué es la tarta de la casa?*
  - *Una pregunta: ¿Qué son chipirones?*
  - *¿Qué lleva la ensalada mixta?*
- Para **explicar un plato** o sus ingredientes:

  Es de chocolate.

  Los chipirones son un tipo de pescado.

  Lleva lechuga, tomate, atún, aceitunas y huevo.
- Para **pedir la cuenta**:
  - ¿Cuánto es (todo)?
  - La cuenta, por favor.
  - ¿Me/Nos traes/trae la cuenta, por favor?

Unidad 7: Buenas intenciones

Los días de la semana, los meses y las estaciones del año

Días de la semana	
lunes	viernes
martes	sábado
miércoles	domingo
jueves	

Meses del año		
enero	mayo	septiembre
febrero	junio	octubre
marzo	julio	noviembre
abril	agosto	diciembre

Estaciones del año
primavera
verano
otoño
invierno

> Fíjate:
> Los meses del año se escriben en minúscula:
> *En enero me voy a esquiar a la sierra.*

Ir a + infinitivo

- Para **hablar de planes y proyectos en un futuro próximo** puedes utilizar *ir a* + infinitivo:

  *Este fin de semana **voy a ir** a esquiar.*

  También se usa esta estructura cuando algo va a ocurrir de manera inminente:

  *La clase **va a empezar**, entrad.*
- Para hablar del **futuro** puedes utilizar **marcadores temporales** como:
  - esta tarde/noche
  - este fin de semana/verano/lunes...
  - el próximo año/la próxima semana...
  - el año/la semana que viene...
  - el lunes, el martes...
  - en enero/febrero...
  - en verano/invierno...
  - mañana

> Recuerda:
> El verbo *ir* es irregular en presente:
> ***voy, vas, va, vamos, vais, van.***

- Con estos marcadores se puede usar el presente de indicativo para **hablar de futuro** cuando lo presentamos como algo seguro:

  *El lunes **tengo** un examen de Historia.*

Contraste *por/para*

- Para expresar **causa** se usa *¿Por qué?* › *Por* + nombre/ *Porque* + frase:
  - ▶ *¿**Por qué** estudias español?*
  - ▷ *Estudio español **por** mi trabajo.*
  - ▷ *Estudio español **porque** trabajo en Argentina.*
- Para expresar **finalidad** se usa *¿Para qué?* › *Para* + infinitivo:
  - ▶ *¿**Para qué** quieres aprender español?*
  - ▷ *Quiero aprender español **para** viajar por Hispanoamérica.*

- Con la preposición *por* además de **causa** se expresa:
  - Tiempo:
    __Por__ la mañana voy al gimnasio.
  - Lugar aproximado:
    *¿Está mi libro **por** aquí?*
- Con la preposición *para* además de **finalidad** se expresa:
  - Plazo de tiempo:
    *Este ejercicio es **para** mañana.*
  - Dirección:
    *Vamos **para** Madrid.*

Hablar de planes e intenciones

- Para expresar la **intención de hacer algo en el futuro** puedes utilizar la estructura *pensar* + infinitivo:
  *El próximo año **pienso hacer** un curso de pintura.*

> Recuerda:
> El verbo *pensar* es irregular en presente: *p**ie**nso, p**ie**nsas, p**ie**nsa, pensamos, pensáis, p**ie**nsan.*

- Para **preguntar** por **planes** e **intenciones** puedes usar estas estructuras:
  - ¿*Va(s) a* + infinitivo?
    *¿**Vas a ir** al cine esta tarde?*
  - ¿Presente + marcador temporal de futuro?
    *¿**Salís mañana**?*
- Para **proponer y sugerir planes** se usa:
  - ¿*Quiere(s)* + infinitivo/nombre?
    *¿**Quieres** cenar fuera?*
  - ¿*Te/Le apetece* + infinitivo/nombre?
    *¿**Te apetece** un café?*
  - ¿Presente de *nosotros/as* + marcador temporal de futuro?
    *¿**Salimos mañana**?*
- Para **aceptar una propuesta o invitación** usamos:
  - (Sí,) Vale.
  - Vale, ¿por qué no?
  - De acuerdo.
  - Bueno, vale, pero… (Para aceptar con condiciones).
- Para **rechazar una propuesta o invitación** usamos:
  - *(No,) Lo siento,* + *es que* + explicación o excusa
    - ▶ *¿Quieres venir a estudiar a mi casa?*
    - ▷ ***No, lo siento, es que** me concentro más estudiando solo en mi habitación.*

> Fíjate:
> Cuando se rechaza una propuesta o invitación es necesario justificar el rechazo. Lo habitual es usar ***es que***.

Expresar obligación o necesidad

- Para expresar **obligación** o **necesidad de manera personal** puedes utilizar *tener que* + infinitivo:
  __Tengo que ir__ a clase todos los días. (Obligación).
  __Tengo que comprarme__ un paraguas nuevo, esta mañana el viento me lo ha roto. (Necesidad).

> Recuerda:
> El verbo *tener* es irregular en presente: *tengo, tienes, tiene, tenemos, tenéis, tienen.*

- Para expresar **necesidad** también puedes usar *necesitar* + nombre/infinitivo:
  __Necesitas un documento__ de identificación para viajar a otro país.
  __Necesito salir__ un poco a la calle, aquí dentro hace demasiado calor.
- Para expresar **obligación o necesidad de manera general** utilizamos *hay que* + infinitivo:
  *En España **hay que tomar** doce uvas la última noche del año para tener buena suerte.*

Dar consejos y hacer sugerencias

- Puedes utilizar *tiene(s) que* y *puede(s)* + infinitivo para **dar consejos y hacer sugerencias**:

  Tienes que dormir ocho horas para sentirte bien. *Puedes tomar un calmante si te duele la cabeza.*

- También se puede usar *hay que* + infinitivo, que expresa un consejo o sugerencia de carácter general:

  A la excursión hay que llevar una botella de agua y crema solar porque hace mucho calor.

Expresar deseos

- Para expresar **deseos** puedes utilizar *querer* + infinitivo:

  El próximo año quiero viajar a España para mejorar mi español.

> Recuerda:
> El verbo *querer* es irregular en presente: *qu**ie**ro, qu**ie**res, qu**ie**re, queremos, queréis, qu**ie**ren.*

Opinar y valorar

- *Creo que* es la estructura más frecuente para expresar nuestra **opinión**:

  Creo que es necesario aprender al menos dos lenguas.

- Para **valorar un hecho** o una **idea** se usa:

  Es (muy/bastante/un poco) + adjetivo de valoración + infinitivo

  Es importante hacer ejercicios para recordar lo que aprendemos.

  Algunos adjetivos para valorar son: *útil, necesario, bueno, malo, difícil, fácil, aburrido, divertido, importante, absurdo...*

Unidad 8: Cuídate

Imperativo afirmativo

- Usamos el imperativo para **dar instrucciones**, **órdenes** y **consejos**.

- **Verbos regulares**

	Hablar	Beber	Abrir
tú	habl**a**	beb**e**	abr**e**
usted	habl**e**	beb**a**	abr**a**
vosotros/as	habl**ad**	beb**ed**	abr**id**
ustedes	habl**en**	beb**an**	abr**an**

- **Verbos con irregularidades vocálicas**

	Empezar (e › ie)	Volver (o › ue)	Pedir (e › i)
tú	emp**ie**za	v**ue**lve	p**i**de
usted	emp**ie**ce	v**ue**lva	p**i**da
vosotros/as	empezad	volved	pedid
ustedes	emp**ie**cen	v**ue**lvan	p**i**dan

> Fíjate:
> - Las irregularidades del imperativo son las mismas que las del presente (*e › ie, o › ue, e › i*) en las formas *tú, usted* y *ustedes*.
> - La forma *vosotros/as* siempre es regular.

- **Otros verbos irregulares**

	Ser	Tener	Hacer	Poner	Ir	Venir	Salir	Decir
tú	**sé**	**ten**	**haz**	**pon**	**ve**	**ven**	**sal**	**di**
usted	**sea**	**tenga**	**haga**	**ponga**	**vaya**	**venga**	**salga**	**diga**
vosotros/as	sed	tened	haced	poned	id	venid	salid	decid
ustedes	**sean**	**tengan**	**hagan**	**pongan**	**vayan**	**vengan**	**salgan**	**digan**

- Algunos verbos sufren cambios ortográficos en las formas de ***usted*** y ***ustedes***. Son los verbos terminados en:

  -car: bus**car** › bus**qu**e, bus**qu**en
  -gar: car**gar** › car**gu**e, car**gu**en
  -ger, **-gir**: ele**gir** › eli**j**a, eli**j**an
  -zar: empe**zar** › emp**iec**e, emp**iec**en

- Los verbos reflexivos en imperativo llevan el pronombre correspondiente **a continuación del verbo y unido a él:**
  *levantar**se** › levánta**te**, levánte**se**, levanta**os**, levánten**se**.*
  En los verbos reflexivos, la forma ***vosotros/as*** pierde la *-d-*: *levanta~~d~~os › levanta**os**.*

RAE

GRAMÁTICA

- En las zonas voseantes de América, el imperativo tiene una forma propia para la persona vos *(hablá, bebé, abrí, empezá, volvé, elegí, tené, hacé, poné, vení, salí, decí...)*:
  ***Empezá** vos, por favor.*
  ***Comé, comé**, está muy bueno.*
- El verbo ir (imperativo ve) no suele utilizarse y se usa andá (verbo andar): ***Andá**, que es tarde.*

Pronombres de objeto directo

- Muchos verbos llevan un complemento (que puede ser una persona o un objeto) llamado **objeto directo**. Cuando este complemento ya se ha mencionado anteriormente, se sustituye por un pronombre. Los pronombres de objeto directo son:

yo	me
tú	te
él, ella, usted	lo/la
nosotros/as	nos
vosotros/as	os
ellos, ellas, ustedes	los/las

*Esas revistas son mías. **Las** compro todas las semanas.*

- El objeto directo va normalmente antes del verbo. Sin embargo, con el imperativo, el infinitivo y el gerundio siempre se coloca **a continuación** del verbo formando una sola palabra con él:
  *Quítate el abrigo y pon**lo** en el perchero.*
  *Estos libros tienes que leer**los**, son obligatorios para aprobar Literatura.*
  ▶ *¿Qué haces con esa chaqueta?*
  ▷ *Estoy probándome**la**.*

  En los dos últimos casos, es posible poner los pronombres **delante del verbo principal**:
  *Estos libros **los** tienes que leer, es obligatorio para aprobar Literatura.*
  ▶ *¿Qué haces con esa chaqueta?*
  ▷ *Me **la** estoy probando.*

Otras estructuras para dar consejos

Además del imperativo, puedes usar estas otras estructuras para dar consejos:

- ***Tener que*** + infinitivo
  ***Tienes que ir** al médico ahora mismo. Estás muy acatarrado.*
- ***Hay que*** + infinitivo (para dar consejos de manera general)
  *Con el resfriado **hay que beber** agua.*
- ***Deber*** + infinitivo
  ***Debe** usted **ir** a casa y hacer reposo.*

  Recuerda: Estas tres estructuras se usan también para expresar obligación.

- ***Poder*** + infinitivo
  ***Puedes hacer** algo de ejercicio para ayudar a la dieta de adelgazamiento.*

  Recuerda: Esta estructura se usa también para expresar posibilidad.

- ***Te/Le recomiendo/aconsejo*** + infinitivo
  ***Te recomiendo tomar** miel con limón para la garganta.*

Pedir y responder a la petición

- Pedir un **favor**:
  – *(Por favor,) ¿**Puede(s)*** + infinitivo?
    *Por favor, ¿**puedes ayudarme** a hacer los deberes?*
- Pedir un **objeto**:
  – *(Por favor,) ¿**Tiene(s)*** + nombre?
  – *(Por favor,) ¿**Me da(s)/deja(s)/presta(s)*** + nombre?
    *¿**Me prestas** un bolígrafo, por favor?*
- Pedir **permiso**:
  – *¿**Puedo*** + infinitivo?
    *¿**Puedo** ir al servicio?*

- **Aceptar** una petición:
  – **Sí, claro/por supuesto**.
  – ***Sí,*** + imperativo
    ▶ *¿Puedo entrar?* ▷ *Sí, **pasa, pasa**.*

> Fíjate:
> Es habitual repetir el imperativo para conceder permiso.

- **Denegar** una petición:
  – **No, lo siento, es que...**
    ▶ *¿Me dejas el diccionario? **Es que** el mío está en casa.*
    ▷ ***No, lo siento, es que** estoy usándolo yo ahora.*

> Fíjate:
> Es muy habitual dar una excusa o una justificación cuando no aceptamos una petición y cuando pedimos algo.

Verbos para expresar síntomas y enfermedades

- Los verbos ***doler*** y ***picar*** se construyen como el verbo ***gustar***, en tercera persona del singular o plural:
  ***Le duele** la cabeza.* ***Le pican** los brazos.*
  Equivalen a las expresiones ***tener dolor de*** y ***tener picor de***, respectivamente:
  *Le duelen los oídos. = **Tiene dolor de** oídos.* *Le pican los ojos = **Tiene picor de** ojos.*
- Lo mismo ocurre con verbos específicos como ***marearse***, ***toser*** y ***vomitar***:
  Se marea. = Tiene mareos. *Tose = Tiene tos.* *Vomita = Tiene vómitos.*
- Otras expresiones son:
  – **Estoy/Me siento cansado/a**
  – **Estoy resfriado/a, mareado/a, enfermo/a...**
  – ***Tengo*** + síntoma o enfermedad *(tos, fiebre, gripe...)*
    ***Tengo tos** y **estoy muy cansada**, seguro que **tengo gripe**.*

Unidad 9: ¡Vaya día!

Pretérito perfecto regular e irregular

- El **pretérito perfecto** de indicativo es un **tiempo del pasado** que se forma con el **presente** del verbo ***haber*** y el **participio** del verbo principal.
- El **participio regular** de los verbos se forma sustituyendo la terminación *-ar* por *-ado* y las terminaciones *-er* e *-ir* por *-ido*:

	Hablar	Comer	Vivir
yo	**he** hablado	**he** comido	**he** vivido
tú	**has** hablado	**has** comido	**has** vivido
él, ella, usted	**ha** hablado	**ha** comido	**ha** vivido
nosotros/as	**hemos** hablado	**hemos** comido	**hemos** vivido
vosotros/as	**habéis** hablado	**habéis** comido	**habéis** vivido
ellos, ellas, ustedes	**han** hablado	**han** comido	**han** vivido

> Fíjate:
> En los verbos reflexivos, el pronombre se coloca delante del verbo ***haber***:
> ***me** he duchado, **te** has perdido, **nos** hemos vestido...*

- Algunos verbos tienen un participio irregular:

abrir › **abierto**	hacer › **hecho**	romper › **roto**
decir › **dicho**	morir › **muerto**	ver › **visto**
escribir › **escrito**	poner › **puesto**	volver › **vuelto**

- Usamos el pretérito perfecto para hablar de **acciones terminadas** en un **pasado no terminado**:

  Este mes he tenido dos exámenes. (La acción es pasada, pero el tiempo es presente, pues el mes aún no ha terminado).

  Este año he ido de vacaciones a Estados Unidos. He visitado Nueva York y la capital, Washington. (También en este caso el tiempo es presente).

- Los **marcadores temporales** más usados con pretérito perfecto son:
  - hoy
  - este mes/año/verano/otoño/invierno...
  - esta mañana/tarde/noche/semana/primavera...
  - una vez/x veces
  - alguna vez
  - siempre/nunca

RAE

GRAMÁTICA

En el español de América y en el español de España de las zonas de Galicia, Asturias, parte de León y Canarias es más frecuente el uso del pretérito indefinido en lugar del pretérito perfecto para hablar de acciones terminadas en un tiempo no terminado:

Español de América: *Estoy muy cansado porque esta mañana* ***salí*** *de casa muy temprano y no* ***llegué*** *hasta las nueve de la noche.* ***Fue*** *un día muy largo.*

En el español de España (salvo en las zonas mencionadas anteriormente) se dice: *Estoy muy cansado porque esta mañana* ***he salido*** *de casa muy temprano y no* ***he llegado*** *hasta las nueve de la noche.* ***Ha sido*** *un día muy largo.*

Adjetivos y pronombres indefinidos

- Los indefinidos hablan de la **existencia** o **inexistencia** de personas o cosas. Hacen referencia a una cantidad indeterminada. Pueden acompañar a un nombre (son adjetivos) o ir solos (son pronombres):

	Existencia		Inexistencia	
	Masculino	**Femenino**	**Masculino**	**Femenino**
Singular	*algún* + nombre m. alguno	alguna	*ningún* + nombre m. ninguno	ninguna
Plural	algunos	algunas	ningunos	ningunas

Fíjate:
Algún y ***ningún*** se usan delante de un nombre masculino singular.

▶ *Antonio, ¿hay* ***algún problema****?*

▷ *No,* ***ninguno****. = No,* ***ningún problema****.*

▶ *¿Hay* ***alguna chica*** *rusa en clase?*

▷ *No, en este curso* ***no*** *hay* ***ninguna (chica rusa)****.*

Fíjate:
Ningunos/ningunas solo se usa con palabras que se construyen en plural:
Ningunos pantalones *me valen.*
▶ *¿Tienes unas tijeras?*
▷ *No, lo siento, no tengo* ***ningunas****.*

- Además, hay cuatro pronombres indefinidos especiales que se refieren solo a personas y cosas:

	Existencia	Inexistencia
Personas	alguien	nadie
Cosas	algo	nada

▶ *¿Hay* ***alguien*** *en casa?*

▷ *No, creo que* ***no*** *hay* ***nadie****.*

▶ *¿Quiere* ***algo*** *más?*

▷ *No, gracias,* ***no*** *quiero* ***nada*** *más.*

Cuando usamos los indefinidos de inexistencia se incluye ***no*** delante del verbo.

Unidad 10: Estamos de fiesta

Comparativos

Cuando **comparamos** algo, podemos establecer tres grados:

- De **superioridad** (+) › *más... que*: *Laura es **más** morena **que** tú.*
- De **inferioridad** (-) › *menos... que*: *Hoy hay **menos** gente **que** ayer.*
- De **igualdad** (=) › – *tan* + adjetivo + *como*: *Javi es **tan** alto **como** yo.*
  – *tanto/a/os/as* + nombre + *como*:
  *Hoy hace **tanto** calor **como** ayer.*
  *Tienen **tanta** hambre **como** yo.*
  *Sara no tiene **tantos** libros **como** Julia.*
  *Tengo **tantas** amigas **como** amigos.*
  – verbo + *tanto* + *como*
  *Mario gana **tanto como** yo.*

Fíjate:

- Los comparativos *mayor* y *menor* se usan para referirse a la edad:
  *Mi hermano es **menor** que yo.*
- Para comparar tamaños es más habitual usar ***más grande/más pequeño***:
  *Tu casa es **más grande** que la de Juan, sin duda.*

Hay cuatro comparativos de superioridad irregulares:

- + bueno › *mejor*: *Esta canción es **mejor** que la anterior.*
- + malo › *peor*: *Hoy el tiempo está **peor** que ayer.*
- + grande › *mayor*: *Mi madre es **mayor** que la tuya.*
- + pequeño › *menor*: *David es un año **menor** que nosotras.*

Para expresar el grado máximo o **superlativo** puedes usar *el/la/los/las más/menos de*:

*Paco es **el más alto de** la clase.* *Esta niña es **la más lista de** sus hermanos.*

Contraste *ser* y *estar*

Usamos el verbo *ser* para hablar de las **características** que definen a las personas, las cosas y los lugares. Con el verbo *ser*:

- **Identificamos:**
  *David **es** mi profesor.*
  *Mi chaqueta **es** la azul.*
- **Describimos** personas, cosas y lugares:
  ***Eres** muy alta.*
  *La mesa **es** redonda y **es** de madera.*
- Describimos el **carácter** de las personas y la **calidad** de las cosas:
  ***Son** chicos inteligentes y serios.*
  *Esa película **es** muy buena.*
- Expresamos la **nacionalidad** y el **origen**:
  ***Soy** chileno, **soy** de Santiago.*
  *El ceviche **es** peruano.*
- Decimos la **profesión** y la ocupación:
  *Yo **soy** veterinaria, ¿tú qué **eres**?*
  ***Somos** estudiantes.*
- Hablamos de las **relaciones personales** y de **pertenencia**:
  *Juan **es** mi primo y Ana y yo **somos** amigos.*
  *Este libro **es** de Raúl.*

Usamos el verbo *estar* para referirnos a **características temporales** o que se refieren a un estado. Con el verbo *estar* hablamos de:

- Estados **físicos**:
  *No **estoy** enfermo, **estoy** cansado.*
- Estados **de ánimo**:
  *Marta **está** muy contenta y Javi **está** nervioso.*
- Estado o situación **provisional**:
  ***Estoy** de vacaciones.*
- **Ubicación** y **posición**:
  *Juan **está** de pie, **está** a la derecha de Luis.*
- El **resultado** de una **acción**:
  *La puerta **está** cerrada.*

Expresar la opinión

- Para mí...
  Para mí, este plato es mejor que el que cenamos ayer.
- Creo, pienso + que
  Creo que es una buena idea.
  Pienso que los globos son más bonitos que las guirnaldas.
- *Me parece* + *que*/adjetivo/adverbio de valoración
  Me parece que han suspendido las clases.
  Me parece bien lo que dices.

> Fíjate:
> - ***Parecer*** se construye como el verbo ***gustar***:
>   *Me parecen bonitas tus fotos.*
> - Recuerda que ***pensar*** es irregular, cambia la ***e*** del infinitivo por ***ie***: *p**ie**nso, p**ie**nsas, p**ie**nsa, pensamos, pensáis, p**ie**nsan.*

Hacer propuestas o sugerir planes. Expresar acuerdo/desacuerdo

Hacer **propuestas** o sugerir planes:

- Vamos a...
  Vamos a hacer la fiesta con muchos globos.
- ¿Por qué no...?
  ¿Por qué no hacemos un regalo colectivo?
- ¿Qué tal si...?
  ¿Qué tal si ponemos tapas variadas?
- Lo mejor es..., ¿estás de acuerdo conmigo?
  Lo mejor es contratar un cáterin, ¿estás de acuerdo conmigo?

Expresar **acuerdo**:

- Vale/Buena idea/Estoy de acuerdo. Yo también creo...
  Vale. Nosotros también creemos que los globos son muy bonitos y decoran mucho.
- Para mí también/tampoco...
  Para mí también las tapas son la mejor opción. Sale más barato.

Expresar **desacuerdo**:

- (Pues) (Yo) No estoy de acuerdo contigo/con vosotros/con...
- Cuando se expresa desacuerdo con una propuesta o sugerencia, es frecuente dar una **alternativa**:
  Yo no estoy de acuerdo con vosotros. Es mejor llevar unos sándwiches hechos de casa.

Contrargumentar o puntualizar

- Sí, (es verdad,) pero...
  ▶ *Es una novela muy interesante.*
  ▷ *Sí, (es verdad,) pero demasiado larga.*
- Sí, (estoy de acuerdo,) pero...
  ▶ *Es un coche muy caro.*
  ▷ *Sí, (estoy de acuerdo,) pero es más seguro que la mayoría.*

Unidad 11: Viajes con encanto

Pretérito indefinido regular e irregular (1)

- El **pretérito indefinido** es un tiempo verbal de **pasado**. Las formas **regulares** tienen las siguientes terminaciones:

	Viajar	Comer	Vivir
yo	viajé	comí	viví
tú	viajaste	comiste	viviste
él, ella, usted	viajó	comió	vivió
nosotros/as	viajamos	comimos	vivimos
vosotros/as	viajasteis	comisteis	vivisteis
ellos, ellas, ustedes	viajaron	comieron	vivieron

- Fíjate que las terminaciones para los verbos en *-er* y en *-ir* son iguales.
- La persona ***nosotros/as*** en los verbos en *-ar* e *-ir* coincide con el presente de indicativo:

  *Siempre **viajamos** en avión, pero el año pasado **viajamos** en tren a Barcelona.*
  *De pequeños **vivimos** en Sevilla durante unos años, pero ahora **vivimos** en Madrid.*

- En algunos casos, el acento es la única marca para diferenciar las formas verbales:

  viajo (presente de indicativo, *yo*)
  viajó (pretérito indefinido, *él, ella, usted*)

Verbos irregulares comunes en pretérito indefinido

- Algunos de los verbos más comunes son irregulares en pretérito indefinido:

	Ser/Ir	Tener	Hacer	Estar	Dar
yo	**fui**	**tuve**	**hice**	**estuve**	**di**
tú	**fuiste**	**tuviste**	**hiciste**	**estuviste**	**diste**
él, ella, usted	**fue**	**tuvo**	**hizo**	**estuvo**	**dio**
nosotros/as	**fuimos**	**tuvimos**	**hicimos**	**estuvimos**	**dimos**
vosotros/as	**fuisteis**	**tuvisteis**	**hicisteis**	**estuvisteis**	**disteis**
ellos, ellas, ustedes	**fueron**	**tuvieron**	**hicieron**	**estuvieron**	**dieron**

- Los verbos ***ser*** e ***ir*** comparten la misma forma en el pretérito indefinido:

  *Mi abuelo **fue** un médico muy conocido./El año pasado Ana **fue** a Egipto.*

Uso del pretérito indefinido

- El pretérito indefinido expresa **acciones terminadas** que se desarrollan en un **tiempo pasado** que no tiene relación con el presente:

  *Mis padres **se conocieron** en Argentina en 1970.*
  *El año pasado **viajé** por toda Europa durante dos meses.*

- Algunos **marcadores temporales** frecuentes que se usan con el pretérito indefinido son ***anoche, ayer, anteayer, el otro día, la semana pasada, el mes/año pasado***...:

  Ayer *cené en un restaurante japonés.*
  El otro día *estuve con Ana en una fiesta.*

> ***El otro día*** se refiere a un momento indeterminado del pasado cercano o reciente. Se usa cuando no es importante situar de manera exacta en el tiempo una acción pasada.

En las referencias temporales usamos la palabra ***hace*** cuando la acción sucedió dos o más días, semanas, meses o años atrás:

La semana pasada *fui a Londres.* ***Hace dos semanas*** *fui a Londres.*

Contraste *ir/irse*

- ***Ir*** es 'moverse de un lugar a otro, desplazarse a un lugar':

  Fui *a Argentina el año pasado.*

- ***Irse*** es 'abandonar un lugar':

  Me fui *de la fiesta a las once.*

Señalar el comienzo y el final de una acción

- Para señalar el comienzo o inicio de una acción se utiliza ***empezar*** + ***a*** + infinitivo:

  Empecé a *trabajar en la empresa en septiembre del año 2015.*

- Para indicar el principio de un recorrido o el momento en el que comienza algo, se utiliza ***desde***:

  Desde *casa tardo cinco minutos en llegar al trabajo.*
  Estoy aquí ***desde*** *noviembre del año pasado.*

- Para indicar el final de un recorrido o el momento en el que termina algo, se utiliza ***hasta***:

  Desde Madrid ***hasta*** *Barcelona hay más de 600 kilómetros de distancia.*
  Me quedo en España ***hasta*** *final del verano.*

Reaccionar en una conversación

Para mantener una conversación es importante reaccionar ante lo que los otros nos dicen y mostrar empatía. Estas son algunas de las frases más comunes:

- Mostrar **alegría:**
  - ¡Qué bien/suerte/buena noticia!
- Mostrar **fastidio o pena**:
  - ¡Qué pena/horror/lástima!
  - ¡Vaya, hombre!
- Mostrar **alivio**:
  - ¡Menos mal!
  - ¡Qué alivio/descanso!
- Mostrar **sorpresa**:
  - ¡No me digas!
  - ¿De verdad?
  - ¿En serio?

> Fíjate:
> En la cultura hispana, el silencio ante lo que otra persona está contando se interpreta como falta de interés, no como muestra de respeto. Por eso es importante aprender estas expresiones que sirven para mantener una conversación.

Unidad 12: Hemos conectado

Pretérito perfecto: hablar de experiencias

- Recuerda que el pretérito perfecto se forma con el verbo auxiliar ***haber*** y el **participio** del verbo principal:

  Esta mañana ***he ido*** *a trabajar y después* ***he comido*** *con unos amigos.*
  Hoy ***hemos quedado*** *para ir a la sierra.*

  - El participio no cambia de género ni de número:

    He ***leído*** *un libro muy interesante. / Hemos* ***leído*** *un libro muy interesante.*

> Recuerda:
> Algunos participios **irregulares** son:

abrir	›	**abierto**	hacer	›	**hecho**	romper	›	**roto**
decir	›	**dicho**	morir	›	**muerto**	ver	›	**visto**
escribir	›	**escrito**	poner	›	**puesto**	volver	›	**vuelto**
cubrir	›	**cubierto**	resolver	›	**resuelto**	descubrir	›	**descubierto**

> *¿Dónde* ***habéis puesto*** *el portátil?* *Marisa* ***ha vuelto*** *hace poco.*

- Como ya sabes, el pretérito perfecto se usa para hablar de **acciones terminadas** en un **tiempo** aún **no terminado** o que percibimos como presente. En este caso es frecuente encontrar el pretérito perfecto acompañado de expresiones temporales que están relacionadas con el presente:

  Esta semana/Este mes/Este año *no he viajado.*
  Hoy *hemos visto a Esteban.*

- Además, el pretérito perfecto se utiliza para hablar de **experiencias vividas o no** de una manera general, sin una idea de tiempo.

  He leído el último libro de Muñoz Molina y me ha encantado.

  – En este caso, o bien no hay marcadores temporales, como en el ejemplo anterior, o se usan marcadores que tienen un carácter general que abarca el presente:

  ***Nunca** he estado en Berlín.*
  *¿Has viajado **alguna vez** en avión?*
  ***Hasta ahora** hemos visitado veinte países.*
  *He venido **muchas veces** a esta playa.*

Contraste *ya/todavía no, aún no*

Cuando hablamos de planes realizados o no, usamos ***ya*** para preguntar o confirmar su realización y ***todavía no, aún no*** para preguntar o indicar su no realización hasta el momento:

▶ *¿Has terminado **ya** el ejercicio?*
▷ *Sí, **ya** lo he terminado hace rato.*

▶ *¿**Todavía no** has visto el concurso de Tele 5?*
▷ *No, **aún no** lo he visto.*

Contraste *conocer/saber*

Usamos el verbo ***conocer*** para referirnos a **experiencias**: lugares donde hemos estado, personas que hemos encontrado, cosas que hemos experimentado antes. El verbo ***saber*** sirve, en cambio, para hablar de **conocimientos** y **habilidades**:

*No **conozco** a Juan.*
*¿**Conoces** mi país?*
*¿**Sabes** hablar francés?*
*No **sé** dónde está Ana.*

La negación

- Para negar en español, además del adverbio ***no***, podemos usar otros elementos, como ***nunca***, ***jamás***, ***tampoco***, ***nadie***...:

  ***Nunca** hemos viajado en barco.*

- Cuando estas expresiones negativas van después del verbo, se construyen con el adverbio ***no***. Es la doble negación:

  ***No** hemos viajado **nunca** en barco.*

- La conjunción ***ni*** equivale a ***y no***:

  *No lo he hecho **ni** lo voy a hacer.*

  También es posible usar ***ni... ni***, que hace la negación más enfática:

  *No han venido **ni** Marta **ni** Luisa.*

Decimales

- Los decimales se pueden separar con una coma (,) o un punto (.).
- Para expresar los decimales puedes usar ***con***, ***coma*** (si el decimal va separado por coma) o ***punto*** (si va separado por punto):

  90,1/90.1: *noventa **con** uno* o ***coma/punto** uno*
  3,9/3.9: *tres **con** nueve* o ***coma/punto** nueve*
  0,7/0.7: *cero **con** siete* o ***coma/punto** siete*

Unidad 13: Vivencias

Pretérito indefinido irregular (2)

Hay un grupo numeroso de verbos que tienen una **irregularidad vocálica** en la raíz o en la terminación de la **tercera persona** singular y plural del pretérito indefinido:

	En la raíz		En la terminación	
	e › i	o › u	i › y	
	Pedir	**Dormir**	**Oír**	**Creer**
yo	pedí	dormí	oí	creí
tú	pediste	dormiste	oíste	creíste
él, ella, usted	p**i**dió	d**u**rmió	o**y**ó	cre**y**ó
nosotros/as	pedimos	dormimos	oímos	creímos
vosotros/as	pedisteis	dormisteis	oísteis	creísteis
ellos, ellas, ustedes	p**i**dieron	d**u**rmieron	o**y**eron	cre**y**eron

- Otros verbos con irregularidad e › i: pref**e**rir, el**e**gir, m**e**dir, m**e**ntir, corr**e**gir...
- Otro verbo con irregularidad o › u: m**o**rir.
- Los cambios en la terminación se producen en los que verbos cuya raíz termina en vocal. Otros verbos con la terminación irregular son constr**ui**r, destr**ui**r, incl**ui**r, distrib**ui**r, c**ae**r, l**ee**r...:
  constr**u-i**r › constr**ui**ó › constru**y**ó; c**a-e**r › c**ai**ó › ca**y**ó; l**e-e**r › l**ei**ó › le**y**ó...

Marcadores temporales de pretérito indefinido

En una biografía se encuentran **indicaciones temporales** (fechas, periodos, edades) y expresiones para relacionar unos hechos con otros.

- Para hablar de una **fecha**:
  - en... – el 17 de abril de 1919 – *a los/con* + edad

  En 2011 lanzó un álbum con poemas de su amigo Federico García Lorca.
  Nació el 17 de abril de 1919.
  A los 42 años publicó su primer álbum, Noche bohemia.
- Para hablar de la **duración** de una acción:
  - desde... hasta... – de... a...

  Chavela Vargas vivió en Costa Rica desde/de 1919 hasta/a 1935.
- Para **relacionar** dos momentos del pasado:
  - al cabo de... – después de...
  - a los dos días/tres meses – a las cinco semanas
  - a la mañana/al día siguiente
  - poco (tiempo)/dos días/un mes/un año **más tarde/después**

  ***Diez años después de** su llegada a México se hizo famosa.*
  ***Al cabo de 10 años** apareció en la película* Frida *interpretando "La llorona".*

> Recuerda:
> En las referencias temporales usamos la palabra ***hace*** cuando la acción sucedió dos o más días, semanas, meses o años atrás:
> ***La semana pasada** fui a Londres.*
> ***Hace dos semanas** fui a Londres.*

Contraste pretérito perfecto/pretérito indefinido

- Se utiliza el **pretérito perfecto** para hablar de **acciones terminadas** en un **tiempo no terminado** o de **experiencias vividas** sin importar el momento concreto en el que sucedió la acción:

  Esta tarde he estado en casa de mis padres.

  Nunca he estudiado japonés. (No he tenido la experiencia hasta ahora).

- El **pretérito indefinido** es un tiempo del pasado que expresa **acciones terminadas** en un **tiempo terminado**; por eso se usa para dar información sobre la vida de alguien, hablar de hechos históricos y acontecimientos del pasado o informar del tiempo que separa dos acciones:

  *Nació **en el año 2002**.*

  ***Ocho años después** regresó a su país.*

  *La guerra civil española comenzó **en el año 1936** y terminó **en 1939**.*

RAE

GRAMÁTICA

En los países de Hispanoamérica y en algunas zonas de España como Galicia, Asturias, parte de León y Canarias, se usa el pretérito indefinido en lugar del pretérito perfecto para hablar de acciones terminadas en un tiempo no terminado: *Estoy muy cansado porque **esta mañana salí** de casa muy temprano y **no llegué** hasta las nueve de la noche. **Fue** un día muy largo.*

En español de España se diría: *Estoy muy cansado porque **esta mañana he salido** de casa muy temprano y **no he llegado** hasta las nueve de la noche. **Ha sido** un día muy largo.*

Contar una anécdota

- Una **anécdota** es un **relato breve** sobre algún acontecimiento **curioso** o **divertido**.
- En la conversación es frecuente introducir la anécdota con expresiones como:
  - **¿Sabes lo que me pasó** ayer/el lunes/el otro día/cuando llegué a…?
  - **Te voy a contar una cosa** que me pasó ayer/el lunes/el otro día/cuando llegué a…
  - **Pues resulta que** ayer/el lunes/el otro día/cuando llegué a…
- El interlocutor contesta con:
  - **¿Qué te pasó?**
  - **Cuenta, cuenta…**
- Y reacciona a lo largo del relato con expresiones como:
  - **¡No me digas!**
  - **¡Qué bien/mal/(buena) suerte/mala suerte…!**
  - **¡Es increíble!**

Recuerda:
En español es necesario ir reaccionando ante lo que narra el interlocutor. El silencio absoluto se interpreta como falta de interés.

Unidad 14: ¿Cómo era antes?

Hablar del tiempo atmosférico

- Para **describir el tiempo atmosférico** podemos usar:
  - **Hace** calor, sol, frío, aire/viento, fresco...
  - **Llueve./Está lloviendo.**
  - **Nieva./Está nevando.**

  Los verbos *llover* y *nevar* solo se usan con el verbo en **tercera persona del singular**.
  - **Hay** nieve, tormenta, niebla, relámpagos, nubes...
  - **Está** nublado, despejado, soleado...
  - **La temperatura es** alta, baja/**Estamos a** X grados (centígrados).
- Se puede hablar del tiempo de manera general con las expresiones ***hace buen tiempo*** (si hace sol o calor) y ***hace mal tiempo*** (si llueve o hace frío).
- Para hablar de las características del **clima** o el **tiempo** de un lugar, una estación o un mes del año, puedes usar estos adjetivos:
  - Relacionados con el **tipo de clima**: mediterráneo, oceánico, continental...
  - Relacionados con la **temperatura**: frío/a, templado/a, cálido/a, suave, duro/a, extremo/a...
  - Relacionados con la **lluvia**: húmedo/a, seco/a.

  *La primavera en Madrid es muy **húmeda**.*

  *Agosto en Sevilla es muy **cálido**.*

  *En Valencia hay clima **mediterráneo**.*

  *La temperatura en septiembre es **templada**.*

Pretérito imperfecto de indicativo: forma y usos

- El **pretérito imperfecto** tiene dos terminaciones distintas, una para los verbos que terminan en *-ar* y otra para los que terminan en *-er* e *-ir*:

	Hablar	**Leer**	**Escribir**
yo	habl**aba**	le**ía**	escrib**ía**
tú	habl**abas**	le**ías**	escrib**ías**
él, ella, usted	habl**aba**	le**ía**	escrib**ía**
nosotros/as	habl**ábamos**	le**íamos**	escrib**íamos**
vosotros/as	habl**abais**	le**íais**	escrib**íais**
ellos, ellas, ustedes	habl**aban**	le**ían**	escrib**ían**

- Este tiempo solo tiene **tres verbos irregulares**:

Ser	**Ir**	**Ver**
era	**iba**	**veía**
eras	**ibas**	**veías**
era	**iba**	**veía**
éramos	**íbamos**	**veíamos**
erais	**ibais**	**veíais**
eran	**iban**	**veían**

- El **pretérito imperfecto** es un tiempo del pasado que se usa para:
  - **Describir** en pasado:

    *La clase **era** grande. La profesora **se llamaba** Inés y **era** chilena.*
  - Hablar de **acciones habituales** en el pasado:

    ***Me levantaba** a las ocho, **salía** a las nueve y **cogía** el autobús.*
  - Hablar de una **acción** en pasado **interrumpida** por otra acción en pasado:

    ***Veía** una película cuando me llamaste.* (La acción de *ver* es interrumpida por la acción de *llamar*).
  - El imperfecto se usa también para pedir algo con **cortesía**. En este caso, el imperfecto es presente:

    ▶ ***Quería** pedirte un favor...* ▷ *Dime. Si puedo ayudarte, lo haré.*

Contraste de los tiempos del pasado

- El **pretérito imperfecto** presenta la acción en un tiempo pasado, pero **sin especificar el comienzo o el final** de la misma:

  Estaba lloviendo.

  Por esta razón el imperfecto es el tiempo que usamos para la **descripción**, para hablar de las **circunstancias** que rodean a los **hechos o acciones**:

  ***Estaba** lloviendo y por eso me quedé/he quedado en casa.*

- Los hechos o acciones se expresan en **pretérito perfecto** si son hechos o acciones terminados en relación con el presente, o en **pretérito indefinido** si son hechos o acciones terminados en relación con el pasado:

  ***Era** medianoche y **llovía** mucho. La calle **estaba** oscura y **había** poco tráfico. De repente, un coche **se detuvo**, la ventanilla del conductor **se abrió** y **vi** que era Luisa, una compañera de la universidad. Desde aquella noche no nos **hemos separado** y **hemos vivido** momentos muy felices.*

- El **pretérito imperfecto** también se usa para hablar de acciones **habituales** del pasado sin indicar su final:

  *De pequeña **iba** al parque todas las tardes y **jugaba** con mis amigos.*

Pretérito pluscuamperfecto de indicativo

- El **pretérito pluscuamperfecto** de indicativo es un tiempo del **pasado** que se forma con el **pretérito imperfecto** del verbo *haber* y el participio del verbo principal:

yo	**había**	
tú	**habías**	habl**ado**
él, ella, usted	**había**	com**ido**
nosotros/as	**habíamos**	viv**ido**
vosotros/as	**habíais**	
ellos, ellas, ustedes	**habían**	

- El pretérito pluscuamperfecto se usa para hablar de una acción terminada que precede a otra acción también terminada; es decir, es un **pasado anterior a otro pasado**:

  *Cuando llegué a casa, tú ya **habías salido**.*
  (La acción de salir es anterior a la de llegar).
  *No fui al cine con ellos porque ya **había visto** la película.*
  (La acción de ver es anterior a la de ir).

- También sirve para hablar de una **experiencia** que se tiene **por primera vez**:

  *Nunca antes **había probado** un plato tan picante como este.*

- Por último, se usa para expresar la **inmediatez** de dos acciones en el pasado:

  *Le pedí que viniera a verme y, a la media hora, ya **había llegado**.*

> Recuerda:
> - Hay algunos participios irregulares: ***abierto, cubierto, dicho, escrito, hecho, muerto, puesto, resuelto, roto, satisfecho, visto, vuelto...***
> - También son irregulares los participios de verbos derivados de estos, como ***descubierto, deshecho, previsto, propuesto...***
> - El participio es invariable en género y número: *él **había** dicho, ella **había** dicho, ellos **habían** dicho...*
> - Con los verbos reflexivos, el pronombre se coloca delante del verbo: ***me** había peinado, **te** habías levantado, **se** había dormido...*

Marcadores temporales: *antes, después, mientras, siempre* y *cuando*

Estos **marcadores temporales** son un recurso fundamental de la narración porque **relacionan dos acciones** y permiten saber en qué momento ocurre cada una de ellas.

- *Antes* se usa para indicar una acción que **precede** a otra u otras:
  *Juan ha llegado **antes**, luego he venido yo.*
- *Después* sirve para expresar **posterioridad**, equivale a *más tarde, luego*:
  *Ayer comí y **después** me fui a clase.*
- *Mientras* se utiliza para hablar de acciones **simultáneas**:
  ***Mientras** cenábamos, vimos las noticias.*
- *Siempre*, que significa 'en todo o cualquier tiempo', se usa para hablar de **hábitos**:
  ***Siempre** se duchaba antes de acostarse.*
- *Cuando* sirve para indicar el tiempo en el que **ocurre algo**:
  ***Cuando** nací, mi madre tenía 27 años.*

Unidad 15: Dentro de 50 años

Futuro simple

- El **futuro simple** se forma con el infinitivo y las siguientes terminaciones:

	Estudiar	Beber	Vivir
yo	estudiar**é**	beber**é**	vivir**é**
tú	estudiar**ás**	beber**ás**	vivir**ás**
él, ella, usted	estudiar**á**	beber**á**	vivir**á**
nosotros/as	estudiar**emos**	beber**emos**	vivir**emos**
vosotros/as	estudiar**éis**	beber**éis**	vivir**éis**
ellos, ellas, ustedes	estudiar**án**	beber**án**	vivir**án**

Fíjate:
Las terminaciones son las mismas para las tres conjugaciones, incluidos los verbos irregulares.

- En este tiempo verbal solo hay doce verbos irregulares:

caber › **cabré**	saber › **sabré**	valer › **valdré**
haber › **habré**	poner › **pondré**	venir › **vendré**
poder › **podré**	salir › **saldré**	decir › **diré**
querer › **querré**	tener › **tendré**	hacer › **haré**

- Utilizamos el **futuro simple** para hablar de **acciones** y **planes** que se van a realizar en el **futuro**:
  *La próxima semana **iré** a Santiago de Chile.*
- También sirve para hacer **predicciones** y para hacer **promesas** con *te prometo/juro* + *que*:
  *El próximo verano **será** muy caluroso.* ***Te prometo que** te **llamaré** lo antes posible.*
- Este tiempo se usa también para hacer **suposiciones** o **hipótesis** referidas al presente:
  ▶ *¿Por qué no ha venido Pedro?*
  ▷ *Es que está enfermo.* (Lo sé).
  ▶ *No sé; **estará** enfermo.* (Lo supongo).

  En este caso, el futuro equivale al presente.

Marcadores temporales de futuro

Estos son algunos de los marcadores temporales de futuro más comunes:

- **esta** tarde/noche/semana
- la semana **próxima**
- **dentro de**...
- **este** mes/año
- el mes/año **próximo**
- **desde/a partir de**...
- **en**...
- la semana/el mes/el año **que viene**

*El año **que viene/próximo** será un gran año.*
Esta tarde iré al cine.
Este año compraremos un coche nuevo.
A partir de mañana estará de vacaciones.
Dentro de dos años viajaremos a África.
En agosto nos cambiaremos de piso.

> Fíjate:
> Con el demostrativo *(esta tarde, este mes)* podemos referirnos al pasado o al futuro:
> *Esta tarde **iré** al cine.* *Esta tarde **he ido** al cine.*

Hablar del futuro

Además del futuro, recuerda que se pueden usar también estas otras estructuras para referirte a acciones que todavía no han sucedido:

- **Presente** de indicativo
  *Mañana **voy** a la universidad.*
- *Ir* + *a* + infinitivo
  *El mes que viene **voy a** viajar a París.*
- *Pensar/Querer* + infinitivo
  *A partir de mañana **quiero/pienso** cambiar mis hábitos de consumo.*

Con *pensar/querer* + infinitivo se expresa una **intención**, un **deseo**, y puede no producirse la acción.

La primera condicional

- Para hablar de acciones futuras que dependen de una **condición** se usa la estructura *si* + presente de indicativo + futuro simple:
  ***Si tengo** tiempo, te **llamaré**.*
- También es posible usar el presente de indicativo en la segunda parte de la frase para dar la idea de **inmediatez** o para expresar un **hábito** o **costumbre**:
  *Si tengo tiempo, te **llamo**, no te preocupes.* (Inmediatez).
  *Si salgo pronto del trabajo, **voy** al gimnasio.* (Hábito o costumbre).

Hacer predicciones

Seguramente Probablemente Posiblemente Creo que Me imagino que Seguro que Supongo que	+ futuro simple

***Seguro que** en 50 años habrá menos enfermedades.*

Imperativo afirmativo y negativo

- **Imperativo afirmativo regular**:

	Hablar	Beber	Vivir
tú	habla	bebe	vive
usted	hable	beba	viva
vosotros/as	hablad	bebed	vivid
ustedes	hablen	beban	vivan

- El **imperativo afirmativo irregular** mantiene las irregularidades vocálicas del presente de indicativo:
  - e › ie: piensa, piense, pensad, piensen
  - o › ue: cuelga, cuelgue, colgad, cuelguen
  - u › ue: juega, juegue, jugad, jueguen
  - e › i: pide, pida, pedid, pidan
  - i › y: huye, huya, huid, huyan

- Otros irregulares:
  - **sé**, **sea**, sed, **sean**
  - **ten**, **tenga**, tened, **tengan**
  - **haz**, **haga**, haced, **hagan**
  - **pon**, **ponga**, poned, **pongan**
  - **sal**, **salga**, salid, **salgan**
  - **ven**, **venga**, venid, **vengan**
  - **ve**, **vaya**, id, **vayan**
  - **di**, **diga**, decid, **digan**
  - **oye**, **oiga**, oíd, **oigan**

- El **imperativo negativo** se forma a partir de la forma *usted* del afirmativo añadiendo *-s* para *tú* e *-is* para *vosotros/as*:

	Hablar	Beber	Vivir
tú	no hables	no bebas	no vivas
usted	no hable	no beba	no viva
vosotros/as	no habléis	no bebáis	no viváis
ustedes	no hablen	no beban	no vivan

- El **imperativo negativo irregular** tiene, por regla general, las mismas irregularidades que la forma *usted* del imperativo afirmativo:

Empezar	Dormir	Pedir	Tener	Salir	Decir
no empieces	no duermas	no pidas	no **tengas**	no **salgas**	no **digas**
no empiece	no duerma	no pida	no **tenga**	no **salga**	no **diga**
no empecéis	no durmáis	no pidáis	no **tengáis**	no **salgáis**	no **digáis**
no empiecen	no duerman	no pidan	no **tengan**	no **salgan**	no **digan**

  – Los verbos en e › ie, o › ue son regulares en vosotros/as: *no empecéis, no volváis...*
  – Los verbos en e › ie terminados en *-ir* (*divertirse, sentir...*) cambian e › i en ***vosotros/as:*** *no pidáis, no sintáis...*
  – Los verbos *dormir* y *morir* cambian o › u en ***vosotros/as***: *durmáis, muráis.*

- Algunos verbos tanto regulares como irregulares cambian su ortografía para conservar el sonido del infinitivo, pero este cambio no se considera una irregularidad: *no apagues, practique, no cojas, realice...*

RAE

GRAMÁTICA

- En el español de América, tú y vos alternan en el imperativo negativo según las zonas geográficas: *(tú) no cantes/(vos) no cantés, (tú) no comas/(vos) no comás, (tú) no partas/(vos) no partás...*
- La forma voseante del imperativo negativo, tanto regular como irregular, se forma a partir de la persona *vosotros/as* del imperativo negativo que acabas de estudiar, suprimiendo la ***i*** de la terminación: *no cantéis › no cantés; no seáis › no seás; no tengáis › no tengás; no durmáis › no durmás...*

*No **empecés** vos ahora con tu melancolía, que bastante bien te va yendo en la vida.*

Imperativo y pronombres

- En el imperativo **afirmativo** los pronombres van después del verbo y forman una sola palabra con él ***(ábrela, levántese).***
  - Cuando hay dos pronombres, uno de objeto directo y otro de objeto indirecto, el orden es imperativo + pronombre de OI + pronombre de OD: *dímelo.*
  - Como ocurre con otras formas verbales, si el objeto indirecto es de tercera persona *(le, les)* y coincide con un objeto directo *(lo, la, los, las), le, les* se sustituyen por ***se***: *díselo.*
  - Con el pronombre ***os***, la ***-d*** del imperativo afirmativo de 2.ª persona del plural desaparece:
    Lava~~d~~os las manos. › *Lavaos las manos.*
- En el imperativo **negativo** los pronombres se colocan delante del verbo, igual que ocurre con otros tiempos verbales:
  *No **lo** comas.* *No **os** acostéis tan tarde.* *No **se lo** deis.*

Expresar obligación y posibilidad o capacidad

- Para expresar **obligación** se utilizan las siguientes estructuras:
  - ***Deber*** + infinitivo
    *El título de un anuncio **debe** ser breve y conciso.*
  - ***Tener que*** + infinitivo
    *Los anuncios **tienen que** tener un diseño llamativo y un* banner *muy visual.*
- Para expresar posibilidad se usa ***poder*** + infinitivo:
  *Con internet se **puede** llegar a un mayor número de personas por poco dinero.*

Dar consejos, instrucciones y órdenes

- Para dar **consejos** e **instrucciones** es muy frecuente el uso del imperativo:
  ***Leed** bien los enunciados del examen antes de contestar. Así evitaréis errores.*
  ***Disfrutad**. ¡Estáis de vacaciones!*
  ***Sigue** recto y **coge** el metro en plaza de España.*
- Para dar **órdenes** se usa el imperativo en situaciones familiares o donde hay confianza. También se puede usar en otros contextos, pero acompañado de palabras como ***por favor, si no te importa, si no es molestia***, etc., para no ser descorteses:
  ***No entres** en la cocina. El suelo está mojado.*
  *Mario, **por favor, si no te importa, tráeme** el informe del Sr. Ávalos.*
- En las órdenes generales y letreros dirigidos a un interlocutor desconocido, también puede usarse el imperativo:
  ***Conduzca** con precaución.*
  ***Tengan** cuidado con el escalón.*

Pedir permiso y formular peticiones

Para **pedir permiso** y **formular peticiones**, puedes usar:

- ¿***Poder*** + infinitivo?
  *¿**Puedo** pasar?*
  *¿**Podemos** salir antes del trabajo?*
- Imperativo
  ***Ayúdame** a terminar este trabajo, por favor.*
  ***Comprad** el pan antes de volver a casa.*

Conceder permiso

Para **conceder permiso** y **responder afirmativamente** a una petición, puedes usar:

- ***Sí, sí,/Claro que sí,/Desde luego,/Por supuesto,*** + imperativo
  ▶ *¿Puedo entrar?* ▷ ***Por supuesto**, pasa.*
- Imperativo **repetido**
  *Sí, **pasa, pasa**.*

Presente de subjuntivo regular e irregular

El **presente de subjuntivo regular** tiene las siguientes terminaciones:

	Trabajar	Comer	Escribir
yo	trabaje	coma	escriba
tú	trabajes	comas	escribas
él, ella, usted	trabaje	coma	escriba
nosotros/as	trabajemos	comamos	escribamos
vosotros/as	trabajéis	comáis	escribáis
ellos, ellas, ustedes	trabajen	coman	escriban

Fíjate:
- Los verbos en *-er* e *-ir* tienen las mismas terminaciones.

- Las formas irregulares en presente de subjuntivo se construyen a partir de las formas irregulares en presente de indicativo con algunos cambios.
- Verbos con **irregularidad vocálica**:

e › ie	o › ue	e › i	i › y
Pensar	**Volver**	**Pedir**	**Huir**
p**ie**nse	v**ue**lva	p**i**da	hu**y**a
p**ie**nses	v**ue**lvas	p**i**das	hu**y**as
p**ie**nse	v**ue**lva	p**i**da	hu**y**a
pensemos	volvamos	p**i**damos	hu**y**amos
penséis	volváis	p**i**dáis	hu**y**áis
p**ie**nsen	v**ue**lvan	p**i**dan	hu**y**an

Fíjate:
- Los verbos que cambian *e* › *i* e *i* › *y* son irregulares en **todas las personas** en presente de subjuntivo.
- Los verbos *morir* y *dormir*, además del cambio *o* › *ue*, cambian *o* › *u* en las personas ***nosotros/as*** y ***vosotros/as***: *d**u**rmamos, d**u**rmáis; m**u**ramos, m**u**ráis.*

- Los verbos que tienen irregular la **persona *yo*** del presente de indicativo también son irregulares en presente de subjuntivo, pero en todas las personas: hacer › **hago** › **haga, hagas, haga, hagamos, hagáis, hagan**.
  - Otros verbos: oir › **oiga**; poner › **ponga**; caer › **caiga**; conducir › **conduzca**…
- Algunos verbos tienen una **irregularidad propia** en este tiempo:

Estar › **esté, estés, esté, estemos, estéis, estén**
Haber › **haya, hayas, haya, hayamos, hayáis, hayan**
Saber › **sepa, sepas, sepa, sepamos, sepáis, sepan**
Ser › **sea, seas, sea, seamos, seáis, sean**
Ir › **vaya, vayas, vaya, vayamos, vayáis, vayan**
Ver › **vea, veas, vea, veamos, veáis, vean**

Fíjate:
Hay formas verbales, tanto regulares como irregulares, que sufren cambios ortográficos para conservar el sonido del verbo en infinitivo: *se**gu**ir › si**g**a; co**c**er › cue**z**a; reco**g**er › reco**j**a; bus**c**ar › bus**que**…*

Las oraciones subordinadas sustantivas (1)

- El subjuntivo se usa en estructuras que sirven para:
  - Dar **consejos** y hacer **recomendaciones**: *Te **aconsejo** que **veas** esa película.*
  - Expresar **permiso** y **prohibición**: *Te **prohíbo** que **salgas** de casa.*
  - Expresar **deseos** y hacer **peticiones**: ***Espero** que mañana **haga** mejor tiempo.*
    ***Quiero** que **vayamos** a la sierra este fin de semana.*
- En los verbos que expresan consejo, recomendación, prohibición o permiso hay dos estructuras que se usan indistintamente:
  *Te aconsejo **que vayas** al médico. = Te aconsejo **ir** al médico.*
  *Os prohíbo **que salgáis** de noche. = Os prohíbo **salir** de noche.*
- En los verbos que expresan deseos o peticiones, si el sujeto del verbo principal es el mismo que el del segundo verbo, se usa infinitivo:
  Quiero (yo) ***que vayamos*** (nosotros) *a la sierra.* *Quiero* (yo) ***ir*** (yo) *a la sierra.*

Expresar hipótesis o probabilidad

- Quizá(s)
  *Juan no ha llegado aún; **quizá** se ha dormido.*
- Es probable/posible
  ▶ *Esta tarde va a llover.*
  ▷ *Sí, **es probable**.*
- Puede ser
  ▶ *¿Irás luego a la biblioteca?*
  ▷ *Sí, **puede ser**.*

Organizar el discurso

Recuerda que estas palabras y expresiones ayudan a organizar los argumentos y las acciones que dan forma a un discurso:

- **Introducir** un primer argumento: ***para empezar, en primer lugar, antes de nada...***
- **Añadir** argumentos: ***por otro lado, también, tampoco, además...***
- **Concluir** la argumentación: ***por último, para terminar, en último lugar...***

Unidad 18: Un poco de educación

Las oraciones subordinadas sustantivas (2)

- Verbos que expresan **percepción**, **comunicación**, **entendimiento** o **certeza**:

Percepción	Comunicación	Entendimiento	Certeza
comprobar, darse cuenta de, intuir, notar, observar, oír, percibir, reconocer, saber, ver...	comentar, comunicar, contar, contestar, decir, escribir, explicar, prometer, referir...	acordarse de, creer, entender, imaginar, opinar, parecer, pensar, recordar, soñar...	*ser/estar* + adjetivo/adverbio + *que*: **es** cierto, indudable, obvio, verdad... **está** claro, demostrado, probado... **estoy** seguro/a, convencido/a de...

- Con estos verbos el modo de la oración subordinada sigue este esquema:
  ***Creo que tenemos** buenos profesores.* (Verbo 1: afirmativo, verbo 2: indicativo)
  *¡**No me digas que** no **vienes**!* (Verbo 1: imperativo negativo, verbo 2: indicativo)
  *¿**No crees que** es tarde?* (Verbo 1: pregunta afirmativa o negativa, verbo 2: indicativo)
  ***No creo que sea** buena idea.* (Verbo 1: negativo, verbo 2: subjuntivo)
- Si en la oración principal hay un verbo o una estructura que expresa **sentimiento** o **valoración subjetiva**, el modo de la subordinada sigue el siguiente esquema:
  *Me **encanta viajar**.* (Mismo sujeto en los dos verbos: verbo 2 en infinitivo)
  *Me **duele** que **digas** eso.* (Sujeto diferente: verbo 2 en subjuntivo)
- Este grupo de verbos también es muy numeroso:

Sentimiento	Valoración subjetiva
alegrarse de, avergonzarse de, divertirse, doler, encantar, entristecer, entusiasmar, fastidiar, gustar, importar, molestar, preferir, quejarse, soportar, sorprender...	– ***ser*** + adjetivo + ***que***: absurdo, bueno, conveniente, extraño, fácil, fantástico, importante, interesante, inútil, justo, lógico, magnífico, malo, maravilloso, mejor, necesario, ridículo, sorprendente... – ***estar*** + adverbio/adjetivo + ***que***: bien, mal, contento/a de, acostumbrado/a a, sorprendido/a de, encantado/a de, ilusionado/a con, orgulloso/a de, satisfecho/a de... – ***ser*** + nombre + ***que***: una lástima, una pena, una suerte...

> ☞ El infinitivo también se usa si estas expresiones hacen referencia a una idea general:
> ***Es difícil aprobar** este examen.*

Pretérito perfecto de subjuntivo

- El pretérito perfecto de subjuntivo es un tiempo compuesto que se forma con el verbo *haber* en presente de subjuntivo y el participio del verbo principal:

Trabajar	Comer	Vivir
haya trabajado	**haya** comido	**haya** vivido
hayas trabajado	**hayas** comido	**hayas** vivido
haya trabajado	**haya** comido	**haya** vivido
hayamos trabajado	**hayamos** comido	**hayamos** vivido
hayáis trabajado	**hayáis** comido	**hayáis** vivido
hayan trabajado	**hayan** comido	**hayan** vivido

Recuerda:
- Hay algunos participios irregulares que ya conoces: *escrito, visto, hecho, muerto...*
- El participio es invariable en género y número.

- El pretérito perfecto de subjuntivo equivale al pretérito perfecto de indicativo porque expresa una acción **pasada** en un tiempo **presente**:

  *Luis **ha llegado** tarde.* › *Me molesta que Luis **haya llegado** tarde.*

Locuciones con los verbos *dar* y *poner* para expresar sentimientos

- Con *dar* + sustantivo se forman muchas expresiones de sentimiento y emoción que tienen la misma estructura que el verbo *gustar*. Fíjate en estos ejemplos:

  ***Me da miedo** que conduzcas la moto.*
  ***Les da pena/lástima** decirte esto.*
  ***Nos da mucha alegría** que ya estés aquí.*
  ***Me da vergüenza** hablar en clase.*

  En algunos casos, ***dar*** se combina con otros elementos:

  ***Me da igual** ir o que vengas.*

- Con el verbo *poner* + adjetivo *(triste, contento/a, furioso/a, nervioso/a)* se forman también muchas expresiones de sentimiento y emoción:

  ***Me pone triste** leer tu correo.*
  *¿**Te pone nerviosa** que venga Susana?*

Fíjate:
Cuando estas expresiones se usan de manera personal y reflexiva, se construyen con ***cuando/si*** + indicativo:
***Me pongo triste cuando** llueve.*
*Mis padres **se ponen nerviosos si** me retraso.*

Expresar acuerdo, acuerdo parcial o desacuerdo con una opinión

- Para expresar **acuerdo** con la opinión de otra persona puedes usar:
  Yo estoy (totalmente) de acuerdo con...
  Tiene(s) (toda la) razón.
  Sí, es verdad.

- Para expresar **acuerdo parcial** se usa:
  Yo estoy de acuerdo, pero solo en parte porque + argumento
  Tienes razón, pero + argumento
  Sí, es verdad, pero + argumento

- Para expresar **desacuerdo** puedes usar:
  Yo no estoy (para nada) de acuerdo con... porque + argumento
  Está(s) (completamente) equivocado/a.
  No, eso no es verdad/cierto.

Unidad 19: ¿Para qué sirve?

Oraciones de relativo

- Las oraciones de relativo permiten unir frases que tienen un elemento en común llamado antecedente. Para ello, se usan los pronombres relativos. Los más usados son ***que*** y ***donde***:

  Tengo un **hijo** + mi **hijo** habla chino › *Tengo **un hijo que** habla chino.* (Antecedente: *hijo*)

- En las estructuras relativas con preposición usamos los artículos ***lo/el/la/los/las*** entre la preposición y ***que***. El artículo concuerda en género y número con el antecedente:

  *He perdido el boli **con el que** hago los exámenes.*

- En las estructuras de relativo con **antecedente conocido** el verbo va en **indicativo**:

  *Me han regalado **un libro que tiene** unas fotos fantásticas.*

- Cuando el antecedente es **desconocido**, solo conocemos sus características o lo **negamos**, se usa **subjuntivo**:

  *¿Hay **alguna escuela de música que esté** cerca de mi nuevo barrio?* (No sé si existe).
  *No hay robots que puedan** hacer los deberes por los estudiantes.* (Niego el antecedente).
  *Quiero comprar **un móvil que no sea** muy caro.*
  (Conozco las características del móvil que quiero, pero no sé si lo voy a encontrar).

Hacer hipótesis y expresar probabilidad

- Cuando queremos **hacer hipótesis** y **expresar probabilidad**, usamos las siguientes expresiones:

  Con **indicativo**:
  - a lo mejor
  - lo mismo
  - igual

  Con **indicativo** y **subjuntivo**:
  - quizá(s)
  - tal vez
  - probablemente
  - posiblemente
  - seguramente

  Con **subjuntivo**:
  - puede (ser) que
  - (no) es + posible/probable/imposible + que

> Fíjate:
> En las expresiones que pueden llevar indicativo o subjuntivo, si el hablante usa el indicativo cree que su suposición es más probable que si usa el subjuntivo.

A lo mejor Laura no viene porque está enferma.
Tal vez hay/haya menos tráfico porque es domingo.
Probablemente tengamos/tenemos/tendremos buen tiempo este fin de semana.

- Recuerda que también es frecuente hacer suposiciones con el **futuro simple**:

  *¿Qué hora **será**? Se me ha estropeado el reloj…*

Oraciones finales

- Como ya has visto antes, cuando queremos expresar la **utilidad** o **función** de un **objeto**, o el **objetivo** o **finalidad** de una **acción**, se usa la preposición *para*. Hay dos construcciones diferentes:
  - Si los **verbos** tienen el **mismo sujeto**, se usa *para* + infinitivo:
    *La NASA viajará a Marte **para explorar** el planeta.* (La NASA quiere explorar Marte).
  - Si los **verbos** tienen **diferentes sujetos**, se usa *para que* + subjuntivo:
    *La ciencia está trabajando **para que tengamos** un futuro mejor.*
    (**La ciencia** quiere que **nosotros** tengamos un futuro mejor).

Además de *para*, existen otros **marcadores de finalidad**:

- En **contextos formales** puedes usar *con el fin/el objetivo/el propósito/la finalidad de*:
  *Se realizarán obras **con el fin de** que los clientes disfruten de mejores instalaciones.*
- Con **verbos de movimiento** es frecuente utilizar la preposición *a*:
  ***Vinieron** ayer **a** verte, pero no estabas.* ***Ve** al médico **a** que te recete algo para la gripe.*

- Estos marcadores siguen la misma estructura que *para*: infinitivo si los sujetos son iguales y subjuntivo si son diferentes.

RAE

GRAMÁTICA

En el español del Caribe, Ecuador y Paraguay hay tendencia a usar el pronombre sujeto antepuesto al infinitivo subordinado en la construcción › preposición + sujeto + infinitivo :
*Yo tenía que conseguir un trabajo que me dejara mis horas libres **para yo poder** cumplir con mi casa.*

Describir la función o finalidad de un objeto

- Para describir la función o finalidad de los objetos, puedes usar:
  - ***Es/Sirve/Se usa/Se utiliza para*** + infinitivo/*que* + subjuntivo (mismo sujeto/sujeto diferente):
    *La tinta **es para** escribir.*
    *Las cacerolas **sirven para que** podamos cocinar los alimentos.*

- Para describir una **función distinta** a aquella para la que estaba diseñado el objeto, usamos:
  - ***Se usa/Se utiliza/Se emplea/Sirve como*** + sustantivo:
    *Una botella se **emplea como** florero.*
    *Un tenedor viejo **sirve como** utensilio de jardín.*

Preguntar o introducir una información y responder

- Para **preguntar** algo que se desconoce, se usa:
  ¿Sabes qué/si/cómo/cuándo/dónde...?
  *¿**Sabes cuándo** empezaron a poner ese bolsillo?*
  *¿**Sabes si** esta aguja sirve para algo?*
- Para responder **negativamente**, se usan las siguientes expresiones:
  Lo siento, (pero) no lo sé/no tengo ni idea.
- Para **introducir** una determinada **información** y saber si nuestro interlocutor la **conoce**, puedes usar:
  - ***¿Sabes/Sabías que*** + información*?*
    *¿**Sabes/Sabías que** la boca de la botella tiene esa forma para que sea más fácil cogerla con dos dedos?*
  - ***He leído/oído/visto que*** + información
    ***He oído que** el agujero de la cuchara de los espaguetis sirve para medir las raciones.*
- Para **responder**, puedes usar:
  Sí, ya lo sabía.
  No, no lo sabía/no tenía ni idea.

Unidad 20: El voluntariado

Futuro compuesto

- El **futuro compuesto** es un tiempo verbal que se forma con el verbo auxiliar *haber* en **futuro simple** y el participio del verbo principal:

	Estudiar	Entender	Repetir
yo	**habré** estudiado	**habré** entendido	**habré** repetido
tú	**habrás** estudiado	**habrás** entendido	**habrás** repetido
él, ella, usted	**habrá** estudiado	**habrá** entendido	**habrá** repetido
nosotros/as	**habremos** estudiado	**habremos** entendido	**habremos** repetido
vosotros/as	**habréis** estudiado	**habréis** entendido	**habréis** repetido
ellos, ellas, ustedes	**habrán** estudiado	**habrán** entendido	**habrán** repetido

Recuerda:
El participio no cambia de género ni de número: *yo habré **leído**/ella habrá **leído**/ellos habrán **leído**...*

- Recuerda que algunos participios son irregulares: *abierto, dicho, escrito...*

- El futuro compuesto se usa para indicar una **acción futura anterior** a otra **acción** o **momento** también **futuros**:
  *Mañana a las diez, Juan ya **habrá llegado** a casa, el avión aterriza a las ocho y media.*

- Se usa también para **expresar hipótesis** sobre sucesos del **pasado reciente**, es decir, dentro de un marco temporal que no se considera aún terminado. En este caso, el futuro compuesto equivale al pretérito perfecto:
  ***Habrá perdido** el tren y por eso no está todavía aquí.*
  *¿Por qué no me **habrán llamado** mis padres?*

RAE GRAMÁTICA
En el español de América (Uruguay, Argentina, Paraguay...) es posible usar el pretérito indefinido en lugar del futuro compuesto para expresar una acción futura anterior a otra acción o momento futuros:
*De seguir así, a la semana que viene ya **corrí** los 40 kilómetros.*

Oraciones temporales

- Las oraciones temporales ponen en relación dos o más acciones indicando **en qué momento** tiene lugar la acción de la oración principal.

- Con ***cuando, siempre que, cada vez que, hasta que, desde que*** y ***en cuanto*** se usa **indicativo** en **presente** y **pasado:**
  ***Cuando voy** al centro, **visito** a Pedro.* (El presente indica que son acciones habituales, *cuando* equivale a *siempre que*).
  ***Esperé** a Marta **hasta que llegó**.*
  - Para hablar de una **acción habitual** en **pasado** se usa el **pretérito imperfecto**:
    ***En cuanto salía** del trabajo, me **iba** al gimnasio.*

- Todos estos nexos temporales se construyen con **subjuntivo** para expresar **futuro**:
  ***Cuando tenga** tiempo, llamaré a Natalia.* ***Cada vez que** me **preguntes**, te contestaré lo mismo.*
  - No se puede usar el futuro con estos nexos, solo el **subjuntivo**:
    ***Cuando** ~~terminarás~~, avísame.* › ***Cuando termines**, avísame.*
  - Si *cuándo* es **interrogativo** o **interrogativo indirecto**, se puede construir con **futuro**:
    *¿**Cuándo volverás** a casa?* *No me has dicho **cuándo volverás** a casa.*

- Con *antes de* y *después de* se utiliza el **infinitivo** cuando el sujeto de las oraciones es el mismo y el **subjuntivo** si son diferentes:

  Hablaremos ***antes de irme****./Hablaremos* ***antes de que te vayas****.*

  Ordenaré mi habitación ***después de limpiar*** *la cocina./Ordenaré mi habitación* ***después de que limpies*** *la cocina.*

RAE

GRAMÁTICA

- La construcción no... hasta que (no)... indica que una acción no se produce antes de que otra suceda:

  La abuela ***no*** *dejó de chillar* ***hasta que*** *el niño atrapó al bicho y lo metió en el bote.*

  Le he dicho que ***no*** *lo voy a tocar* ***hasta que no*** *lo ponga quien tiene la obligación de hacerlo.*

  Ambas frases son correctas según indica la RAE. La segunda negación tiene un valor enfático. Esta construcción es más usual en el español de España.
- En algunas zonas de América, especialmente en México, en el área costera de Ecuador, en América Central y en Colombia, se produce el siguiente fenómeno: **se suprime la negación** delante del verbo en las oraciones con hasta, por lo que el enunciado se interpreta como a partir de:

  El licenciado estará disponible mañana jueves ***hasta*** *las diez horas.* ('A partir de las diez horas')

Contestar por escrito a un anuncio

Una comunicación escrita (carta o correo) para responder a un anuncio tiene esta estructura:

- **Saludo:**
  - Hola, Peter:
  - Estimado Peter:
- **Introducción:**
  - Me pongo en contacto contigo / con usted... porque...
- **Mensaje** con el contenido principal de la comunicación:
  - Me interesan mucho tus / sus clases porque...
  - Necesito que...
  - Me gustaría...
- **Despedida:**
  - Espero tu / su contestación.
  - Muchas gracias de antemano por tu / su atención.
  - Un (cordial) saludo.

Unidad 21: ¡Súmate!

Tú, usted y *vos. Ustedes* y *vosotros*

RAE

COMUNICACIÓN

- Tú y vos frente a usted. *Tú* es la forma empleada en España y en muchas zonas de América para el tratamiento informal o de confianza. El pronombre vos se usa en América mayoritariamente en el Cono Sur y en amplias zonas de América Central. En algunos países, como Chile, vos alterna con tú:

  ¿Qué hace un tipo como ***tú*** *despierto a estas horas?*

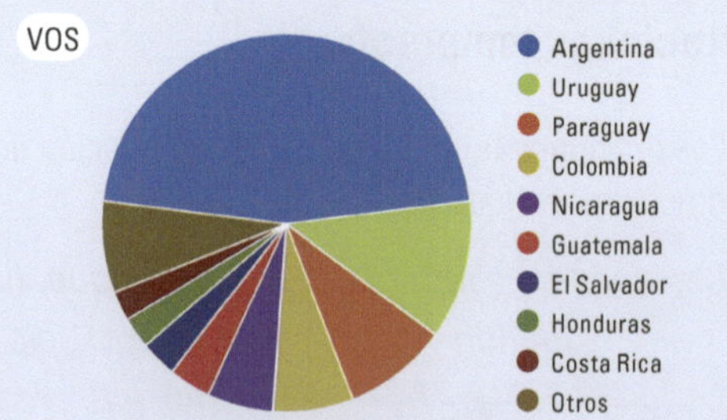

- Usted frente a tú y vos. *Usted* es la forma más empleada para el tratamiento formal. El pronombre usted implica cierto distanciamiento, cortesía y formalidad:

  ¿Cómo se puede uno poner en contacto con ***usted*** *aunque sea por correo electrónico?*

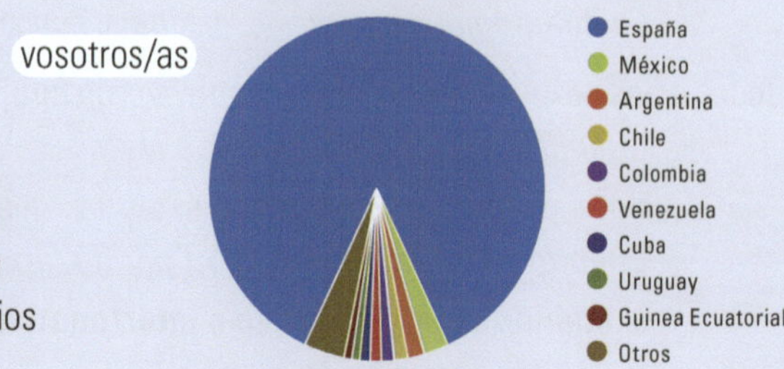

- El mismo valor formal presenta la forma de plural ustedes frente a vosotros/as en la mayor parte de España; en cambio, en todo el territorio americano y, dentro de España, en Andalucía occidental y Canarias, ustedes es la única forma empleada para dirigirse a varios interlocutores, tanto en el tratamiento formal como en el informal.

Condicional simple

- El **condicional simple** se forma añadiendo las siguientes desinencias (iguales en las tres conjugaciones) al infinitivo del verbo:

Estudiar	Beber	Vivir
estudiaría	bebería	viviría
estudiarías	beberías	vivirías
estudiaría	bebería	viviría
estudiaríamos	beberíamos	viviríamos
estudiaríais	beberíais	viviríais
estudiarían	beberían	vivirían

- Los verbos irregulares en condicional simple son los mismos que los del futuro simple, con las mismas irregularidades en la raíz:

caber ›	**cabría**	poner ›	**pondría**
querer ›	**querría**	valer ›	**valdría**
haber ›	**habría**	salir ›	**saldría**
saber ›	**sabría**	venir ›	**vendría**
poder ›	**podría**	hacer ›	**haría**
tener ›	**tendría**	decir ›	**diría**

Usos del condicional simple

- El condicional simple se usa para:
  - Expresar el **futuro del pasado**. En este caso, el condicional es un pasado:
    *Pensó que yo **iría** con ellos.*
  - Expresar **probabilidad** en pasado:
    *Ayer no vino porque **estaría** enfermo.*
  - Expresar **deseos o preferencias**:
    *Me **gustaría** organizar una fiesta de disfraces.*
  - Pedir **favores** o hacer **peticiones** de manera **cortés**:
    *¿**Podrías** traer más refrescos?*
    *¿Te **importaría** hablar más bajo?*
  - Pedir y dar **consejos**:
    *¿Tú te **comprarías** esta chaqueta?*
    *¿Crees que **tendría** que estudiar alemán?*
    *Yo/yo que tú/yo en tu lugar no **llevaría** esa ropa al concierto.*
    ***Deberías** ir al doctor.*
  - Hacer **sugerencias**, proponer **planes** o **invitar**:
    *¿Te **gustaría** cenar esta noche con nosotros?*
  - Hablar de situaciones **imaginarias**:
    *De las dos que se probó, yo no sé cuál **elegiría**.*
    *Yo en su situación **sería** muy feliz.*

El pretérito imperfecto de subjuntivo

- El **pretérito imperfecto de subjuntivo** se construye a partir de la tercera persona del plural del pretérito indefinido de indicativo y **tiene dos formas** que en la lengua coloquial se usan indistintamente:
  habla~~**ron**~~ › habla**ra**/habla**se**   comie~~**ron**~~ › comie**ra**/comie**se**   vivie~~**ron**~~ › vivie**ra**/vivie**se**

- Este es el paradigma de las **formas regulares**:

Hablar	Comer	Vivir
hablara/hablase	comiera/comiese	viviera/viviese
hablaras/hablases	comieras/comieses	vivieras/vivieses
hablara/hablase	comiera/comiese	viviera/viviese
habláramos/hablásemos	comiéramos/comiésemos	viviéramos/viviésemos
hablarais/hablaseis	comierais/comieseis	vivierais/vivieseis
hablaran/hablasen	comieran/comiesen	vivieran/viviesen

- Todos los verbos que son irregulares en pretérito indefinido lo son también en pretérito imperfecto de subjuntivo con el mismo tipo de irregularidad:
  preferir › pref**i**rieron › pref**i**riera / pref**i**riese
  dormir › d**u**rmieron › d**u**rmiera / d**u**rmiese
  tener › **tuvieron** › **tuviera** / **tuviese**
  poner › **pusieron** › **pusiera** / **pusiese**

- El pretérito imperfecto de subjuntivo es un **tiempo del pasado** que equivale en indicativo a los pretéritos imperfecto e indefinido, y que se usa como pasado de subjuntivo:

  Quiero que vengas. › *Quería que **vinieras**.*

  *Espero que **vayas**.* › *Esperaba que **fueras**.*

La segunda condicional

- La **segunda condicional** tiene la estructura *si* + imperfecto de subjuntivo + condicional simple:

  *Si **tuviera** 18 años, **me haría** socio de Greenpeace.*

  Observa que en este tipo de condicional se expresa una condición **difícil** de ser cumplida, **poco probable** o directamente **imposible**. En el ejemplo, es imposible porque no tengo 18 años.

Introducir una opinión

- ***Para*** + pronombre personal *(mí, ti, él, ella...)*/nombre propio...

  ***Para** mí/Pedro es importante que las empresas no sean contaminantes.*

- **A mí/Pedro... me/le... parece que...**

  ***A mí/Pedro me/le parece** importante **que** las empresas no sean contaminantes.*

- ***Según*** + pronombre personal *(tú, él, ella...)*/nombre propio/*mi idea/tu criterio/lo que ha dicho...*

  ***Según** lo que ha dicho el portavoz, no es verdad que todos los empleados tengan que ser del pueblo.*

- **En mi/tu/su opinión...**

  ***En su opinión**, no vale la pena realizar ningún cambio.*

- **Desde mi/tu/su punto de vista...**

  ***Desde mi punto de vista**, es bueno intentar recuperar la actividad en esta zona.*

Unidad 22: Rebobinamos

Usos de los pretéritos perfecto, indefinido, imperfecto y pluscuamperfecto (repaso)

- Usamos el **pretérito perfecto** para:
  - Hablar de **acciones terminadas** en un **tiempo aún no terminado** o que percibimos como presente:

    ***Esta semana he ido** a la playa.*

    ***Hoy he tenido** un mal día.*
  - Hablar de una **experiencia** en general, sin una idea de tiempo:

    ***¿Has estado alguna vez** en Argentina?*

    ***Nunca he comido** paella.*

- Usamos el **pretérito indefinido** para:
  - Expresar **acciones terminadas** en un **tiempo pasado** que no tiene relación con el presente:

    ***El año pasado viajé** a México.*
  - Dar información sobre la **vida** de una persona:

    *Ana **nació** en Sevilla en 2005.*
  - Hablar de **hechos históricos** y acontecimientos del pasado:

    ***La guerra civil española terminó** en el año 1939.*

- Usamos el **pretérito imperfecto** para:
  - **Describir** en pasado:
    *La casa **era** muy **bonita** y **tenía un jardín** muy grande con piscina.*
  - Hablar de **acciones habituales** en el pasado:
    ***Iba** al gimnasio **todos los días** y después **quedaba** con mis amigos.*
  - Referirnos a una **acción** no terminada, **durativa**, en el momento en que otra sucede:
    ***Hablaba** con María cuando **sonó** el teléfono.*
- Usamos el **pretérito pluscuamperfecto** para:
  - Hablar de una **acción terminada anterior a otra** también **terminada**:
    *No **fui** al cine porque ya **había visto** la película.*

RAE

GRAMÁTICA

Recuerda que en los países hispanohablantes de América y en algunas zonas de España se prefiere el pretérito indefinido en lugar del pretérito perfecto para hablar de acciones terminadas en un tiempo no terminado.

Contraste pretérito perfecto/pretérito indefinido/pretérito pluscuamperfecto/pretérito imperfecto (repaso)

- Los **pretéritos perfecto, indefinido y pluscuamperfecto** expresan **acciones terminadas**. El perfecto lo hace en relación con el presente, el indefinido, con el pasado y el pluscuamperfecto con perfecto o indefinido. Usamos estos tiempos para la **narración**.
- El **pretérito imperfecto** presenta la acción en un tiempo pasado, pero sin especificar su comienzo o su final. Por eso el imperfecto es el tiempo que usamos para la **descripción**, para hablar de las **circunstancias** que rodean los hechos. Puede usarse junto al perfecto o al indefinido:

  ***Hoy he comido** unas croquetas que **estaban** buenísimas.*
  ***Ayer comí** unas croquetas que **estaban** buenísimas.*
  *Cuando **salí**, el cielo **estaba** muy oscuro y ya **había empezado** a llover.*

Usos del subjuntivo (repaso)

- Expresar **deseos** y **preferencias**: La estructura *que* + presente de subjuntivo se usa para manifestar buenos deseos a otras personas.

  ***Espero** que **tengas** mucha suerte en el examen.*
  ***Ojalá** Marta **llegue** pronto y nos cuente lo que ha pasado.*
  *¡**Que os divirtáis** mucho en la fiesta!*
- Hacer **peticiones**.

  ***Os rogamos** que nos **esperéis**, terminamos enseguida.*
  *Laura me **pidió** que la **acompañara** al aeropuerto.*
- Dar **consejos** y hacer **recomendaciones**, dar **órdenes**, expresar **permiso** y **prohibición**: Este tipo de verbos se construyen con infinitivo o con *que* + subjuntivo.

  *Te **aconsejo** que **hables** con el director.*
  *Nos **ordenaron** que **saliéramos** del edificio.*
  *El profesor **ha dejado** que **salgamos** antes de tiempo.*
  *Mi padre me **ha prohibido** que **vaya** al concierto.*

- Expresar **sentimientos** y **estados de ánimo**.

  Me alegro de que ya estés mejor.

  A Juan le da pena que no podáis ir a su boda.

  ¿No te pone nervioso que tu jefa te hable así?

  No me molesta que lo hagas tú, pero prefiero hacerlo yo.

- Expresar **opinión** y **percepciones**: Los verbos que expresan percepción, comunicación, entendimiento o certeza se construyen con *que* + **indicativo** cuando el verbo principal es afirmativo y con **subjuntivo** si van en forma negativa.

  Creo que Juan se ha equivocado, pero no creo que lo haya hecho a propósito.

  Yo, desde luego, no oí que Carmen dijera eso.

  Sara no dijo que estuviera enfadada, dijo que estaba muy cansada.

  No es verdad que hayan cambiado la hora de la reunión.

- Expresar **juicios de valor**: Se construyen con *ser* y *parecer* + sustantivo o adjetivo valorativos o *estar* + adverbio valorativo.

  Me parece bien que busques un nuevo trabajo.

  Está bien que Raúl te haya pedido perdón.

- En las **oraciones de relativo** se usa el subjuntivo si el antecedente es desconocido, solo conocemos sus características, preguntamos por su existencia o la negamos.

  No conozco a nadie que viva en Valencia, pero tengo un amigo que tiene una casa cerca.

- Expresar **hipótesis** y **probabilidad**.

  Tal vez el año que viene empiece a estudiar otra carrera.

  Es probable que hayan llegado ya y no nos hayan avisado.

- En las **oraciones temporales** se usa el subjuntivo para expresar futuro.

  En cuanto termine, te ayudo a preparar la cena.

  Cristina dice que nos esperará hasta que lleguemos.

- Expresar **finalidad**.

  Llamé a Roberto para que me explicara cómo hacer el trabajo.

  Nos reunió con el fin de que decidiéramos qué proyecto empezar.

Tabla de verbos

Presente de indicativo

Verbos regulares

1.ª conjugación -AR CANTAR	2.ª conjugación -ER COMER	3.ª conjugación -IR VIVIR
canto	como	vivo
cantas	comes	vives
canta	come	vive
cantamos	comemos	vivimos
cantáis	coméis	vivís
cantan	comen	viven

Verbos reflexivos regulares

Bañarse	Ducharse	Lavarse	Levantarse	Peinarse
me baño	**me** ducho	**me** lavo	**me** levanto	**me** peino
te bañas	**te** duchas	**te** lavas	**te** levantas	**te** peinas
se baña	**se** ducha	**se** lava	**se** levanta	**se** peina
nos bañamos	**nos** duchamos	**nos** lavamos	**nos** levantamos	**nos** peinamos
os bañáis	**os** ducháis	**os** laváis	**os** levantáis	**os** peináis
se bañan	**se** duchan	**se** lavan	**se** levantan	**se** peinan

Verbos irregulares

Verbos con irregularidad vocálica

- **E > IE**

Cerrar	Comenzar	Despertarse	Divertirse	Empezar
c**ie**rro	com**ie**nzo	me desp**ie**rto	me div**ie**rto	emp**ie**zo
c**ie**rras	com**ie**nzas	te desp**ie**rtas	te div**ie**rtes	emp**ie**zas
c**ie**rra	com**ie**nza	se desp**ie**rta	se div**ie**rte	emp**ie**za
cerramos	comenzamos	nos despertamos	nos divertimos	empezamos
cerráis	comenzáis	os despertáis	os divertís	empezáis
c**ie**rran	com**ie**nzan	se desp**ie**rtan	se div**ie**rten	emp**ie**zan

Entender	Merendar	Pensar	Perder	Querer
ent**ie**ndo	mer**ie**ndo	p**ie**nso	p**ie**rdo	qu**ie**ro
ent**ie**ndes	mer**ie**ndas	p**ie**nsas	p**ie**rdes	qu**ie**res
ent**ie**nde	mer**ie**nda	p**ie**nsa	p**ie**rde	qu**ie**re
entendemos	merendamos	pensamos	perdemos	queremos
entendéis	merendáis	pensáis	perdéis	queréis
ent**ie**nden	mer**ie**ndan	p**ie**nsan	p**ie**rden	qu**ie**ren

- **O > UE**

Acordarse	Acostarse	Almorzar	Contar	Dormir	Encontrar
me ac**ue**rdo	me ac**ue**sto	alm**ue**rzo	c**ue**nto	d**ue**rmo	enc**ue**ntro
te ac**ue**rdas	te ac**ue**stas	alm**ue**rzas	c**ue**ntas	d**ue**rmes	enc**ue**ntras
se ac**ue**rda	se ac**ue**sta	alm**ue**rza	c**ue**nta	d**ue**rme	enc**ue**ntra
nos acordamos	nos acostamos	almorzamos	contamos	dormimos	encontramos
os acordáis	os acostáis	almorzáis	contáis	dormís	encontráis
se ac**ue**rdan	se ac**ue**stan	alm**ue**rzan	c**ue**ntan	d**ue**rmen	enc**ue**ntran

Poder	Recordar	Resolver	Soler	Soñar	Volver
p**ue**do	rec**ue**rdo	res**ue**lvo	s**ue**lo	s**ue**ño	v**ue**lvo
p**ue**des	rec**ue**rdas	res**ue**lves	s**ue**les	s**ue**ñas	v**ue**lves
p**ue**de	rec**ue**rda	res**ue**lve	s**ue**le	s**ue**ña	v**ue**lve
podemos	recordamos	resolvemos	solemos	soñamos	volvemos
podéis	recordáis	resolvéis	soléis	soñáis	volvéis
p**ue**den	rec**ue**rdan	res**ue**lven	s**ue**len	s**ue**ñan	v**ue**lven

- **E > I**

Elegir	Pedir	Reírse	Repetir	Servir	Vestirse
el**i**jo	p**i**do	me r**í**o	rep**i**to	s**i**rvo	me v**i**sto
el**i**ges	p**i**des	te r**í**es	rep**i**tes	s**i**rves	te v**i**stes
el**i**ge	p**i**de	se r**í**e	rep**i**te	s**i**rve	se v**i**ste
elegimos	pedimos	nos reímos	repetimos	servimos	nos vestimos
elegís	pedís	os reís	repetís	servís	os vestís
el**i**gen	p**i**den	se r**í**en	rep**i**ten	s**i**rven	se v**i**sten

- **U > UE**

Jugar
j**ue**go
j**ue**gas
j**ue**ga
jugamos
jugáis
j**ue**gan

- **I > Y**

Concluir	Construir	Contribuir	Destruir	Huir
conclu**y**o	constru**y**o	contribu**y**o	destru**y**o	hu**y**o
conclu**y**es	constru**y**es	contribu**y**es	destru**y**es	hu**y**es
conclu**y**e	constru**y**e	contribu**y**e	destru**y**e	hu**y**e
concluimos	construimos	contribuimos	destruimos	huimos
concluís	construís	contribuís	destruís	huis
conclu**y**en	constru**y**en	contribu**y**en	destru**y**en	hu**y**en

Verbos irregulares en la primera persona

- **Verbos en -ZC-**

Conducir	Conocer	Producir	Traducir	Obedecer
condu**zc**o	cono**zc**o	produ**zc**o	tradu**zc**o	obede**zc**o
conduces	conoces	produces	traduces	obedeces
conduce	conoce	produce	traduce	obedece
conducimos	conocemos	producimos	traducimos	obedecemos
conducís	conocéis	producís	traducís	obedecéis
conducen	conocen	producen	traducen	obedecen

Otros irregulares en primera persona

Caer	Hacer	Poner	Salir	Traer	Valer
caigo	**hago**	**pongo**	**salgo**	**traigo**	**valgo**
caes	haces	pones	sales	traes	vales
cae	hace	pone	sale	trae	vale
caemos	hacemos	ponemos	salimos	traemos	valemos
caéis	hacéis	ponéis	salís	traéis	valéis
caen	hacen	ponen	salen	traen	valen

Dar	Saber	Ver
doy	**sé**	**veo**
das	sabes	ves
da	sabe	ve
damos	sabemos	vemos
dais	sabéis	veis
dan	saben	ven

Verbos con dos irregularidades

Decir	Oír	Oler	Tener	Venir
digo	**oigo**	**huel**o	**tengo**	**vengo**
d**i**ces	o**y**es	**huel**es	t**ie**nes	v**ie**nes
d**i**ce	o**y**e	**huel**e	t**ie**ne	v**ie**ne
decimos	oímos	olemos	tenemos	venimos
decís	oís	oléis	tenéis	venís
d**i**cen	o**y**en	**huel**en	t**ie**nen	v**ie**nen

Verbos con irregularidades propias

Haber	Ir	Estar	Ser
he	**voy**	**estoy**	**soy**
has	**vas**	**estás**	**eres**
ha	**va**	**está**	**es**
hemos	**vamos**	estamos	**somos**
habéis	**vais**	estáis	**sois**
han	**van**	**están**	**son**

Recuerda:

- El verbo ***haber*** solo se usa para formar los tiempos compuestos de los verbos.
- Cuando funciona como verbo impersonal, tiene una forma especial en presente, ***hay***:
  - *Hay un árbol en la esquina.*
  - *Hay árboles en el parque.*
- El verbo ***estar*** cambia la sílaba tónica habitual del presente de indicativo en todas las personas excepto en *nosotros/as* y *vosotros/as* (por eso algunas formas llevan tilde).

Verbos que se construyen como *gustar*

Doler	Encantar	Molestar	Parecer
me **due**le/**due**len	me encanta/encantan	me molesta/molestan	me parece/parecen
te **due**le/**due**len	te encanta/encantan	te molesta/molestan	te parece/parecen
le **due**le/**due**len	le encanta/encantan	le molesta/molestan	le parece/parecen
nos **due**le/**due**len	nos encanta/encantan	nos molesta/molestan	nos parece/parecen
os **due**le/**due**len	os encanta/encantan	os molesta/molestan	os parece/parecen
les **due**le/**due**len	les encanta/encantan	les molesta/molestan	les parece/parecen

Imperativo afirmativo

Verbos regulares

	1.ª conjugación -AR CANTAR	2.ª conjugación -ER COMER	3.ª conjugación -IR VIVIR
tú	canta	come	vive
usted	cante	coma	viva
vosotros/as	cantad	comed	vivid
ustedes	canten	coman	vivan

Verbos irregulares

Irregularidades vocálicas

• E > IE

Cerrar	Empezar	Pensar
cierra	empieza	piensa
cierre	empiece	piense
cerrad	empezad	pensad
cierren	empiecen	piensen

• O > UE

Contar	Dormir	Volver
cuenta	duerme	vuelve
cuente	duerma	vuelva
contad	dormid	volved
cuenten	duerman	vuelvan

• U > UE

Jugar
juega
juegue
jugad
jueguen

• E > I

Elegir	Pedir	Vestir
elige	pide	viste
elija	pida	vista
elegid	pedid	vestid
elijan	pidan	vistan

• I > Y

Construir	Huir
construye	huye
construya	huya
construid	huid
construyan	huyan

Verbos completamente irregulares

Decir	Hacer	Ir	Oír	Poner	Salir	Ser	Tener	Venir
di	**haz**	**ve**	**oye**	**pon**	**sal**	**sé**	**ten**	**ven**
diga	**haga**	**vaya**	**oiga**	**ponga**	**salga**	**sea**	**tenga**	**venga**
decid	haced	id	oíd	poned	salid	sed	tened	venid
digan	**hagan**	**vayan**	**oigan**	**pongan**	**salgan**	**sean**	**tengan**	**vengan**

La 2.ª persona del plural *(vosotros/as)* del imperativo es siempre regular.

Verbos reflexivos

Acostarse	Despertarse	Dormirse	Levantarse	Reírse	Vestirse
acuéstate	despiértate	duérmete	levántate	ríete	vístete
acuéstese	despiértese	duérmase	levántese	ríase	vístase
acostaos	despertaos	dormíos	levantaos	reíos	vestíos
acuéstense	despiértense	duérmanse	levántense	ríanse	vístanse

Pretérito perfecto de indicativo

Verbos regulares

1.ª conjugación -AR CANTAR	2.ª conjugación -ER COMER	3.ª conjugación -IR VIVIR
he cantado	**he** comido	**he** vivido
has cantado	**has** comido	**has** vivido
ha cantado	**ha** comido	**ha** vivido
hemos cantado	**hemos** comido	**hemos** vivido
habéis cantado	**habéis** comido	**habéis** vivido
han cantado	**han** comido	**han** vivido

Participios irregulares

abrir › **abierto**	escribir › **escrito**	poner › **puesto**	romper › **roto**
cubrir › **cubierto**	hacer › **hecho**	resolver › **resuelto**	ver › **visto**
decir › **dicho**	morir › **muerto**	revolver › **revuelto**	volver › **vuelto**

Pretérito indefinido de indicativo

Verbos regulares

1.ª conjugación -AR CANTAR	2.ª conjugación -ER COMER	3.ª conjugación -IR VIVIR
canté	comí	viví
cantaste	comiste	viviste
cantó	comió	vivió
cantamos	comimos	vivimos
cantasteis	comisteis	vivisteis
cantaron	comieron	vivieron

• Verbos con cambios gráficos

• C › QU • G › GU • Z › C

Buscar	Pescar	Jugar	Pegar	Comenzar	Empezar
bus**qué**	pes**qué**	ju**gué**	pe**gué**	comen**cé**	empe**cé**
buscaste	pescaste	jugaste	pegaste	comenzaste	empezaste
buscó	pescó	jugó	pegó	comenzó	empezó
buscamos	pescamos	jugamos	pegamos	comenzamos	empezamos
buscasteis	pescasteis	jugasteis	pegasteis	comenzasteis	empezasteis
buscaron	pescaron	jugaron	pegaron	comenzaron	empezaron

Verbos irregulares

Verbos irregulares en la raíz verbal

Andar	Caber	Estar	Haber	Hacer	Poder
anduve	**cupe**	**estuve**	**hube**	**hice**	**pude**
anduviste	**cupiste**	**estuviste**	**hubiste**	**hiciste**	**pudiste**
anduvo	**cupo**	**estuvo**	**hubo**	**hizo**	**pudo**
anduvimos	**cupimos**	**estuvimos**	**hubimos**	**hicimos**	**pudimos**
anduvisteis	**cupisteis**	**estuvisteis**	**hubisteis**	**hicisteis**	**pudisteis**
anduvieron	**cupieron**	**estuvieron**	**hubieron**	**hicieron**	**pudieron**

Poner	Querer	Saber	Tener	Venir
puse	**quise**	**supe**	**tuve**	**vine**
pusiste	**quisiste**	**supiste**	**tuviste**	**viniste**
puso	**quiso**	**supo**	**tuvo**	**vino**
pusimos	**quisimos**	**supimos**	**tuvimos**	**vinimos**
pusisteis	**quisisteis**	**supisteis**	**tuvisteis**	**vinisteis**
pusieron	**quisieron**	**supieron**	**tuvieron**	**vinieron**

Fíjate:
En este grupo de verbos también cambia el acento habitual del pretérito indefinido:
~~quisé~~ › quise ~~tuvó~~ › tuvo

Los verbos que tienen *j* en la raíz verbal pierden la *i* en la tercera persona del plural:

Conducir	Decir	Traducir	Traer
conduje	**dije**	**traduje**	**traje**
condujiste	**dijiste**	**tradujiste**	**trajiste**
condujo	**dijo**	**tradujo**	**trajo**
condujimos	**dijimos**	**tradujimos**	**trajimos**
condujisteis	**dijisteis**	**tradujisteis**	**trajisteis**
condujeron	**dijeron**	**tradujeron**	**trajeron**

Verbos irregulares en la tercera persona

• **E › I**

Divertirse	Elegir	Impedir	Medir	Mentir	Pedir
me divertí	elegí	impedí	medí	mentí	pedí
te divertiste	elegiste	impediste	mediste	mentiste	pediste
se divirtió	eligió	impidió	midió	mintió	pidió
nos divertimos	elegimos	impedimos	medimos	mentimos	pedimos
os divertisteis	elegisteis	impedisteis	medisteis	mentisteis	pedisteis
se divirtieron	eligieron	impidieron	midieron	mintieron	pidieron

Reír	Repetir	Seguir	Sentir	Servir	Sonreír
reí	repetí	seguí	sentí	serví	sonreí
reíste	repetiste	seguiste	sentiste	serviste	sonreíste
rio	repitió	siguió	sintió	sirvió	sonrió
reímos	repetimos	seguimos	sentimos	servimos	sonreímos
reísteis	repetisteis	seguisteis	sentisteis	servisteis	sonreísteis
rieron	repitieron	siguieron	sintieron	sirvieron	sonrieron

Fíjate:
Todos los verbos de este grupo son de la tercera conjugación *(-ir)*.

• O › U

Dormir	Morir
dormí	morí
dormiste	moriste
d**u**rmió	m**u**rió
dormimos	morimos
dormisteis	moristeis
d**u**rmieron	m**u**rieron

Fíjate:
Esta irregularidad solo la tienen los verbos *dormir* y *morir*.

• I › Y

Caer	Concluir	Construir	Contribuir	Creer
caí	concluí	construí	contribuí	creí
caíste	concluiste	construiste	contribuiste	creíste
ca**y**ó	conclu**y**ó	constru**y**ó	contribu**y**ó	cre**y**ó
caímos	concluimos	construimos	contribuimos	creímos
caísteis	concluisteis	construisteis	contribuisteis	creísteis
ca**y**eron	conclu**y**eron	constru**y**eron	contribu**y**eron	cre**y**eron

Destruir	Huir	Leer	Oír	Sustituir
destruí	hui	leí	oí	sustituí
destruiste	huiste	leíste	oíste	sustituiste
destru**y**ó	hu**y**ó	le**y**ó	o**y**ó	sustitu**y**ó
destruimos	huimos	leímos	oímos	sustituimos
destruisteis	huisteis	leísteis	oísteis	sustituisteis
destru**y**eron	hu**y**eron	le**y**eron	o**y**eron	sustitu**y**eron

Verbos con irregularidades propias

Dar	Ir/Ser
di	**fui**
diste	**fuiste**
dio	**fue**
dimos	**fuimos**
disteis	**fuisteis**
dieron	**fueron**

Recuerda:
Las formas de los verbos *ir* y *ser* coinciden en pretérito indefinido. Solo se distinguen por el contexto en que aparecen.

Pretérito imperfecto de indicativo

Verbos regulares

1.ª conjugación -AR CANTAR	2.ª conjugación -ER COMER	3.ª conjugación -IR VIVIR
cantaba	comía	vivía
cantabas	comías	vivías
cantaba	comía	vivía
cantábamos	comíamos	vivíamos
cantabais	comíais	vivíais
cantaban	comían	vivían

Verbos irregulares

Ser	Ir	Ver
era	iba	veía
eras	ibas	veías
era	iba	veía
éramos	íbamos	veíamos
erais	ibais	veíais
eran	iban	veían

Pretérito pluscuamperfecto de indicativo

Verbos regulares

1.ª conjugación -AR CANTAR	2.ª conjugación -ER COMER	3.ª conjugación -IR VIVIR
había cantado	**había** comido	**había** vivido
habías cantado	**habías** comido	**habías** vivido
había cantado	**había** comido	**había** vivido
habíamos cantado	**habíamos** comido	**habíamos** vivido
habíais cantado	**habíais** comido	**habíais** vivido
habían cantado	**habían** comido	**habían** vivido

Participios irregulares

abrir › **abierto**	escribir › **escrito**	poner › **puesto**	romper › **roto**
cubrir › **cubierto**	hacer › **hecho**	prever › **previsto**	satisfacer › **satisfecho**
decir › **dicho**	imprimir › **impreso, imprimido**	resolver › **resuelto**	ver › **visto**
descubrir › **descubierto**	morir › **muerto**	revolver › **revuelto**	volver › **vuelto**

Futuro simple de indicativo

Verbos regulares

1.ª conjugación -AR CANTAR	2.ª conjugación -ER COMER	3.ª conjugación -IR VIVIR
cantaré	comeré	viviré
cantarás	comerás	vivirás
cantará	comerá	vivirá
cantaremos	comeremos	viviremos
cantaréis	comeréis	viviréis
cantarán	comerán	vivirán

Verbos irregulares

Caber	Decir	Haber	Hacer	Poder	Poner
cabré	diré	habré	haré	podré	pondré
cabrás	dirás	habrás	harás	podrás	pondrás
cabrá	dirá	habrá	hará	podrá	pondrá
cabremos	diremos	habremos	haremos	podremos	pondremos
cabréis	diréis	habréis	haréis	podréis	pondréis
cabrán	dirán	habrán	harán	podrán	pondrán

Querer	Saber	Salir	Tener	Valer	Venir
querré	sabré	saldré	tendré	valdré	vendré
querrás	sabrás	saldrás	tendrás	valdrás	vendrás
querrá	sabrá	saldrá	tendrá	valdrá	vendrá
querremos	sabremos	saldremos	tendremos	valdremos	vendremos
querréis	sabréis	saldréis	tendréis	valdréis	vendréis
querrán	sabrán	saldrán	tendrán	valdrán	vendrán

Futuro compuesto de indicativo

Verbos regulares

1.ª conjugación -AR CANTAR	2.ª conjugación -ER COMER	3.ª conjugación -IR VIVIR
habré cantado	**habré** comido	**habré** vivido
habrás cantado	**habrás** comido	**habrás** vivido
habrá cantado	**habrá** comido	**habrá** vivido
habremos cantado	**habremos** comido	**habremos** vivido
habréis cantado	**habréis** comido	**habréis** vivido
habrán cantado	**habrán** comido	**habrán** vivido

Participios irregulares

abrir › **abierto**	escribir › **escrito**	poner › **puesto**	romper › **roto**
cubrir › **cubierto**	hacer › **hecho**	prever › **previsto**	satisfacer › **satisfecho**
decir › **dicho**	imprimir › **impreso, imprimido**	resolver › **resuelto**	ver › **visto**
descubrir › **descubierto**	morir › **muerto**	revolver › **revuelto**	volver › **vuelto**

Condicional simple

Verbos regulares

1.ª conjugación -AR CANTAR	2.ª conjugación -ER COMER	3.ª conjugación -IR VIVIR
cantaría	comería	viviría
cantarías	comerías	vivirías
cantaría	comería	viviría
cantaríamos	comeríamos	viviríamos
cantaríais	comeríais	viviríais
cantarían	comerían	vivirían

Verbos irregulares

Caber	Decir	Haber	Hacer	Poder	Poner
cabría	diría	habría	haría	podría	pondría
cabrías	dirías	habrías	harías	podrías	pondrías
cabría	diría	habría	haría	podría	pondría
cabríamos	diríamos	habríamos	haríamos	podríamos	pondríamos
cabríais	diríais	habríais	haríais	podríais	pondríais
cabrían	dirían	habrían	harían	podrían	pondrían

Querer	Saber	Salir	Tener	Valer	Venir
querría	sabría	saldría	tendría	valdría	vendría
querrías	sabrías	saldrías	tendrías	valdrías	vendrías
querría	sabría	saldría	tendría	valdría	vendría
querríamos	sabríamos	saldríamos	tendríamos	valdríamos	vendríamos
querríais	sabríais	saldríais	tendríais	valdríais	vendríais
querrían	sabrían	saldrían	tendrían	valdrían	vendrían

Presente de subjuntivo

Verbos regulares

1.ª conjugación -AR CANTAR	2.ª conjugación -ER COMER	3.ª conjugación -IR VIVIR
cante	coma	viva
cantes	comas	vivas
cante	coma	viva
cantemos	comamos	vivamos
cantéis	comáis	viváis
canten	coman	vivan

Verbos irregulares

Irregularidades vocálicas

- E > IE (verbos en -AR y -ER)

Comenzar	Otros verbos
comience	calentar, cerrar, despertarse, negar, pensar...
comiences	
comience	
comencemos	
comencéis	
comiencen	

Entender	Otros verbos
entienda	encender, perder, querer, tender...
entiendas	
entienda	
entendamos	
entendáis	
entiendan	

- E > IE + E > I (verbos en -IR)

Mentir	Otros verbos
mienta	convertir, divertirse, herir, invertir, sentir, sugerir...
mientas	
mienta	
mintamos	
mintáis	
mientan	

- O > UE (verbos en -AR y -ER)

Soñar	Poder	Otros verbos
sueñe	pueda	acordarse, acostarse, contar, soler, volver...
sueñes	puedas	
sueñe	pueda	
soñemos	podamos	
soñéis	podáis	
sueñen	puedan	

- O > UE + O > U

Dormir	Otros verbos
duerma	morir
duermas	
duerma	
durmamos	
durmáis	
duerman	

- U > UE

Jugar
juegue
juegues
juegue
juguemos
juguéis
jueguen

- E > I

Pedir	Otros verbos
pida	elegir, reírse, repetir, servir, vestirse...
pidas	
pida	
pidamos	
pidáis	
pidan	

- I > Y

Construir	Otros verbos
construya	concluir, contribuir, destruir, huir...
construyas	
construya	
construyamos	
construyáis	
construyan	

Verbos con la primera persona irregular en presente de indicativo

- **Verbos en -ZC-** *(conduzco, conozco, obedezco, produzco, traduzco)*

Conducir	Conocer	Obedecer	Producir	Traducir
condu**zc**a	cono**zc**a	obede**zc**a	produ**zc**a	tradu**zc**a
condu**zc**as	cono**zc**as	obede**zc**as	produ**zc**as	tradu**zc**as
condu**zc**a	cono**zc**a	obede**zc**a	produ**zc**a	tradu**zc**a
condu**zc**amos	cono**zc**amos	obede**zc**amos	produ**zc**amos	tradu**zc**amos
condu**zc**áis	cono**zc**áis	obede**zc**áis	produ**zc**áis	tradu**zc**áis
condu**zc**an	cono**zc**an	obede**zc**an	produ**zc**an	tradu**zc**an

Otros verbos

agradecer, crecer, desaparecer, nacer, ofrecer, parecer, reducir...

- **Otros verbos irregulares en la primera persona** *(caigo, digo, hago, oigo, pongo, salgo, tengo, traigo, valgo, vengo)*

Caer	Decir	Hacer	Oír	Poner
caiga	**diga**	**haga**	**oiga**	**ponga**
caigas	**digas**	**hagas**	**oigas**	**pongas**
caiga	**diga**	**haga**	**oiga**	**ponga**
caigamos	**digamos**	**hagamos**	**oigamos**	**pongamos**
caigáis	**digáis**	**hagáis**	**oigáis**	**pongáis**
caigan	**digan**	**hagan**	**oigan**	**pongan**

Salir	Tener	Traer	Valer	Venir
salga	**tenga**	**traiga**	**valga**	**venga**
salgas	**tengas**	**traigas**	**valgas**	**vengas**
salga	**tenga**	**traiga**	**valga**	**venga**
salgamos	**tengamos**	**traigamos**	**valgamos**	**vengamos**
salgáis	**tengáis**	**traigáis**	**valgáis**	**vengáis**
salgan	**tengan**	**traigan**	**valgan**	**vengan**

Verbos con irregularidades propias

Haber	Ir	Saber	Ser	Ver
haya	**vaya**	**sepa**	**sea**	**vea**
hayas	**vayas**	**sepas**	**seas**	**veas**
haya	**vaya**	**sepa**	**sea**	**vea**
hayamos	**vayamos**	**sepamos**	**seamos**	**veamos**
hayáis	**vayáis**	**sepáis**	**seáis**	**veáis**
hayan	**vayan**	**sepan**	**sean**	**vean**

Verbos con cambios gráficos

• G › J	• C › Z	• Z › C	• GU › G	• G › GU	• C › QU
Coger	**Convencer**	**Cazar**	**Distinguir**	**Investigar**	**Tocar**
co**j**a	conven**z**a	ca**c**e	distin**g**a	investi**gu**e	to**qu**e
co**j**as	conven**z**as	ca**c**es	distin**g**as	investi**gu**es	to**qu**es
co**j**a	conven**z**a	ca**c**e	distin**g**a	investi**gu**e	to**qu**e
co**j**amos	conven**z**amos	ca**c**emos	distin**g**amos	investi**gu**emos	to**qu**emos
co**j**áis	conven**z**áis	ca**c**éis	distin**g**áis	investi**gu**éis	to**qu**éis
co**j**an	conven**z**an	ca**c**en	distin**g**an	investi**gu**en	to**qu**en

Dar
dé
des
dé
demos
deis
den

Fíjate:
El verbo *dar* lleva una tilde diacrítica en la primera y tercera personas del singular para que no se confunda con la preposición *de*.

Estar
esté
estés
esté
estemos
estéis
estén

Fíjate:
El verbo *estar* cambia la sílaba tónica habitual del presente de subjuntivo en todas las personas del singular y la tercera del plural.

Pretérito perfecto de subjuntivo

Verbos regulares

1.ª conjugación -AR CANTAR	2.ª conjugación -ER COMER	3.ª conjugación -IR VIVIR
haya cantado	**haya** comido	**haya** vivido
hayas cantado	**hayas** comido	**hayas** vivido
haya cantado	**haya** comido	**haya** vivido
hayamos cantado	**hayamos** comido	**hayamos** vivido
hayáis cantado	**hayáis** comido	**hayáis** vivido
hayan cantado	**hayan** comido	**hayan** vivido

Participios irregulares

abrir › **abierto**	escribir › **escrito**	poner › **puesto**	rompe › **roto**
absolver › **absuelto**	hacer › **hecho**	freír › **frito**	satisfacer › **satisfecho**
cubrir › **cubierto**	imprimir › **impreso**	resolver › **resuelto**	ver › **visto**
decir › **dicho**	morir › **muerto**	revolver › **revuelto**	volver › **vuelto**

Pretérito imperfecto de subjuntivo

Verbos regulares

El pretérito imperfecto de subjuntivo se forma fácilmente a partir de la tercera persona del plural del pretérito indefinido:

1.ª Conjugación -AR CANTAR > cantaron	2.ª Conjugación -ER COMER > comieron	3.ª Conjugación -IR VIVIR > vivieron
cantara/cantase	comiera/comiese	viviera/viviese
cantaras/cantases	comieras/comieses	vivieras/vivieses
cantara/cantase	comiera/comiese	viviera/viviese
cantáramos/cantásemos	comiéramos/comiésemos	viviéramos/viviésemos
cantarais/cantaseis	comierais/comieseis	vivierais/vivieseis
cantaran/cantasen	comieran/comiesen	vivieran/viviesen

Verbos irregulares

Los verbos irregulares del pretérito imperfecto de subjuntivo son los mismos que los del pretérito indefinido. También se forman a partir de la tercera persona del plural del pretérito indefinido:

Andar > anduvieron	Caber > cupieron	Dar > dieron	Estar > estuvieron
anduviera/se	cupiera/se	diera/se	estuviera/se
anduvieras/ses	cupieras/ses	dieras/ses	estuvieras/ses
anduviera/se	cupiera/se	diera/se	estuviera/se
anduviéramos/semos	cupiéramos/semos	diéramos/semos	estuviéramos/semos
anduvierais/seis	cupierais/seis	dierais/seis	estuvierais/seis
anduvieran/sen	cupieran/sen	dieran/sen	estuvieran/sen

Haber > hubieron	Hacer > hicieron	Ir / Ser > fueron	Poder > pudieron
hubiera/se	hiciera/se	fuera/se	pudiera/se
hubieras/ses	hicieras/ses	fueras/ses	pudieras/ses
hubiera/se	hiciera/se	fuera/se	pudiera/se
hubiéramos/semos	hiciéramos/semos	fuéramos/semos	pudiéramos/semos
hubierais/seis	hicierais/seis	fuerais/seis	pudierais/seis
hubieran/sen	hicieran/sen	fueran/sen	pudieran/sen

Poner > pusieron	Querer > quisieron	Saber > supieron	Tener > tuvieron	Venir > vinieron
pusiera/se	quisiera/se	supiera/se	tuviera/se	viniera/se
pusieras/ses	quisieras/ses	supieras/ses	tuvieras/ses	vinieras/ses
pusiera/se	quisiera/se	supiera/se	tuviera/se	viniera/se
pusiéramos/semos	quisiéramos/semos	supiéramos/semos	tuviéramos/semos	viniéramos/semos
pusierais/seis	quisierais/seis	supierais/seis	tuvierais/seis	vinierais/seis
pusieran/sen	quisieran/sen	supieran/sen	tuvieran/sen	vinieran/sen

• Verbos con *j* en la raíz	• E > I	• O > U	• I, E > Y
Decir > dijeron	**Elegir > eligieron**	**Dormir > durmieron**	**Caer > cayeron**
dijera/se	eligiera/se	durmiera/se	cayera/se
dijeras/ses	eligieras/ses	durmieras/ses	cayeras/ses
dijera/se	eligiera/se	durmiera/se	cayera/se
dijéramos/semos	eligiéramos/semos	durmiéramos/semos	cayéramos/semos
dijerais/seis	eligierais/seis	durmierais/seis	cayerais/seis
dijeran/sen	eligieran/sen	durmieran/sen	cayeran/sen
Otros verbos	**Otros verbos**	**Otros verbos**	**Otros verbos**
Traer y los terminados en *-cir/-ucir*	divertirse, medir, mentir, pedir, reír...	morir	concluir, construir, creer, destruir, huir...

Claves

Unidad 1: Nos presentamos

1. **1.** once, diecinueve; **2.** diez, dieciocho; **3.** veintiuno, treinta, cuarenta y dos; **4.** cuarenta, sesenta, ochenta.

2. **Posible respuesta:**

3. **1.** cuarenta y dos; **2.** noventa; **3.** cincuenta y cinco; **4.** sesenta y dos; **5.** cincuenta y uno; **6.** ciento dos; **7.** dieciocho; **8.** veintiuno; **9.** doce; **10.** veintidós.

4. **1.** doce; **2.** diecinueve; **3.** veinticuatro; **4.** veintisiete; **5.** treinta y tres; **6.** cuarenta y nueve.

5. **1.** australiano; **2.** australiana; **3.** francés; **4.** francesa; **5.** estadounidense; **6.** estadounidense; **7.** indio; **8.** india; **9.** egipcio; **10.** egipcia; **11.** italiano; **12.** italiana; **13.** alemán; **14.** alemana; **15.** brasileño; **16.** brasileña.

5a. Relacionar imágenes con palabras.

6. **1.** holandeses; **2.** egipcias; **3.** japonés; **4.** franceses; **5.** colombiano; **6.** española; **7.** brasileño; **8.** estadounidense.

7. **1.** cocinero/a; **2.** enfermero/a; **3.** recepcionista; **4.** cantante; **5.** arquitecto/a; **6.** escritor/a; **7.** futbolista; **8.** director/a; **9.** pintor/a; **10.** actor/actriz.

8. **1.** actor estadounidense; **2.** futbolistas brasileños; **3.** pintores mexicanos; **4.** arquitecto español; **5.** cantante colombiana; **6.** pintor holandés; **7.** político ruso/presidente ruso; **8.** actrices estadounidenses.

9. **1.** b; **2.** f; **3.** a; **4.** c; **5.** d; **6.** e.

10. **1.** eres; **2.** es; **3.** sois; **4.** son; **5.** tengo; **6.** tiene; **7.** tenemos; **8.** tienen; **9.** hablo; **10.** hablas; **11.** habláis; **12.** hablan; **13.** me; **14.** llamas; **15.** se llama; **16.** llamamos; **17.** os; **18.** se.

11. **1.** nosotros; **2.** llamo; **3.** sois; **4.** somos; **5.** ustedes; **6.** ellas; **7.** trabajamos; **8.** tengo; **9.** tenemos; **10.** viven.

12. **1.** d; **2.** g; **3.** a; **4.** c; **5.** e; **6.** h; **7.** f; **8.** b.

13. **1.** ¿De dónde son?; **2.** ¿Cuántos años tenéis?; **3.** ¿Cuál es tu profesión?/¿A qué te dedicas?; **4.** ¿Dónde vive?; **5.** ¿Qué lenguas/idiomas habláis?

14. **Lugares de trabajo:** hospital, escuela, empresa, tienda, clínica.

Nacionalidades: cubana, británica, canadienses, iraní, polaca, peruana, japoneses, alemán.

Profesiones: conductor, enfermera, mesero, farmacéutica, diseñadora gráfica.

Verbos: vivir, dedicarse, trabajar, escribir, llamarse, ser, tener, saludarse, relacionar.

15. **1.** treinta y siete años; **2.** abogado; **3.** mmoreno@mail.com; **4.** Alonso; **5.** Diseñadora gráfica; **6.** 913 251 388.

16. **1.** F; **2.** V; **3.** F; **4.** V; **5.** F; **6.** F; **7.** V; **8.** V.

17. Respuesta abierta.

18. **1.** b; **2.** h; **3.** k; **4.** m; **5.** i; **6.** g; **7.** q; **8.** ñ; **9.** n; **10.** j; **11.** e; **12.** c; **13.** r; **14.** d; **15.** f; **16.** o; **17.** a; **18.** l; **19.** p.

19. **1.** La Habana; **2.** Bogotá; **3.** Ciudad de México; **4.** Buenos Aires; **5.** San José; **6.** Caracas; **7.** Lima; **8.** Madrid.

20. **1.** V; **2.** F (casi 600 millones, 567); **3.** V; **4.** F (México está en América del Norte); **5.** V; **6.** V; **7.** F (se usan dos: el primero del padre y el primero de la madre); **8.** F (la palabra "celular" es propia de Hispanoamérica).

Unidad 2: Mi casa, mi barrio

1. **1.** c; **2.** f; **3.** e; **4.** a; **5.** b; **6.** d.

2. **5.** vivienda.

3. **1.** baño; **2.** colegio; **3.** horno; **4.** jardín; **5.** garaje.

4. **1.** F; **2.** F; **3.** V; **4.** V; **5.** V; **6.** F; **7.** V; **8.** F; **9.** F; **10.** V.

4a. **1.** La señora está interesada en alquilar un piso; **2.** La referencia del piso es 9214; **6.** El piso está bien comunicado porque tiene una parada de metro y dos de autobús; **8.** Para llegar al centro comercial es necesario el coche, pero el colegio está enfrente; **9.** La cita es en la calle Cartagena, 15, en la puerta.

5. **1.** nevera; **2.** edificio; **3.** salón; **4.** alquiler; **5.** terraza; **6.** balcón; **7.** ascensor; **8.** lavadora.

6. **En el barrio:** hospital, parque, supermercado, farmacia, tienda, cafetería, colegio, banco; **En la casa:** cocina, mesa, electrodoméstico, terraza, dormitorio, mueble, baño, calefacción, silla, horno.

7. **1.** C; **2.** A; **3.** D; **4.** B; **5.** B; **6.** A; **7.** D; **8.** C.

8. Respuesta abierta.

9. **1.** niña; **2.** mujer; **3.** madre; **4.** yegua; **5.** perra; **6.** gata; **7.** profesora; **8.** chica.

10. **el:** árbol, lápiz, apartamento, viaje; **la:** televisión, escuela, radio, nacionalidad; **los:** viajes, baños, libros, problemas; **las:** calles, plantas, casas, manos.

11. **1.** M, camiones; **2.** M, dormitorios; **3.** M, edificios; **4.** F, actrices; **5.** M, mapas; **6.** F, manos; **7.** F, historias; **8.** M, viajes; **9**. M, amigos; **10.** F, noches.

12. **1.** a; **2.** c; **3.** b; **4.** a.

13. **1.** unas cocinas; **2.** unas casas; **3.** unas habitaciones; **4.** unos baños; **5.** unos salones; **6.** unos lavavajillas; **7.** unas lavadoras; **8.** unos hornos microondas; **9.** unos sofás; **10.** unos ascensores.

14. **1.** la; **2.** los; **3.** el; **4.** los; **5.** el; **6.** las; **7.** la; **8.** el; **9.** los; **10.** la; **11.** el; **12.** los.

15. **1.** una; **2.** unos; **3.** unos; **4.** un; **5.** un; **6.** una; **7.** unos; **8.** una; **9.** un; **10.** un; **11.** una; **12.** un.

16. 1, 3, 4, 6.

17. **1.** está; **2.** hay; **3.** están; **4.** hay; **5.** está; **6.** hay.

18. **1.** B; **2.** A; **3.** F; **4.** C; **5.** E; **6.** D.

19. **1.** hay; **2.** está; **3.** Hay; **4.** hay; **5.** tiene; **6.** tiene; **7.** hay; **8.** está.

20. **1.** e; **2.** b; **3.** a; **4.** d; **5.** c.

21. **1.** V; **2.** F; **3.** F; **4.** F.

22. **1.** ¿Cuántos restaurantes hay en tu barrio?; **2.** Los platos están dentro del armario; **3.** En mi jardín hay muchos árboles; **4.** En la habitación hay poco espacio porque tiene muchos muebles.

23. **1.** cuatrocientos cincuenta y cinco; **2.** trescientos noventa y uno; **3.** seiscientos sesenta y siete; **4.** setecientos setenta y seis; **5.** ochocientos cincuenta y tres; **6.** quinientos ochenta y siete.

24. **1.** primera planta; **2.** primer piso; **3.** tercer año; **4.** décima edición; **5.** séptima pregunta; **6.** octavos juegos.

25. **1.** C; **2.** B; **3.** D; **4.** A; **5.** F; **6.** E.

26. **1.** F (están en el centro); **2.** V; **3.** V; **4.** F (es de estilo modernista); **5.** V; **6.** F (está en el centro de las Ramblas); **7.** V.

27. Respuesta abierta.

Unidad 3: Vamos de viaje

1. **1.** a; **2.** c; **3.** f; **4.** e; **5.** b; **6.** d.

2. **1.** museo; **2.** ruinas; **3.** mirador.

3. Respuesta abierta.

4. **1.** iglesia; **2.** plaza; **3.** mirador; **4.** ruinas; **5.** parque; **6.** museo.

5. **1.** piscina; **2.** duchas; **3.** baños; **4.** aparcamiento; **5.** parque infantil; **6.** zona de acampada.

6. **1.** b; **2.** c; **3.** a; **4.** d; **5.** e.

7. **1.** V; **2.** F; **3.** F; **4.** F; **5.** V.

8. Ver un museo, ver monumentos y ver un espectáculo.

9. **1.** mercado; **2.** submarinismo; **3.** surf; **4.** montaña.

10. **Turismo de naturaleza:** C, D, F; **Turismo de sol y playa:** B, H; **Turismo cultural:** A, E, G.

11. **1.** vas; **2.** va; **3.** vais; **4.** van; **5.** viajo; **6.** viaja; **7.** viajamos; **8.** viajan; **9.** puedo; **10.** puedes; **11.** podéis; **12.** pueden; **13.** prefieres; **14.** prefiere; **15.** preferís.

12. **1.** a; **2.** en; **3.** a; **4.** en; **5.** a; **6.** a, en.

13. **1.** medio de transporte; **2.** tiempo; **3.** destino; **4.** localización; **5.** distancia; **6.** destino.

14. 1, 4, 5.

15. **1.** es; **2.** es; **3.** hay; **4.** está; **5.** hay; **6.** hay; **7.** hay; **8.** está; **9.** Es.

16. **1.** b; **2.** e; **3.** a; **4.** c; **5.** d.

16a. Respuesta abierta.

17. **María:** 3, 6; **Juan:** 1, 5; **Manuel:** 2, 4.

18. **1.** b; **2.** c; **3.** a.

19. **1.** recepcionista; **2.** ubicación; **3.** bufé libre; **4.** aire acondicionado; **5.** conexión wifi; **6.** minibar; **7.** habitación doble; **8.** aparcamiento.

20. **1.** f; **2.** e; **3.** g; **4.** c; **5.** b; **6.** h; **7.** a; **8.** d.

21. **Lo mejor (M):** bufé libre, baño y la ubicación.
Lo peor (P): habitación, aire acondicionado, conexión wifi y aparcamiento.

22. **1.** voy, vamos; **2.** puedes; **3.** prefieren; **4.** cuesta, cuestan.

23. **1.** V; **2.** F; **3.** F; **4.** V; **5.** V; **6.** F.

24. Respuesta abierta.

25. **1.** B; **2.** D; **3.** A; **4.** C.

26. **1.** b, F; **2.** a, D; **3.** d, C; **4.** e, A; **5.** c, E; **6.** f, B.

27. **1.** V; **2.** V; **3.** F (está en Coyoacán, a 11 km de Ciudad de México); **4.** V; **5.** V; **6.** F (es típica de España); **7.** F (se puede comer y escuchar música de mariachis); **8.** V.

Unidad 4: En familia

1. **1.** abuelo; **2.** abuela; **3.** madre; **4.** padre; **5.** tía; **6.** tío; **7.** hija; **8.** hermano; **9.** prima; **10.** primo.

2. **1.** mujer, hija, hijo menor; **2.** marido, hija mayor; **3.** sobrinos, nietos; **4.** hermanos, padres; **5.** primos, abuelos; **6.** tía, tío.

3. **1.** alto; **2.** el pelo largo; **3.** delgada; **4.** rubio; **5.** el pelo rizado; **6.** rubia; **7.** el pelo liso; **8.** simpáticos.

4. **1.** camisa; **2.** jersey; **3.** zapatillas de deporte; **4.** bolso; **5.** pantalones vaqueros; **6.** falda; **7.** abrigo; **8.** zapatos.

5. **1.** piel/cuero; **2.** lana; **3.** seda; **4.** algodón.

6. **1.** rojo; **2.** verde; **3.** azul; **4.** blanco; **5.** naranja; **6.** amarillo; **7.** rosa; **8.** negro.

7. **1.** V; **2.** F; **3.** F; **4.** V; **5.** F.

8. Respuesta abierta.

9. **1.** practico; **2.** llegas, ves; **3.** comemos, viven; **4.** trabaja; **5.** viajan, conocen; **6.** regala.

10. **1.** P; **2.** P; **3.** H; **4.** H; **5.** P; **6.** H.

11. **1.** me llamo; **2.** llaman; **3.** vivimos; **4.** Estudio; **5.** practicamos; **6.** trabaja; **7.** viaja; **8.** trabajan; **9.** comemos; **10.** prepara.

12. **1.** c; **2.** f; **3.** a; **4.** d; **5.** b; **6.** e.

13. **1.** *estar* + gerundio; **2.** -ando; **3.** -iendo.

14. **1.** E, está montando; **2.** C, Está tomando, está paseando; **3.** G, Está leyendo; **4.** B, Están mirando; **5.** D, Están jugando; **6.** A, está haciendo; **7.** F, Están sonriendo.

15. **1.** activa; **2.** tranquila; **3.** seria; **4.** trabajador; **5.** simpáticos; **6.** divertidos; **7.** alegres.

16. **1.** estos; **2.** esas; **3.** aquellos, Estos; **4.** Esos, estos; **5.** Esta; **6.** ese, este.

17. **1.** nuestra; **2.** vuestros; **3.** Su; **4.** mis; **5.** Sus; **6.** su.

18. **1.** C; **2.** B; **3.** A.

19. Respuesta abierta.

20. **1.** F (zapatos de Manolo Blahnik); **2.** V; **3.** F (camiseta de Custo Dalmau); **4.** V.

21. **1.** b; **2.** d; **3.** a; **4.** c.

22. 3, 5, 2, 1, 4.

Unidad 5: Igual que todos los días

1. **1.** Las doce y diez; **2.** Las siete y cuarto; **3.** La una menos cinco; **4.** Las dos y media; **5.** Las seis en punto; **6.** Las cinco menos veinticinco.

2. **1.** lunes; **2.** martes; **3.** miércoles; **4.** jueves; **5.** viernes; **6.** sábado; **7.** domingo.

3. **1.** b; **2.** f; **3.** c; **4.** e; **5.** d; **6.** a.

4. **1.** F; **2.** F; **3.** V; **4.** V; **5.** F.

5. **1.** a; **2.** b; **3.** c; **4.** c; **5.** a; **6.** c.

6. **Acciones cotidianas:** Hacer la compra, Coger el metro, Ir a clase, Hacer la cama; **Comidas del día:** desayuno, comida, cena, merienda; **Actividades de tiempo libre:** Salir con amigos, Dar un paseo, Organizar un viaje, Cenar fuera.

7. **1.** c; **2.** b; **3.** c; **4.** d; **5.** a; **6.** b.

8. **1.** El horario de las tiendas es de 9:00 a 20:00 h; **2.** Los centros comerciales abren todos los días de la semana; **3.** ¿Desayunas en casa normalmente?; **4.** ¿A qué hora te levantas?; **5.** ¿Quién prepara la cena en tu casa?; **6.** ¿Qué horario de trabajo tienes?

9. **1.** d; **2.** e; **3.** a; **4.** b; **5.** c.

10. **1.** B; **2.** C; **3.** A; **4.** D.

11. **1.** empieza; **2.** salimos; **3.** pido; **4.** juegas; **5.** nos acostamos; **6.** hago; **7.** dormís; **8.** quieren; **9.** puede; **10.** volvemos.

12. **c › zc:** conduzco, traduzco, ofrezco, conozco, nazco; **-go:** salgo, pongo, caigo, traigo, valgo; **Otros verbos:** veo, quepo, doy, estoy; **Verbos con doble irregularidad:** vengo, tengo, oigo, digo.

13. **1.** nos; **2.** se; **3.** te; **4.** me; **5.** se; **6.** os.

14. **1.** b; **2.** a; **3.** c; **4.** a; **5.** b; **6.** c; **7.** a; **8.** b.

15. **1.** vosotros/as, pedir; **2.** tú, sentir; **3.** ellos, ellas, ustedes, divertirse; **4.** nosotros/as, comenzar; **5.** él, ella, usted, poder; **6.** yo, entender; **7.** tú, medir; **8.** él, ella, usted, contar; **9.** vosotros/as, vestirse; **10.** yo, elegir; **11.** ellos, ellas, ustedes, probar; **12.** yo, servir; **13.** ellos, ellas, ustedes, volar; **14.** ellos, ellas, ustedes, cerrar; **15.** ellos, ellas, ustedes, jugar; **16.** tú, pensar.

16. **1.** juega; **2.** duermen; **3.** Prefiero; **4.** corregimos; **5.** vuelven; **6.** cierro; **7.** quieres; **8.** pedimos.

17. **1.** viven; **2.** mide; **3.** juega; **4.** quiere; **5.** es; **6.** viste; **7.** prefiere; **8.** cierran; **9.** duerme; **10.** se divierten; **11.** tienen; **12.** pueden.

18. 2, 3, 5.

19. **Para expresar frecuencia:** todas las noches, todas las tardes, todos los días; **Para ordenar las acciones en el tiempo:** primero, antes, después; **Para referirse a una parte del día:** por la tarde, por la noche.

20. **1.** me llamo; **2.** tengo; **3.** Vivo; **4.** trabajo; **5.** es; **6.** tiene; **7.** trabajo; **8.** empiezo; **9.** tengo; **10.** termino; **11.** salgo; **12.** voy; **13.** hacemos; **14.** volvemos; **15.** llego; **16.** hago; **17.** llamo; **18.** pido; **19.** vamos; **20.** hacemos; **21.** paseamos; **22.** organizamos.

21. **1.** F (trabaja en una escuela); **2.** V; **3.** F (a veces come en la escuela); **4.** V; **5.** F (casi siempre va a pie); **6.** F (durante los fines de semana hacen la compra, hacen deporte, pasean y a veces organizan viajes); **7.** V (Alfredo prepara la cena para los dos); **8.** V.

22. Respuesta abierta.

23. **1.** F (solo el 28 % de la gente merienda); **2.** V; **3.** V; **4.** F (aprovechan para salir a comer o cenar fuera); **5.** F (comen en el trabajo); **6.** V.

24. **1.** a; **2.** c; **3.** b; **4.** c.

Unidad 6: ¡Me encanta!

1. **1.** c; **2.** e; **3.** d; **4.** a; **5.** b.

2. 1, 2, 4.

3. **1.** Sopa de pescado; **2.** Gazpacho; **3.** Ensalada mixta; **4.** Chuletas de cordero con patatas; **5.** Fritura de pescado; **6.** Tortilla de atún; **7.** Fruta; **8.** Tarta de la casa; **9.** Helado variado.

4. **1.** Mitxelena; **2.** Doña Casilda; **3.** Guggenheim; **4.** Arrietara; **5.** San Mamés; **6.** Arriaga.

5. **1.** b, c; **2.** a, c, e.

6. **1.** playa; **2.** museo; **3.** pinchos; **4.** partido; **5.** concierto; **6.** restaurante.

7. **1.** d; **2.** a; **3.** e; **4.** c; **5.** b.

8. **1.** F; **2.** F; **3.** V; **4.** F; **5.** V.

8a. **1.** Hay varios museos en la ciudad; **2.** En el teatro tocan orquestas de todo el mundo; **4.** Los estadios son un poco pequeños.

9. **1.** exposición; **2.** auditorio; **3.** compras; **4.** Humanidad; **5.** cine.

10. Respuesta abierta.

11. **1.** c; **2.** a; **3.** b.

12. Respuesta abierta.

13. **1.** A ti; **2.** usted; **3.** me; **4.** os; **5.** les; **6.** interesan; **7.** infinitivo.

14. **1.** gusta; **2.** gustan; **3.** gusta; **4.** gusta; **5.** gustan; **6.** gustan.

15. **1.** Le gusta jugar al fútbol; **2.** Te encantan los videojuegos; **3.** Me interesa la lengua española; **4.** Os gusta hacer submarinismo; **5.** A Felipe le encanta ir de excursión; **6.** A sus padres les interesa mucho la ópera.

16. **1.** d; **2.** e; **3.** a; **4.** c; **5.** b.

17. **Julia:** 1, 3, 4; **José:** 2, 5, 6.

18. **1.** Yo también; **2.** A mí también; **3.** A mí tampoco; **4.** Yo sí; **5.** A mí también; **6.** Yo también.

19. y **19a.** Respuesta abierta.

20. **Carlos:** macarrones con tomate, pollo asado, flan casero; **María:** crema de verduras, salmón a la plancha, tarta de queso.

21. **1.** me encanta; **2.** me gustan; **3.** les interesa; **4.** le gusta; **5.** le interesa; **6.** nos encantan.

22. **1.** ¿Te gusta la última película de Harry Potter? Sí, me gusta mucho./Sí, me encanta; **2.** ¿Os gustan los museos? Sí, nos gustan bastante; **3.** ¿A tu hermana le gusta levantarse temprano? No, no le gusta mucho; **4.** ¿A tus amigos les gusta montar en bicicleta? No, no les gusta nada./No, lo odian; **5.** ¿Te gusta hacer fotos con el móvil? Sí, me gusta bastante; **6.** ¿A ustedes les gustan los animales domésticos? Sí, nos gustan mucho./Sí, nos encantan.

23. **1.** F; **2.** V; **3.** F; **4.** V; **5.** F; **6.** F.

24. **1.** a; **2.** c; **3.** f; **4.** e; **5.** d; **6.** b.

25. **1.** huevos estrellados; **2.** patatas bravas; **3.** pulpo a la gallega; **4.** jamón ibérico; **5.** tortilla de patatas; **6.** pimientos de padrón.

26. **1.** V; **2.** V; **3.** F (no son gratuitos); **4.** F (es típico de Galicia); **5.** V; **6.** F (son huevos fritos); **7.** F (no todos, solo algunos); **8.** V.

Unidad 7: Buenas intenciones

1. **1.** prismáticos; **2.** gorra; **3.** toalla; **4.** protector solar; **5.** chanclas; **6.** sombrero; **7.** bañador; **8.** tienda de campaña; **9.** linterna; **10.** botas de montaña; **11.** impermeable; **12.** cámara (de fotos).

2. **1.** Va a hacer senderismo, Va a hacer la ruta de la Cascada del Purgatorio; **2.** Protector solar, Un impermeable, Botas de montaña, Una gorra; **3.** Unos prismáticos.

3. Respuesta abierta.

4. **Posible respuesta:**
En clase: 1, 9, 12, 14, 15; **En casa:** 2, 4, 5, 6, 8, 10; **Ambos:** 3, 7, 11, 13.

5. **Escuchar:** 1, 6, 15; **Escribir:** 7, 11, 16; **Leer:** 5, 10, 17; **Buscar:** 2, 12, 14; **Hacer:** 4, 8, 13; **trabajar:** 3, 9, 18.

6. **1.** Puedes; **2.** Necesitas; **3.** hay que; **4.** tienes que; **5.** hay que; **6.** tienes que.

7. **1.** Va a quedar con amigos; **2.** Va a escalar; **3.** Va a hacer/ir de *camping*; **4.** Va a montar en piragua; **5.** Va a hacer senderismo; **6.** Va a ir a un concierto.

7a. 1, 3, 4, 5, 7, 9.

8. **Correctas:** 1, 3, 5; **Incorrectas:** 2 (quiere cantar ópera), 4 (quiere ser pilota), 6 (quiere vivir en una ciudad).

9. **1.** d; **2.** f; **3.** a; **4.** b; **5.** c; **6.** e.

10. **1.** Hay que tener un plan de acción detallado; **2.** Hay que buscar un trabajo en la nueva ciudad; **3.** Hay que encontrar un apartamento bien situado; **4.** Hay que organizar una mudanza; **5.** Hay que hacer las maletas; **6.** Hay que organizar una gran fiesta de despedida.

11. **1.** V; **2.** V; **3.** F; **4.** F.

12. **1.** c; **2.** a; **3.** b.

13. **1.** a; **2.** b; **3.** b; **4.** a; **5.** a; **6.** c.

14. **1.** para; **2.** por; **3.** por; **4.** para; **5.** por; **6.** para.

15. **Por:** **1.** c; **2.** e; **3.** b; **4.** g. **Para:** **1.** d; **2.** a; **3.** h; **4.** f.

16. **1.** e; **2.** c; **3.** a, e (causa en ambos casos); **4.** b (finalidad), d (parte del día); **5.** d; **6.** d (parte del día), f (tiempo límite).

17. **1.** colibrí; **2.** puma; **3.** nutria; **4.** rana negra de Roraima; **5.** anaconda; **6.** oso hormiguero.

18. **1.** a (está en el estado de Bolívar); **2.** c (Río Grande está en Patagonia); **3.** b (está en Patagonia).

19. Respuesta abierta.

Unidad 8: Cuídate

1. **1.** i; **2.** b; **3.** a; **4.** j; **5.** e; **6.** g; **7.** f; **8.** d; **9.** c; **10.** h.

2. **1.** a; **2.** a; **3.** c; **4.** b; **5.** a; **6.** c; **7.** c; **8.** a.

3. **1.** chocolatina; **2.** zumo; **3.** refrescos; **4.** galleta; **5.** bollería; **6.** gominolas.

4. 2, 4.

5. **1.** a; **2.** c; **3.** c; **4.** b.

6. **1.** b; **2.** c; **3.** a; **4.** b; **5.** a; **6.** c.

7. **1.** Levanta; **2.** Sube; **3.** Mantén; **4.** Mirad; **5.** Cortad; **6.** Poned; **7.** Di; **8.** Abre; **9.** Levanta; **10.** Levantaos; **11.** Sentid; **12.** Girad.

8. **1.** f; **2.** c; **3.** e; **4.** d; **5.** b; **6.** a.

9. **1.** sonríe; **2.** Guarda; **3.** tenlos; **4.** lleva; **5.** escribe; **6.** Ve; **7.** Habla; **8.** Sé; **9.** adáptate; **10.** diviértete; **11.** aprovecha; **12.** haz.

9a. **1.** sonreíd; **2.** Guardad; **3.** tenedlos; **4.** llevad; **5.** escribid; **6.** Id; **7.** Hablad; **8.** Sed; **9.** adaptaos; **10.** divertíos; **11.** aprovechad; **12.** haced.

10. Respuesta abierta.

11. **1.** los; **2.** Lo; **3.** la; **4.** los (hacerlos); **5.** Las; **6.** Lo; **7.** la; **8.** la.

12. **1.** d, A; **2.** f, D; **3.** a, F; **4.** b, E; **5.** c, B; **6.** e, C; **7.** h, G; **8.** g, H.

13. 2, 3, 5, 7.

14. **1.** preocupado/a; **2.** aburrido/a; **3.** estresado/a; **4.** triste; **5.** cansado/a.

15. **1.** Me duele; **2.** Me pican; **3.** Estoy; **4.** Tengo; **5.** Tengo; **6.** Me duele; **7.** Me duelen; **8.** Me siento; **9.** Tengo; **10.** Tengo; **11.** Estoy; **12.** Me duele.

16. **Órdenes:** 2, 5; **Consejos:** 3, 6, 8; **Instrucciones:** 1, 4, 7.

17. **1.** tienes; **2.** debes; **3.** tienes; **4.** Debes; **5.** Puedes.

18. **1.** a; **2.** b; **3.** a; **4.** b; **5.** a; **6.** b.

19. **Pedir un objeto:** 1, 7; **Pedir un favor:** 3, 4, 5, 8; **Pedir permiso:** 2, 6.

20. **1.** c; **2.** b; **3.** b; **4.** b; **5.** c; **6.** b.

21. **1.** V; **2.** F (se utilizan productos naturales y frescos); **3.** V; **4.** F (se cocina con aceite de oliva); **5.** F (no es vegetariana, incluye todo tipo de alimentos, aunque en diversas proporciones según su valor nutricional y sus beneficios para la salud).

Unidad 9: ¡Vaya día!

1. **1.** cebollas; **2.** mermelada; **3.** sardinas; **4.** azúcar; **5.** salchichas; **6.** aceitunas; **7.** agua; **8.** arroz.

2. **1.** agua; **2.** sardinas; **3.** harina; **4.** patatas fritas; **5.** leche; **6.** mermelada.

3. **1.** leche; **2.** huevos; **3.** aceite; **4.** lechuga.

4. **1.** b; **2.** c; **3.** d; **4.** a; **5.** f; **6.** g; **7.** h; **8.** e.

5. **1.** V; **2.** F (ha comprado doce); **3.** F (bebe mucho y hace calor); **4.** F (ha comprado dos kilos); **5.** V; **6.** V; **7.** V (ha olvidado la lechuga).

6. **Posible respuesta:**
Ocho plátanos o medio kilo de plátanos, un paquete de mantequilla, un paquete de arroz, una botella de aceite de oliva, un ajo, ocho huevos o una docena de huevos, ocho salchichas o un paquete de salchichas, un bote de tomate frito.

7. **Alimentos perecederos:** huevos, marisco, fruta; **Alimentos no perecederos:** azúcar, pasta, harina.

8. **1.** benéfica; **2.** dona; **3.** recursos; **4.** perecederos; **5.** lata.

9. **1.** he hablado; **2.** hemos hablado; **3.** han hablado; **4.** ha comido; **5.** habéis comido; **6.** has vivido.

10. **1.** abierto; **2.** dicho; **3.** escrito; **4.** hecho; **5.** muerto; **6.** puesto; **7.** roto; **8.** visto; **9.** vuelto.

11. **1.** me he levantado; **2.** he desayunado; **3.** he salido; **4.** he cogido; **5.** he escrito; **6.** he hecho; **7.** he terminado; **8.** he ido; **9.** hemos visto.

12. **1.** nada; **2.** alguien; **3.** ninguna; **4.** algún; **5.** algunos; **6.** nadie; **7.** algunas; **8.** nada.

13. **1.** algún; **2.** algunos; **3.** algo; **4.** ningún; **5.** nada; **6.** nadie.

14. **Emilio:** 1, 4, 5; **Marta:** 2, 3, 6.

15. 1, 4, 5, 7, 8.

15a. **Sí:** ha hecho los deberes, ha comprado el pan, ha ido a Correos a recoger el paquete; **No:** ha terminado de ver la película, ha limpiado y ordenado su habitación, ha planchado la ropa, ha puesto la lavadora.

16. **1.** ha sido; **2.** he hecho; **3.** He terminado; **4.** he empezado/ he comenzado; **5.** he viajado; **6.** he conocido; **7.** he escrito; **8.** he contado; **9.** he puesto; **10.** he visitado; **11.** he alquilado; **12.** he ido; **13.** he adoptado; **14.** he comenzado/ he empezado; **15.** he aprendido; **16.** he comprado.

16a. **1.** F; **2.** F; **3.** V; **4.** F (ya lo ha escrito); **5.** F; **6.** V; **7.** F; **8.** F.

17. **1.** F; **2.** F; **3.** V; **4.** F (se han encontrado por casualidad en el centro comercial); **5.** F; **6.** V; **7.** V; **8.** F.

18. Respuesta abierta.

19. **1.** N; **2.** N; **3.** P; **4.** P; **5.** N; **6.** N.

20. **1.** Cenotes, depósitos de agua dulce; **2.** El canal de Panamá; **3.** Las Pirámides de Tikal; **4.** Vinicunca, la montaña de los siete colores; **5.** El salar de Uyuni, un desierto de sal; **6.** La isla de Pascua.

21. **1.** Machu Picchu, ciudad inca, Perú; **2.** Vinicunca, la montaña de los siete colores; **3.** El salar de Uyuni, un desierto de sal; **4.** El canal de Panamá; **5.** Cenotes, depósitos de agua dulce; **6.** Las Pirámides de Tikal. El lugar que no se ha mencionado antes es el Machu Picchu.

22. **1.** V; **2.** V; **3.** F (es Costa Rica); **4.** V; **5.** F (es El Salvador); **6.** F (está en Argentina); **7.** F (el Aconcagua es una montaña, la más alta de América); **8.** V.

Unidad 10: Estamos de fiesta

1. **1.** plátanos; **2.** pescado; **3.** tapas; **4.** pasteles; **5.** leche; **6.** tomates.

2. **1.** Verdura, c; **2.** Lácteos, b; **3.** Fruta, c; **4.** Dulces, c.

3. **1.** h; **2.** g; **3.** b; **4.** f; **5.** c; **6.** a; **7.** d; **8.** e.

3a. **1.** cuchara; **2.** vaso; **3.** taza; **4.** plato; **5.** cuchillo; **6.** servilleta; **7.** tenedor; **8.** botella.

4. **1.** f; **2.** e; **3.** b; **4.** d; **5.** c; **6.** a; **7.** g.

4a. **1.** ¡Buen viaje!; **2.** ¡Feliz cumpleaños!/¡Muchas felicidades!; **3.** ¡Que aproveche!; **4.** ¡Buena suerte!; **5.** ¡Felices vacaciones!

5. 1, 4.

6. Respuesta abierta.

7. **1.** menos, que; **2.** más, que; **3.** menos, que; **4.** tan, como; **5.** más, que; **6.** tan, como; **7.** tan, como; **8.** menos, que; **9.** más, que.

8 y **8a.** **1.** F; **2.** V; **3.** F; **4.** V; **5.** V; **6.** F.

9. Respuesta abierta.

10. **1.** es; **2.** está, es; **3.** estoy, son; **4.** es, está; **5.** somos, estoy; **6.** está, es, es, es; **7.** está, está; **8.** está, Es, están.

11. **1.** está; **2.** son; **3.** está; **4.** estás; **5.** está; **6.** es; **7.** es; **8.** eres; **9.** Estás.

12. Yo estoy muy contento; es de Sevilla; es muy buena profesora; Mi grupo es muy pequeño; somos tres chicos y cuatro chicas; ¿en qué curso estás de inglés?

13. **1.** e; **2.** f; **3.** c; **4.** d; **5.** b; **6.** a.

13a. Respuesta abierta.

14. **1.** d; **2.** c; **3.** b; **4.** c; **5.** d; **6.** b.

15. **Ser:** rápido/a, fiel, valiente, inteligente, increíble.

Estar: enfadado/a, de buen humor, enfermo/a, roto/a, preocupado/a.

16. Respuesta abierta.

17. **1.** baile; **2.** palmada; **3.** vestido; **4.** piñata; **5.** harina; **6.** regalo.

18. 3, es en Puerto Rico; 4, es en Chile; 6, es en Paraguay.

19. **a.** 1; **b.** 3; **c.** 6; **d.** 2; **e.** 5; **f.** 4.

Unidad 11: Viajes con encanto

1. **1.** a; **2.** c; **3.** b; **4.** c; **5.** a; **6.** c.

2. **1.** completa; **2.** media; **3.** antelación; **4.** seguro; **5.** mano, facturar; **6.** todo incluido.

3. **1.** c; **2.** a; **3.** f; **4.** b; **5.** d; **6.** e.

3a. Respuesta abierta.

4. **Posible respuesta:**

1. Son dos turistas, consultan una guía en la *tablet*;
2. Están en un aeropuerto y el señor factura su equipaje;
3. La chica busca un hotel en internet/reserva un hotel por internet.

5. **1.** F; **2.** V; **3.** F; **4.** V; **5.** F; **6.** F.

6. **Antes del viaje:** Sacar el billete de avión, Contratar un seguro de viaje, Comprar una guía, Reservar el hotel.
Durante el viaje: Hacer excursiones, Bañarse, Tomar el sol, Visitar museos.

7. **1.** recorrer; **2.** buscar; **3.** pasar; **4.** visitar.

8. Respuesta abierta.

9. **1.** trabajaste; **2.** trabajó; **3.** trabajasteis; **4.** bebí; **5.** bebimos; **6.** bebieron; **7.** subiste; **8.** subimos; **9.** subisteis.

10. **1.** fui; **2.** fue; **3.** fuisteis; **4.** tuviste; **5.** tuvimos; **6.** tuvieron; **7.** hice; **8.** hiciste; **9.** hicisteis; **10.** estuvo; **11.** estuvimos; **12.** estuvieron; **13.** vi; **14.** vimos; **15.** visteis; **16.** di; **17.** diste; **18.** dieron.

11. **1.** anoche; **2.** anteayer; **3.** hace tres días; **4.** el mes pasado; **5.** el año pasado; **6.** hace dos años; **7.** en 2015.
Respuesta abierta.

12. **1.** a; **2.** d; **3.** b; **4.** c; **5.** f; **6.** e.

12a. **1.** tuve; **2.** viste; **3.** estuvieron, fui; **4.** hizo; **5.** fue, compró, llegó, probamos; **6.** escribió.

13. 2, 3, 5, 6, 8.

13a. **1.** d; **2.** g; **3.** a; **4.** b; **5.** h; **6.** e; **7.** c; **8.** f.

14. **1.** F; **2.** V; **3.** F; **4.** V; **5.** V; **6.** F; **7.** F; **8.** F; **9.** V; **10.** F.

14a. **Posible respuesta:**

1. Para decidir entre empezar la universidad o viajar para aprender idiomas; **2.** Pensó en ir a China para aprender chino, a EE. UU. para mejorar su inglés o a Francia para estudiar francés; **3.** En París trabajó de camarera en una cafetería, en Nueva York trabajó en la recepción de un hotel y en África fue profesora de Matemáticas; **4.** Sven es un chico sueco que conoció trabajando en el hotel de Nueva York. Juntos se fueron a África; **5.** Porque fue una experiencia increíble y se sintió muy satisfecha.

14b. **Posible respuesta:**

1. Manuela en París cuando estudió francés en una academia; **2.** Manuela cuando trabajó de camarera en la cafetería de París; **3.** Manuela cuando trabajó en la recepción de un hotel en Nueva York; **4.** Manuela cuando enseñó matemáticas en una escuela en África.

15. **1.** a; **2.** e; **3.** d; **4.** b; **5.** c.

16. **1.** c; **2.** d; **3.** e; **4.** a; **5.** b.

17. **1.** V; **2.** F; **3.** V; **4.** V; **5.** F; **6.** F; **7.** V.

18. **1.** jardín; **2.** roca; **3.** instrumento; **4.** trompeta; **5.** interior; **6.** pares; **7.** cima; **8.** lluvia.

Unidad 12: Hemos conectado

1. **1.** h; **2.** d, b; **3.** f; **4.** k; **5.** a, l, i; **6.** e; **7.** c; **8.** j, g.

2. **1.** descargarme; **2.** Guarda; **3.** Cópialo, pégalo; **4.** subido; **5.** imprímela; **6.** Busca; **7.** Elimina; **8.** comparto.

3. **1.** d; **2.** e; **3.** a; **4.** b; **5.** c.

4. **1.** d; **2.** c; **3.** e; **4.** b; **5.** f; **6.** a.

5. **1.** d; **2.** a; **3.** f; **4.** b; **5.** e; **6.** c.

6. **1.** d; **2.** a; **3.** c; **4.** c.

7. **1.** teclado, también teclado de piano y de otros instrumentos musicales; **2.** bajar/descargar, también bajar una escalera o en ascensor; **3.** impresora; **4.** pantalla; **5.** chatear; **6.** navegar, también viajar en barco; **7.** ratón, también es un animal; **8.** compartir.

8. **1.** b; **2.** c; **3.** a.

8a. computadora, *mouse* y celular.
Respuesta abierta.

9. **1.** he salido salido; **2.** hemos visto; **3.** Ha escrito; **4.** habéis estado; **5.** han tenido; **6.** has dicho; **7.** han pensado; **8.** He ido.

10. **1.** Habéis salido; **2.** ha llamado, hemos quedado; **3.** Ha leído; **4.** me he levantado, he desayunado, he ido; **5.** Has estado; **6.** Hemos cenado; **7.** han llegado; **8.** han venido, han tenido.

11. **Participio regular:** correr, encontrar, pensar, viajar.
Participio irregular: escribir, poner, decir, hacer, romper, ver, volver, abrir.

11a. **1.** viajado; **2.** escrito; **3.** hecho; **4.** encontrado, puesto; **5.** corrido; **6.** vuelto; **7.** pensado; **8.** visto, roto; **9.** dicho; **10.** abierto.

12. **1.** ha esquiado; **2.** ha practicado; **3.** ha hecho; **4.** ha escalado; **5.** ha montado; **6.** hemos ido; **7.** hemos corrido; **8.** ha encantado.

13. **1.** Saltar desde un avión; **2.** Bucear; **3.** Pedir comida a domicilio; **4.** Ganar un premio; **5.** Comer en un restaurante con estrella Michelin; **6.** Volar en globo.

La actividad que sobra es ir a un balneario.

13a. **1.** c; **2.** d; **3.** a; **4.** f; **5.** b; **6.** e.

14. Respuesta abierta.

15. Respuesta abierta.

16. **1.** d; **2.** c; **3.** e; **4.** a; **5.** b.

17. Respuesta abierta.

18. **1.** sé, conoce; **2.** sabe, conoce; **3.** conocemos, saben; **4.** Conocéis, Sabéis.

19. Respuesta abierta.

19a. Respuesta abierta.

20. **1.** e; **2.** b; **3.** a; **4.** c; **5.** d.

20a. **A.** 2; **B.** 4; **C.** 3.

21. 3.

22. **1.** b; **2.** a; **3.** b; **4.** c; **5.** b; **6.** c.

Unidad 13: Vivencias

1. **1.** invento; **2.** documento; **3.** siglo; **4.** protagonista; **5.** personaje; **6.** fecha; **7.** humanidad; **8.** suceso.

2. **1.** suceso; **2.** siglo; **3.** protagonista; **4.** fecha; **5.** humanidad; **6.** personajes; **7.** documento; **8.** inventos.

3. **1.** c; **2.** a; **3.** h; **4.** g; **5.** f; **6.** b; **7.** d; **8.** e.

4. **1.** grapadora; **2.** fregona; **3.** bolígrafo; **4.** televisión.

4a. **a.** 4; **b.** 2; **c.** 3; **d.** 1.

5. **1.** F; **2.** V; **3.** F; **4.** V.

6. **1.** d; **2.** c; **3.** c; **4.** d.

7. Respuesta abierta.

7a. Respuesta abierta.

8. **1.** se vistió, se vistieron; **2.** creyó, creyeron; **3.** oyó, oyeron; **4.** sonrió, sonrieron; **5.** incluyó, incluyeron; **6.** durmió, durmieron; **7.** construyó, construyeron; **8.** murió, murieron.

9. **1.** b; **2.** d; **3.** h; **4.** a; **5.** g; **6.** e; **7.** f; **8.** c.

9a. Respuesta abierta.

10. **1.** Con 25 años llegó a España; **2.** Desde octubre hasta junio trabajó como profesor de inglés; **3.** Después de este primer viaje volvió a su país; **4.** Poco tiempo después, regresó a España; **5.** Al cabo de unos meses, se apuntó a clases de español; **6.** Un año más tarde, conoció a su pareja actual; **7.** Después de 20 años, continúa en Madrid y su español es bastante aceptable.

11. **1.** perfecto; **2.** indefinido; **3.** perfecto; **4.** perfecto; **5.** indefinido; **6.** perfecto; **7.** indefinido; **8.** perfecto.

12. **1.** nació; **2.** ha obtenido; **3.** fue; **4.** ganó; **5.** ha sido; **6.** consiguió; **7.** ha ganado; **8.** Ha participado; **9.** ha compuesto; **10.** ha colaborado; **11.** nombraron.

13. **Posible respuesta:**

    1. La semana pasada Elena fue de compras con su novio; **2.** Esta mañana ha estudiado en la biblioteca con una amiga; **3.** Anoche Elena bailó con sus amigos en una discoteca; **4.** El verano pasado fue de vacaciones a la playa; **5.** Este año Elena se ha roto una pierna; **6.** Hace dos semanas hizo una entrevista de trabajo.

14. **Posible respuesta:**

    Ya: ha buscado su hotel y se ha registrado; ha wasapeado con sus amigos españoles; ha visitado el Museo del Prado; ha ido de tapas a Platea; ha paseado por sitios emblemáticos, como la Puerta del Sol y la plaza Mayor, y ha hecho muchas fotos; ha escrito una postal a su familia; ha hecho el *check-in* de su billete de vuelta.

    Todavía no: ha cogido el autobús turístico; ha comido en Casa Lucio; ha hecho el equipaje; ha cenado e ido a bailar con sus amigos españoles; ha puesto el despertador; ha ido al aeropuerto; ha vuelto a trabajar.

15. **1.** La industrialización; **2.** En los 70; **3.** El Museo Guggenheim, de Frank Gehry; **4.** La plaza Nueva.

16. **Introducir la anécdota:** Te voy a contar una cosa... ¿Sabes lo que me pasó...?, Pues resulta que...; **Mostrar interés:** Cuenta, cuenta..., ¿Qué te pasó?; **Reaccionar a la anécdota:** ¡No me digas!, ¡Qué bien!, ¿De verdad?, ¡Qué mala suerte!

16a. **Posible respuesta:**
1. Sabes lo que me pasó; **2.** ¿Qué te pasó?; **3.** ¡No me digas!; **4.** Te voy a contar una cosa; **5.** Cuenta, cuenta...; **6.** Pues resulta que; **7.** ¿De verdad?; **8.** ¡Qué bien!; **9.** Pues resulta que; **10.** ¡Qué mala suerte!

17. Respuesta abierta.

18. **1.** La Habana; **2.** Malecón; **3.** salsa; **4.** Varadero; **5.** playa; **6.** bicicleta; **7.** carne; **8.** vuelta.

18a. **1.** F; **2.** V; **3.** V; **4.** F; **5.** V.

19. **a.** 2; **b.** 4; **c.** 1; **d.** 6; **e.** 3; **f.** 5.

Unidad 14: ¿Cómo era antes?

1. **1.** f; **2.** e; **3.** c; **4.** h; **5.** a; **6.** i; **7.** g; **8.** d; **9.** b.

1a. **1.** b; **2.** g; **3.** f; **4.** e.

2. Respuesta abierta.

3. **1.** Hace; **2.** Está; **3.** Hay; **4.** es; **5.** Hace; **6.** es; **7.** Hay; **8.** Hace; **9.** Hace; **10.** Está.

4. **1.** d; **2.** c; **3.** a; **4.** b; **5.** d.

5. **Primavera:** 3, 10, 12; **Verano:** 2, 4, 6; **Otoño:** 1, 5, 9; **Invierno:** 7, 8, 11.

6. **1.** sol/buen tiempo, Artigas y Rivera; **2.** nublado, Melo; **3.** muy nublado, Rocha, Montevideo, Mercedes y Paysandú; **4.** lluvia, Florida y Durazno; **5.** tormenta, Mercedes y Paysandú; **6.** nieve; **7.** frío, Rocha; **8.** calor, Artigas y Rivera.

7. Respuesta abierta.

8. **1.** salíamos; **2.** solía; **3.** era, tenía, se veía; **4.** había; **5.** éramos, venía; **6.** hacía; **7.** era, tenía; **8.** cenabas; **9.** estaba; **10.** hacía, cogíamos, íbamos.

8a. **Describir en pasado:** 3, 5, 7; **Hablar de acciones habituales en el pasado:** 1, 2, 6, 10; **Acción durativa en relación con otra terminada:** 4, 8, 9.

9. **1.** PS, Era tímida; **2.** PR, Sale con amigos; **3.** PS, Hablaba con poca gente; **4.** PR, Es sociable; **5.** PS, No tenía muchos amigos; **6.** PS, Iba a la guardería; **7.** PR, Estudia Periodismo; **8.** PS, Quería ser veterinaria; **9.** PR, Quiere ser presentadora; **10.** PS, Le gustaba coger insectos; **11.** PR, Tiene novio; **12.** PS, Jugaba sola.

10. Respuesta abierta.

11. **1.** Trabajaba; **2.** hacíamos; **3.** tomábamos; **4.** salía; **5.** iba; **6.** gustaba; **7.** comía; **8.** veía; **9.** Salía; **10.** dirigíamos; **11.** Hacíamos; **12.** íbamos; **13.** veíamos; **14.** volvía; **15.** preparaba; **16.** cenaba; **17.** veía; **18.** leía; **19.** solía; **20.** estaba.

12. **1.** Esta semana; **2.** Mientras; **3.** Antes; **4.** Hace un año; **5.** Cuando; **6.** Siempre.

13. **Narración/Hechos: 1.** gastó, aprovechó, reservó, pagó; **2.** engañó, ayudó, vio, decidió, pidió; **3.** regaló, cogió, repartió, se han puesto, han pedido.
Descripción/Circunstancias: 1. dormía, incluía; **2.** iba, vivía, tenía, estaba; **3.** eran, necesitaba.

14. **1.** participaron; **2.** celebró; **3.** consistía; **4.** ha sido; **5.** han participado; **6.** ganó; **7.** estuvo; **8.** fueron; **9.** quedó; **10.** Pensaba; **11.** era; **12.** tenían; **13.** podían; **14.** quería.

14a. **1.** F; **2.** V; **3.** F; **4.** F; **5.** V; **6.** V.

15. **1.** estudiaba; **2.** tenía; **3.** era; **4.** encantaba, empecé; **5.** hacía; **6.** iba.

16. **1.** Cuando llegué a casa, tú te habías marchado; **2.** Cuando fui al banco, ya había cerrado; **3.** Cuando encendí la tele, el partido (ya) había empezado; **4.** Cuando empezaste a cenar, la pasta se había enfriado; **5.** Cuando fuimos a Roma con la escuela, ya habíamos estado dos veces; **6.** Cuando saliste de la oficina, (ya) había dejado de llover; **7.** Cuando volvisteis a casa, ya me había acostado; **8.** No fue al teatro porque (ya) había visto la función; **9.** Cuando me levanté, (ya) había amanecido; **10.** Cuando llegó a la estación, el tren (ya) había salido.

17. **1.** cuando; **2.** después; **3.** Mientras; **4.** antes; **5.** siempre.

18.

18a. **1.** V; **2.** F; **3.** V; **4.** F; **5.** F.

18b. **1.** c; **2.** a; **3.** d; **4.** b; **5.** e.

Unidad 15: Dentro de 50 años

1. **1.** Disminuye; **2.** Limpia, evitar; **3.** Instala, usar; **4.** Crea; **5.** Clasifica, reciclar.

2. **1.** latas; **2.** periódicos; **3.** jeringuilla usada; **4.** botellas; **5.** pañales; **6.** restos orgánicos; **7.** bolsas; **8.** pilas.

2a. **1.** Envases: latas, bolsas; **2.** Papel: periódicos; **3.** Vidrio: botellas; **4.** Material peligroso: jeringuilla usada, pilas; **5.** Restos orgánicos: manzanas; **6.** Material no biodegradable: pañales.

3. **1.** c; **2.** e; **3.** a; **4.** f; **5.** b; **6.** g; **7.** h; **8.** d.

3a. **1.** punto limpio; **2.** papel, azul; **3.** papel, azul; **4.** envases, amarillo; **5.** envases, amarillo; **6.** papel, azul; **7.** vidrio, verde; **8.** restos orgánicos, marrón.

4 y **4a.** **1.** revistas; **2.** cartón; **3.** envases; **4.** pilas; **5.** corcho; **6.** orgánicos.

5. Respuesta abierta.

6. **1.** c; **2.** e; **3.** a; **4.** b; **5.** d; **6.** h; **7.** f; **8.** g.

7. **1.** avanzará; **2.** vivirán; **3.** cuidarán; **4.** seréis; **5.** tendré; **6.** podrán.

8. Valer, tener, hacer, poner, saber, querer, salir, poder, decir, venir.

8a. Respuesta abierta.

9. Respuesta abierta.

10. **1.** b; **2.** c; **3.** a; **4.** c.

11. **Posible respuesta:**

1. Os prometo que no volveré a llegar tarde; **2.** Supongo que estará en el coche; **3.** Te prometo que lo limpiaré el sábado; **4.** Te prometo que te ayudaré a hacer el trabajo; **5.** Estudiaré y practicaré más para mejorar; **6.** En verano iré a la playa con mis padres.

12. **1.** f; **2.** g; **3.** e; **4.** b; **5.** c; **6.** d; **7.** a.

13. Respuesta abierta.

14. Respuesta abierta.

15. **1.** Serán las diez y media; **2.** Juan estará enfermo; **3.** María tendrá quince años; **4.** Será la una y cuarto; **5.** Costará treinta euros; **6.** Medirá casi dos metros; **7.** Estaremos a 0 °C; **8.** Pesará diez kilos.

16. **1.** serán; **2.** habrá; **3.** desaparecerá/desaparecerán; **4.** existirán; **5.** continuarán; **6.** causarán; **7.** tendrá; **8.** será; **9.** podrán.

16a. **1.** V; **2.** V; **3.** F; **4.** V; **5.** F; **6.** F; **7.** V.

17. Respuesta abierta.

18. **1.** F; **2.** F; **3.** F; **4.** V; **5.** V; **6.** V; **7.** F.

19. **1.** c; **2.** b; **3.** a.

20. **1.** figuras; **2.** carrera; **3.** actores; **4.** actrices; **5.** premiados; **6.** españoles; **7.** directores; **8.** prestigio.

Unidad 16: En línea

1. **1.** sitio web; **2.** tuit; **3.** boletín; **4.** usuario; **5.** buscador; **6.** banderola.

1a. **1.** tuit, usuario; **2.** sitio web, banderolas, buscador, boletín.

2. **1.** b; **2.** a; **3.** c; **4.** e; **5.** d.

3. 3, 5.

3a. **1.** En un correo electrónico; **2.** En un chat o red social; **4.** En un foro.

4. **1.** tarjeta; **2.** los gastos; **3.** reputación; **4.** garantía; **5.** política.

5. **1.** B; **2.** F; **3.** D; **4.** A; **5.** E; **6.** C.

5a. **1.** #Reembolso; **2.** #GarantíaPorDefecto; **3.** #GastosDeEnvío; **4.** #FormaDePago; **5.** #TarjetaDeCrédito; **6.** #Reputación.

5b. **a.** 3; **b.** 1; **c.** 2; **d.** 4; **e.** 1; **f.** 3; **g.** 6; **h.** 5.

6. **1.** hable; **2.** hablen; **3.** lee; **4.** leed; **5.** escribe; **6.** escriba; **7.** escriban.

7. **1.** b, f, g; **2.** a, c, i; **3.** d, h; **4.** e, j.

8. **1.** piensa; **2.** apaguen; **3.** devuelva; **4.** leed; **5.** habla; **6.** Duérmete; **7.** Callaos.

9. **1.** Enciende; **2.** Haz; **3.** cuelga; **4.** sigue; **5.** Sustituye; **6.** ten; **7.** vuelve; **8.** Pon; **9.** Cuéntame; **10.** ve; **11.** Empieza; **12.** Vístete.

9a. **e > ie:** enciende, empieza; **o > ue:** cuelga, vuelve, cuéntame; **e > i:** sigue, vístete; **i > y:** sustituye; **Otros irregulares:** haz, ten, pon, ve.

10. **1.** No vengas; **2.** No bajes; **3.** No digas; **4.** No sigas; **5.** No introduzca; **6.** No vayáis; **7.** No salgan; **8.** No habléis; **9.** No marquéis; **10.** No cojáis; **11.** No juguéis; **12.** No duermas.

11. **1.** A; **2.** A; **3.** A; **4.** A; **5.** N; **6.** N.

12. **1.** ábrela/ábrala; **2.** no los compres; **3.** cuéntasela/cuéntesela; **4.** vaya; **5.** cógelo/cójalo; **6.** no te lo lleves/no se lo lleve; **7.** llámame; **8.** no abras/no abra; **9.** idos/váyanse; **10.** cerradla/ciérrenla; **11.** no se la des/no se la dé; **12.** no nos la mandes; **13.** regálaselo; **14.** dínoslo.

13. **1.** debo/puedo; **2.** puede; **3.** debe; **4.** tengo que; **5.** he podido; **6.** tuvimos que.

14 y **14a.** **a.** Introduzca, 2; **b.** dejen, 5; **c.** Abróchense, 3; **d.** olvide, 6; **e.** Apaguen, 4; **f.** Respete, 1.

14b. **Situación 1:** respete, no supere, mantenga; **Situación 2:** Introduzca, marque, elija, no olvide; **Situación 3:** permanezcan, abróchense; **Situación 4:** apaguen, pónganlos, no hagan; **Situación 5:** dejen, no se sitúen; **Situación 6:** No olvide, pase.

15. **1.** duda; **2.** Revisa; **3.** hagas; **4.** Busca; **5.** uses; **6.** Ten; **7.** piensa; **8.** compres.

16. **1.** f; **2.** c; **3.** a; **4.** d; **5.** b; **6.** e.

17. **1.** b; **2.** a; **3.** c; **4.** a.

Unidad 17: Compartir espacios

1. **1.** terraza; **2.** estantería; **3.** ventana; **4.** sillón; **5.** dormitorio; **6.** planta; **7.** lavadora; **8.** cocina; **9.** ducha.

2. **1.** techo; **2.** suelo; **3.** edificio; **4.** bañera; **5.** pared; **6.** estantería.

3.

4. Respuesta abierta.

5. **1.** f, E; **2.** a, C; **3.** e, B; **4.** b, D; **5.** c, A; **6.** d, F.

6. **1.** F; **2.** F; **3.** V; **4.** V; **5.** F; **6.** V; **7.** V; **8.** V; **9.** F.

7. **1.** Presente de subjuntivo; **2.** cantes; **3.** cante; **4.** cantéis; **5.** aprenda; **6.** aprendamos; **7.** aprendan; **8.** abras; **9.** abra; **10.** abráis.

7a. **Ser:** sea, seas, sea, seamos, seáis, sean; **Haber:** haya, hayas, haya, hayamos, hayáis, hayan; **Saber:** sepa, sepas, sepa, sepamos, sepáis, sepan; **Ir:** vaya, vayas, vaya, vayamos, vayáis, vayan; **Querer:** quiera, quieras, quiera, queramos, queráis, quieran; **Pedir:** pida, pidas, pida, pidamos, pidáis, pidan; **Hacer:** haga, hagas, haga, hagamos, hagáis, hagan; **Contar:** cuente, cuentes, cuente, contemos, contéis, cuenten; **Tener:** tenga, tengas, tenga, tengamos, tengáis, tengan; **Dormir:** duerma, duermas, duerma, durmamos, durmáis, duerman; **Conocer:** conozca, conozcas, conozca, conozcamos, conozcáis, conozcan; **Huir:** huya, huyas, huya, huyamos, huyáis, huyan.

8. **1.** usemos; **2.** visitéis; **3.** hagas, ayudes; **4.** vuelva; **5.** se conozcan, vengan; **6.** vayas; **7.** traduzca; **8.** duermas; **9.** haga, puedan; **10.** jueguen; **11.** limpie; **12.** hable.

8a. **Regulares:** usemos, visitéis, ayudes, limpie, hable; **Con irregularidades propias del presente de subjuntivo:** vayas; **Con la misma irregularidad que en presente de indicativo:** hagas, vuelva, se conozcan, vengan, traduzca, duermas, haga, puedan, jueguen.

9. **1.** ruego; **2.** permite; **3.** Espero; **4.** suplica; **5.** aconsejan; **6.** prohíben.

10. **1.** ocurra, solucione; **2.** comamos; **3.** asista; **4.** terminéis; **5.** pasear; **6.** hable, cuente; **7.** salir; **8.** ir.

11. **1.** caigas; **2.** venga; **3.** duerma; **4.** sepas; **5.** conduzcáis; **6.** apagues; **7.** vayáis; **8.** pidas; **9.** recojas; **10.** repitas; **11.** practiquéis.

12. **Dar consejos y hacer recomendaciones:** 5, 9; **Expresar deseos:** 1, 2, 4, 8, 13; **Hacer peticiones:** 3, 6, 12; **Expresar permiso o prohibición:** 7, 10, 11.

13. **Posible respuesta:**

    1. Deseo que tengas un buen viaje; **2.** Espero que te guste; **3.** Deseo que seáis felices; **4.** Ojalá que apruebes/aprobéis; **5.** Deseo que te mejores; **6.** Ojalá que duermas bien; **7.** Quiero que gane vuestro equipo; **8.** Espero que tus padres lleguen pronto.

14. **a.** 2; **b.** 5; **c.** 1; **d.** 3; **e.** 4.

14a. **1.** en primer lugar (para empezar, primero…); **2.** por otro lado (también, además…); **3.** para terminar (por último, para acabar…).

15. **1.** maracas; **2.** claves; **3.** bongós; **4.** rondador; **5.** castañuelas; **6.** acordeón.

16. **1.** género; **2.** ritmos; **3.** conciertos; **4.** estilos; **5.** son; **6.** merengue.

17. **1.** e; **2.** c; **3.** d; **4.** a; **5.** b.

18. Tango, ranchera, milonga.

19. Calle 13, Juanes, Luis Fonsi.

Unidad 18: Un poco de educación

1. **1.** aprendizaje; **2.** cursos; **3.** clases; **4.** asignaturas; **5.** bachillerato; **6.** intercambio; **7.** matrícula; **8.** horarios.

1a. **1.** Instalaciones, aulas, sala de conferencias, secretaría, aula multimedia, biblioteca, sala de profesores, cafetería; **2.** profesor, profesora, estudiantes; **3.** cursos, intensivos, lecciones particulares, *online*, cursos específicos, intercambio; **4.** bachillerato, secundaria; **5.** Asignaturas, Historia, Arte, Literatura; **6.** escuela, aprendizaje, estudiar, clases, estudio, matrícula, horarios.

1b. un curso específico, clases/lecciones particulares, un curso intensivo, programa de intercambio.

2. **1.** b; **2.** c; **3.** c; **4.** b; **5.** a; **6.** c.

3. **1.** Suspendí; **2.** Repito/Estoy repitiendo; **3.** se ha matriculado; **4.** ha pedido/ha solicitado; **5.** apruebe; **6.** sacará; **7.** ha corregido; **8.** hará/va a hacer.

4. **1.** d; **2.** c; **3.** b; **4.** a; **5.** f; **6.** e; **7.** h; **8.** g.

5. Respuesta abierta.

6. **1.** e; **2.** c; **3.** f; **4.** d; **5.** a; **6.** b.

7. **1.** c; **2.** a; **3.** f; **4.** e; **5.** b; **6.** d.

7a. Respuesta abierta.

8. **2.** No creo que Matemáticas sea la asignatura más difícil; **3.** Me alegra que Roberto quiera estudiar Medicina; **5.** No me importa estudiar para un examen; pero me molesta que haya tantos deberes.

9. **1.** ilusionada; **2.** suerte; **3.** necesario; **4.** increíble; **5.** bien.

9a. **1.** V; **2.** F; **3.** F; **4.** V; **5.** V.

10. **Hablar:** haya hablado, hayas hablado, haya hablado, hayamos hablado, hayáis hablado, hayan hablado; **Leer:** haya leído, hayas leído, haya leído, hayamos leído, hayáis leído, hayan leído; **Traducir:** haya traducido, hayas traducido, haya traducido, hayamos traducido, hayáis traducido, hayan traducido.

11. **1.** dicho; **2.** hecho; **3.** visto; **4.** vuelto; **5.** puesto; **6.** escrito; **7.** muerto; **8.** abierto; **9.** cubierto; **10.** roto.

12. 1. Me alegro de que hayas aprobado el examen; 2. Me molesta que el vuelo se haya retrasado una hora; 3. A mi padre le encanta que hayáis venido a cenar; 4. No creo que Juan se haya enfadado con nosotras; 5. No es verdad que Pepe haya encontrado un nuevo trabajo; 6. No está claro que Jaime haya tenido la culpa.

13. **Posible respuesta:**

1. Siento que te hayas roto el brazo; 2. Me alegro de que os hayáis graduado; 3. Me da pena que se os haya quemado la comida; 4. Me da mucha alegría que os hayáis casado; 5. Lamento que hayas perdido el tren; 6. Me pone contento que te hayas comprado una casa.

14. 1. **Me da...:** a, b, e, h, i; 2. **Me pone...:** c, d, f, g.

14a. 1. le dan; 2. le pone; 3. les da; 4. Me pongo; 5. te daban; 6. Nos da; 7. le da; 8. os ponen.

15. Respuesta abierta.

16. Respuesta abierta.

17. Respuesta abierta.

18. Respuesta abierta.

18a. Respuesta abierta.

19. 1. disfrute; 2. sea; 3. incorpore; 4. aplique; 5. lleve; 6. escuche; 7. permita; 8. genere.

19a. Respuesta abierta.

20. 1. y sacó 376 puntos; 2. en educación primaria; 3. un 90 % de cobertura; 4. educación media superior; 5. en 2030; 6. la cobertura universal para 2095; 7. su formación y sus salarios; 8. de esa cantidad.

20a. 2, 3.

Unidad 19: ¿Para qué sirve?

1. 1. tapa, asa: en ollas, cacerolas, botes...; 2. boca: en botellas, tarros...; 3. mango, punta: en cubiertos, cacerolas ...; 4. agujero: en paredes, muebles...

2. 1. plano; 2. estrecho; 3. piedra; 4. ancho.

2a. Respuesta abierta.

3. 1. aluminio; 2. círculo; 3. metal; 4. alargada; 5. rectangular; 6. alargado.

4. 1. corto; 2. horizontal; 3. recto; 4. redondo; 5. diagonal; 6. ancho; 7. vertical; 8. alargado; 9. círculo; 10. plano.

5. 1. asas; 2. tapa; 3. punta; 4. mango; 5. tapón.

6. 1. horizontal; 2. circular; 3. triangular; 4. rectangular; 5. vertical; 6. diagonal.

7. **Posible respuesta:**
1. Hay botellas de cristal que sirven/se han usado como lámparas; 2. Se han empleado/Se han utilizado unas botas de agua viejas como macetas; 3. Botellas grandes de agua mineral y palés sirven/se usan para hacer una balsa; 4. Se han empleado/Se han utilizado neumáticos de coches para hacer sillones; 5. Se han utilizado/Se han usado tapones para hacer las ruedas de un coche de juguete; 6. Se han empleado/Se ha utilizado dos viejas bicicletas para diseñar la puerta de una finca.

7a. lámparas; juguetes; macetas; barca; sillones. No se mencionan las puertas.

7b. 1. F; 2. V; 3. V; 4. F; 5. F; 6. V; 7. V; 8. F.

8. Respuesta abierta.

9. 1. el que; 2. las que; 3. que; 4. lo que; 5. donde; 6. la que; 7. los que; 8. que; 9. donde; 10. lo que.

10. 1. Oye, Javier, tengo un videojuego nuevo que es muy bueno y divertido; 2. Tiene un nombre muy raro que no recuerdo ahora; 3. ¿Puedes traer tu videoconsola, que es mejor?; 4. Por cierto, te debo el dinero que me prestaste el otro día.

11. 1. c; 2. b; 3. c; 4. c.

12. Están en una papelería. Una tienda donde se puede comprar: archivadores, cuadernos, bolígrafos, lápices, gomas de borrar, típex, carpetas, etc.

12a. 1. V; 2. F; 3. V; 4. F; 5. F; 6. F; 7. V; 8. F; 9. F.

13. 1. aspiradora; 2. hace; 3. llega; 4. ocupa; 5. limpie; 6. deje; 7. necesitan; 8. robot; 9. cocine; 10. permita; 11. estás; 12. reloj; 13. tengas; 14. sea; 15. muestre; 16. dura; 17. se conecta; 18. pesa.

14. 1. vamos; 2. sabe / sepa; 3. sepas; 4. esté; 5. pueda; 6. enfade / enfadará; 7. quedo; 8. llega.

15. **Posible respuesta:**

1. Raquel no ha llegado todavía, probablemente esté / está / estará en un atasco; 2. Estoy llamando a Fran y no me responde, a lo mejor tiene el teléfono silenciado y no escucha la llamada; 3. Mira cuánta gente hay en esa calle, lo mismo ha habido un accidente; 4. Tose mucho y dice que le duele todo el cuerpo, es posible que haya cogido un catarro; 5. Al final no hice muy mal el examen, puede que lo apruebe; 6. Si va Antonio a la fiesta, es probable que lleve a algunos amigos; 7. El cielo está muy oscuro, igual hoy llueve.

16. Respuesta abierta. Quizá + indicativo / subjuntivo; Tal vez + indicativo / subjuntivo; Seguramente + indicativo / subjuntivo; Igual + indicativo; A lo mejor + indicativo; Probablemente + indicativo / subjuntivo.

17. **1.** Tráfico recomienda el uso del transporte público con el fin de / para evitar atascos; **2.** El profesor puso un vídeo para explicarnos el subjuntivo; **3.** Han puesto un cartel en la escuela con el fin de que / para que los alumnos estén informados; **4.** Ayer vinieron unos amigos para / a verme; **5.** Voy a bajar a la calle para que / a que me dé un poco el aire; **6.** El gobierno ha aumentado la presencia de policía con el fin de que / para que la ciudad sea más segura; **7.** Estoy estudiando mucho para sacar buena nota.

18. **Preguntar algo que se desconoce:** ¿Sabes qué...?, ¿Sabes cómo...?; **Responder negativamente:** Lo siento, no lo sé; No tengo ni idea; **Preguntar si los otros conocen ya la información que introducimos:** ¿Sabes que...?, ¿Sabías que...?; **Responder si conocíamos o no una información:** Sí, ya lo sabía; No tenía ni idea.

19. **1.** c; **2.** a; **3.** e; **4.** b; **5.** d; **6.** f.

19a. Respuesta abierta.

20. **1.** F; **2.** V; **3.** V; **4.** F; **5.** F; **6.** V.

Unidad 20: El voluntariado

1. **1. Departamento de Comunicación:** Dar difusión al proyecto; Captar socios; **2. Departamento de Contabilidad:** Hacer una colecta; Recaudar fondos; Aportar un donativo; **3. Departamento de Actividades:** Atender a personas en situación de exclusión social, Donar ropa, Organizar actividades benéficas.

1a. **1.** recaudamos fondos; **2.** aportar un donativo; **3.** dando difusión al proyecto; **4.** donar ropa; **5.** atendía a personas en situación de exclusión social.

1b. Respuesta abierta.

2. **1.** Violación de los derechos humanos; **2.** Bancos de alimentos; **3.** Velar por el respeto a las leyes; **4.** Prestar auxilio; **5.** Aliviar el sufrimiento; **6.** Sin ánimo de lucro; **7.** Encontrarse en situación de vulnerabilidad; **8.** Acoger refugiados; **9.** Entidades colaboradoras; **10.** Riesgo de exclusión; **11.** Conflicto armado.

2a. **1.** aliviar el sufrimiento; **2.** conflictos armados; **3.** se encuentren en situación de vulnerabilidad; **4.** riesgo de exclusión; **5.** bancos de alimentos; **6.** entidades colaboradoras; **7.** sin ánimo de lucro; **8.** violación de los derechos humanos; **9.** vela por el respeto a las leyes; **10.** Presta auxilio; **11.** acoger refugiados.

2b. **1.** Barcos Abiertos; **2.** Derecho al Derecho; **3.** Comedores Solidarios; **4.** PayaSOS.

2c. **1.** b; **2.** a; **3.** c; **4.** c; **5.** b; **6.** d; **7.** a; **8.** d.

3. **1.** b; **2.** c; **3.** a; **4.** a; **5.** a; **6.** b.

4. **1.** habrá llegado, H; **2.** habremos terminado, F; **3.** habrán desaparecido, F; **4.** habrás terminado, F; **5.** habrá ido, H; **6.** se habrá dormido, H; **7.** habrá dejado, F; **8.** habrás arreglado, F.

5. **1.** pasará; **2.** notaremos; **3.** habrán puesto; **4.** tendremos; **5.** serán; **6.** habrá subido; **7.** habrán puesto; **8.** estaremos; **9.** habrán mejorado; **10.** haremos; **11.** habrán tenido.

5a. Respuesta abierta.

6. Respuesta abierta.

7. **Simultaneidad:** cuando, mientras, al, siempre que, cada vez que; **Anterioridad:** antes de; **Posterioridad:** cuando, en cuanto, al, nada más, después de, siempre que, cada vez que; **Inicio y límite temporal:** hasta que, desde que.

7a. **1.** Mientras; **2.** hasta que; **3.** Antes de, después de; **4.** Al/ Nada más; **5.** En cuanto; **6.** hasta que; **7.** Desde que.

8. **A.** 5; **B.** 4; **C.** 1; **D.** 8; **E.** 3; **F.** 6; **G.** 2; **H.** 7.

8a. **Posible respuesta:**

1. indicativo; **2.** *Cuando te veo estresado, prefiero no molestarte*; **3.** subjuntivo; **4.** *En cuanto termine de fregar los platos, tengo que poner la lavadora*; **5.** infinitivo; **6.** subjuntivo; **7.** *Iré al súper después de pasarme por Correos*; **8.** *Después de que mi madre se vaya esta tarde, te llamo.*

9. **1.** supiste; **2.** era; **3.** quise; **4.** estaba; **5.** he hecho; **6.** hacía; **7.** tengo; **8.** actúo; **9.** llego; **10.** termines; **11.** acabe; **12.** me iré; **13.** haré; **14.** ofrezcan; **15.** estudiaré; **16.** sea; **17.** podrá.

10. Respuesta abierta.

11. Respuesta abierta.

12. **1.** c; **2.** e; **3.** a; **4.** j; **5.** d; **6.** i; **7.** b; **8.** f; **9.** h; **10.** g.

13. **1.** d; **2.** c; **3.** e; **4.** b; **5.** a; **6.** f.

Unidad 21: ¡Súmate!

1. **1.** desperdiciarás/desperdicias; **2.** tires, reparar; **3.** dejas; **4.** alargar, reutilizar (reutilizarlos); **5.** reciclar, reducir.

2. **Animales en peligro de** extinción: lince ibérico, armadillo, oso polar, colibrí; **Desastres** naturales: sequía, huracanes, inundaciones, tsunamis; **Acción del** hombre: vertidos tóxicos, tala de árboles, generación de residuos, consumismo; **Consecuencias:** deforestación, deshielo, ola de calor, calentamiento global, cambio climático; **Energías** renovables: biomasa, eólica, solar; **Energías** fósiles: carbón, gas, petróleo.

3. **1.** Reducir las emisiones de dióxido de carbono; **2.** Cultivo masivo de alimentos; **3.** Pérdida del hábitat natural; **4.** Apostar por el consumo responsable; **5.** Recogida selectiva de basura; **6.** Luchar contra el cambio climático.

4. Respuesta abierta.

5. **1.** contaminar, contaminado/a; **2.** el reciclaje, reciclado/a; **3.** reutilizar, la reutilización; **4.** ahorrar, ahorrado/a; **5.** la extinción, extinguido/a; **6.** reducir, la reducción; **7.** talar, la tala; **8.** la deforestación, deforestado/a.

6. **A.** 2; **B.** 6; **C.** 3; **D.** 4; **E.** 5; **F.** 1.

6a. **1.** eléctrico; **2.** bicicletas; **3.** bici; **4.** transporte; **5.** reducir; **6.** vehículos/coches; **7.** efecto invernadero; **8.** petróleo; **9.** vertido; **10.** limpieza; **11.** medioambiental; **12.** flota; **13.** río; **14.** deforestación; **15.** preservar; **16.** bosques; **17.** incendios; **18.** tala; **19.** agricultura.

7. 1 y 4.

8. **1.** estudiaría; **2.** diría; **3.** escucharías; **4.** beberíamos; **5.** haríais; **6.** sabría; **7.** vendríamos; **8.** querrías; **9.** podría.

8a. Respuesta abierta.

9. y **9a.** 1. serían; **2.** tendrían; **3.** jugarían; **4.** existirían; **5.** habría; **6.** tendría; **7.** haría; **8.** vivirían; **9.** respetarían.

9b. Respuesta abierta.

10. **1.** nosotros/as; **2.** tú; **3.** nosotros/as; **4.** vosotros/as; **5.** ellos, ellas, ustedes; **6.** yo, él, ella, usted; **7.** tú; **8.** vosotros/as; **9.** vosotros/as.

11. Pretérito imperfecto de subjuntivo; **Ser:** fueras, fuera, fuéramos, fueran; **Haber:** hubiera, hubieras, hubiéramos, hubierais; **Estar:** estuviera, estuviera, estuvierais, estuvieran; **Hacer:** hicieras, hiciera, hiciéramos, hicieran; **Querer:** quisiera, quisieras, quisiéramos, quisierais; **Tener:** tuviera, tuviera, tuvierais, tuvieran; **Dar:** dieras, diera, diéramos, dieran.

11a. Respuesta abierta.

12. **1.** fueses; **2.** dijesen; **3.** salieseis; **4.** pudiésemos; **5.** construyese; **6.** creyeseis; **7.** volviese; **8.** preparase; **9.** escribiésemos; **10.** trajeses; **11.** hubiese; **12.** oyeses.

13. **1.** Necesitaba que vinieras / vinieses a mi casa; **2.** Mis padres querían que fuéramos / fuésemos al campo; **3.** Prefería que todo el mundo reciclara / reciclase su basura; **4.** Me daba rabia que hubiera / hubiese tanta contaminación; **5.** Esperaba que hiciera / hiciese buen tiempo; **6.** Buscaba un libro que tuviera / tuviese ejercicios.

14. 2.

15. **1.** Tira, pasas; **2.** respetamos, morirá; **3.** me ducho, ahorraré; **4.** sale, voy; **5.** consumimos, ayudaremos.

16. Respuesta abierta.

17. Respuesta abierta.

18. Respuesta abierta.

19. **Mariposas monarca:** 4, 6; **Glaciar Perito Moreno:** 2, 5; **Río Amazonas:** 1, 3.

20. **1.** F, viajan desde los bosques de Canadá y Estados Unidos hasta el estado mexicano de Michoacán; **2.** V; **3.** F, es el 90 %; **4.** V; **5.** V; **6.** F, la principal amenaza es tala indiscriminada de árboles.

21. **1.** d; **2.** c; **3.** a; **4.** f; **5.** b; **6.** e.

21a. Respuesta abierta.

Unidad 22: Rebobinamos

1. **1.** a; **2.** a; **3.** c; **4.** b; **5.** b; **6.** c.

2. **1.** d; **2.** a; **3.** f; **4.** j; **5.** c; **6.** i; **7.** e; **8.** g; **9.** b; **10.** h.

3. 1, 4, 5, 7, 8, 9.

4. **1.** mesa/mesita; **2.** techo; **3.** mueble; **4.** estanterías; **5.** silla; **6.** paredes; **7.** planta; **8.** calefacción; **9.** alfombra.

5. **1.** f; **2.** c; **3.** a; **4.** e; **5.** b; **6.** d.

6. **1.** a; **2.** f; **3.** e; **4.** c; **5.** b; **6.** d.

7. **1.** c; **2.** i; **3.** g; **4.** a; **5.** f; **6.** e; **7.** j; **8.** h; **9.** b; **10.** d.

8. **1.** Deportes; **2.** Economía; **3.** Cultura y espectáculos; **4.** Política; **5.** El tiempo; **6.** Sucesos; **7.** Sociedad.

9. **1.** F; **2.** V; **3.** F; **4.** V; **5.** V; **6.** F; **7.** F; **8.** V.

9a. **1.** no viniste a la facultad; **2.** porque tenía un poco de fiebre; **3.** no podían faltar; **4.** te perdiste; **5.** nos habló de una novela; **6.** No la he leído; **7.** llegó a Barcelona; **8.** mientras lo buscaba; **9.** Nos reímos mucho.

9b. Respuesta abierta.

10. **1.** puntuales; **2.** narración; **3.** imperfecto; **4.** descripción; **5.** circunstancias.

11. **Carmen. Las películas de terror:** las detesta; **Los musicales:** le ponen de buen humor; **Cenar en sitios con música en vivo:** le molesta que haya música mientras cenan; **Cenar en restaurantes argentinos:** le encanta; **Ir a bailar:** Le da igual.

Manuel. Las películas de terror: le divierten; **Los musicales:** no los soporta; **Cenar en sitios con música en vivo:** no le importa que toquen durante la cena; **Cenar en restaurantes argentinos:** odia esos restaurantes; **Ir a bailar:** normalmente no aguanta las discotecas, pero hoy no le importa, le apetece hacer algo distinto.

11a. **1.** que hagan algo juntos; **2.** le aburre; **3.** no le gusten; **4.** le pone nerviosa; **5.** que maten a esos pobres animales; **6.** le pongan un filete en un plato, ver zombis y vampiros; **7.** quiera ir a bailar, no aguanta las discotecas; **8.** le fastidia que haya.

12. **1.** puedan; **2.** estamos; **3.** preserve; **4.** disfruten; **5.** aprendan; **6.** adquieran; **7.** dejen; **8.** tienen; **9.** entiendan/comprendan; **10.** sean; **11.** sepan; **12.** entiendan/comprendan.

13. Expresar sentimientos, expresar finalidad, expresar opinión, expresar valoración.

14. **1.** Sí, hay dos objetos que sirven para beber, la copa y la taza; **2.** Sí, veo una cosa que sirve para hablar, el teléfono; **3.** No, no hay ningún objeto que cueste mucho dinero; **4.** Sí, veo tres objetos que tienen asas, la bolsa, el paraguas y la cesta; **5.** No, no hay nada que sea de piedra; **6.** Sí, hay una cosa que utilizamos para cocinar, los cuchillos; **7.** No, no hay nada que funcione con motor; **8.** Sí, veo objetos que cortan, los cuchillos; **9.** No, no hay ninguna cosa que tenga tapa; **10.** Sí, veo algo con lo que nos vestimos, los pantalones vaqueros.

15. **1.** F; **2.** V; **3.** V; **4.** F; **5.** V; **6.** V; **7.** F; **8.** F.

15a. es posible que, quizá, probablemente, tal vez, puede ser que, es muy poco probable que, no es imposible que.

15b. quizá, probablemente, tal vez.

15c. Respuesta abierta.

16. **1.** moái; **2.** mariachi; **3.** quinceañera; **4.** Bilbao; **5.** maracas; **6.** La Habana.

17. **1.** México; **2.** Cuba; **3.** Venezuela; **4.** Colombia; **5.** Perú; **6.** Chile; **7.** Argentina; **8.** Uruguay.

18. Galicia, País Vasco, Andalucía, Extremadura.

18a. Galicia: gallego; País Vasco: vasco o euskera.

18b. Castellano y catalán.

Transcripciones

Unidad 1

[1]

Los números ganadores de la bonoloto son: doce, diecinueve, veinticuatro, veintisiete, treinta y tres, cuarenta y nueve. Repetimos: doce, diecinueve, veinticuatro, veintisiete, treinta y tres, cuarenta y nueve.

[2]

Diálogo 1

▶ Buenos días.
▷ Buenos días. Quiero inscribirme en el gimnasio.
▶ Muy bien. Vamos a rellenar el formulario de inscripción. ¿Me puede decir su nombre?
▷ Me llamo Miguel.
▶ ¿Y su apellido?
▷ Mi apellido es Moreno.
▶ ¿Cuántos años tiene, Miguel?
▷ Tengo 37 años.
▶ ¿Y cuál es su profesión?
▷ Soy abogado.
▶ ¿Me puede decir su número de teléfono?
▷ Sí, es el seis cero nueve, treinta, cincuenta y cuatro, sesenta y seis.
▶ Y, por último, su correo electrónico.
▷ mmoreno77@mail.com
▶ ¿Puede deletrear, por favor?
▷ Sí, claro: eme, eme, o, erre, e, ene, o, siete, siete, arroba, mail punto com.
▶ Perfecto. Muchas gracias. Ahora, necesitamos su cuenta bancaria…

Diálogo 2

▷ Hola, Ana, soy David, de Élite Sports. ¿Cómo estás? ¿Tienes un momento?
▶ Hola, David. Sí, claro, ¿qué pasa?
▷ Tenemos un problema con el sistema informático y necesito escribir de nuevo tus datos personales para la ficha de cliente. ¿Me puedes decir tu apellido?
▶ Sí, mi apellido es Alonso. A, ele, o, ene, ese, o.
▷ Tu edad, por favor.
▶ Tengo 55 años.
▷ Tú trabajas de diseñadora, ¿verdad?
▶ Sí, sí, soy diseñadora gráfica.
▷ Tu número de teléfono de casa…
▶ Es el 91 325 13 88. Te lo repito: nueve, uno, tres, dos, cinco, uno, tres, ocho, ocho.
▷ ¿Y cuál es tu correo electrónico?
▶ Mi correo es aalonso@mail.com
▷ Muchas gracias, Ana.
▶ De nada. Nos vemos esta tarde. ¡Hasta luego!

Unidad 2

[3]

▶ Buenos días. Inmobiliaria Mi Casa Ideal, dígame…
▷ Hola, buenos días. Estoy interesada en el piso de alquiler con referencia 9214, pero necesito alguna información más.
▶ Sí, adelante, dígame.
▷ Pues quiero saber en qué calle está y en qué planta.
▶ Ese piso está en la calle Cartagena, 15, quinta planta.
▷ ¿Hay conserje en el edificio? ¿Y garaje?
▶ En el edificio sí hay un conserje 24 horas, pero no, no tiene garaje.
▷ Una cosa más… ¿Cómo es el barrio? Perdone si le hago tantas preguntas.
▶ No, no se preocupe, es mi trabajo. El barrio es residencial y tranquilo. Está muy bien comunicado porque cerca hay una estación de metro y dos paradas de autobús. Enfrente hay varios supermercados, una panadería y un colegio. Hay un centro comercial, pero está lejos, a 15 minutos en coche. El barrio también cuenta con una farmacia abierta las 24 horas.
▷ Pues parece que está muy bien. ¿Puedo verlo?
▶ Sí, claro.
▷ ¿Es posible mañana?
▶ ¿Le parece bien a las cinco? Es mejor verlo de día.
▷ Sí, sí, perfecto.
▶ Pues entonces a las cinco en la calle Cartagena, 15. Estaré en la puerta.
▷ Muchísimas gracias, allí nos vemos.

[4]

a.

▶ ¡Qué diferente está ahora!
▷ Sí, después de la reforma, la bañera está delante del lavabo.

b.

▶ Pues, no, no hay muchas cosas, los muebles son blancos, todo muy minimalista.
▷ Sí, minimalista, aunque tiene todo lo necesario: hay una nevera muy grande y al lado hay un horno eléctrico. La mesa y las sillas están en medio…

c.

▶ Muy grande y luminosa, sí, pero… ¿no hay armarios?
▷ No, solo hay una cama y una lámpara para leer.

d.

▶ ¿El coche? En el garaje, claro…
▷ Ah, es verdad. Hay tantas cosas dentro de tu garaje que es casi imposible saber dónde está el coche.
▶ Tienes razón, ja, ja, ja…

e.

▶ ¡Es enorme!! Hay mucho espacio.
▷ Sí, sí, es muy grande, pero el coche está en la calle.

f.

▶ ¿La lámpara que está al lado del sofá es nueva?
▷ No, es que normalmente está entre las dos ventanas.
▶ Pero entre las dos ventanas está la tele.
▷ Claro, claro, la tele sí es nueva, por eso hemos cambiado la lámpara.
▶ ¡Ah, vale!

Unidad 3

[5]

Hola, me llamo María. Mi transporte favorito es la bicicleta. Es el transporte más económico. La utilizo los fines de semana para ir al campo. Me gusta mucho la naturaleza y la música, por eso me gusta viajar en coche con mi padre, porque puedo escuchar canciones.

Yo soy Juan. Yo prefiero viajar en avión. Lo mejor del avión es que es muy puntual, además de cómodo. Para mí es muy importante llegar a tiempo a los sitios, por eso intento no viajar en autobús, porque pienso que es el transporte menos puntual.

Yo me llamo Manuel. Mis amigos dicen que prefieren ir a la escuela en autobús porque pueden dormir, pero yo todos los días voy en mi bicicleta porque así hago ejercicio y no contamino.

[6]

Os voy a dar mi opinión sobre el hotel de mis vacaciones. Lo mejor es el desayuno, sin duda, es un bufé que tiene de todo y todo muy bueno, es maravilloso. Lo peor es que las habitaciones son muy pequeñas y el aire acondicionado no funciona bien, pero el baño me encantó, es enorme y tiene bañera. Si vas en coche es horrible, porque no hay aparcamiento y en esa zona hay mucho tráfico, porque, claro, el hotel está en el centro de la ciudad; eso para mí es fantástico. Y otra cosa mala es que el wifi no funciona bien.

Unidad 4

[7]

Andrés es mi hermano mayor. Vive en Santander. Tiene 20 años y es alto y gordito. Tiene los ojos oscuros y el pelo rubio, un poco largo. Lleva barba y gafas.
Ahora está aquí con nosotros y hoy lleva pantalones vaqueros cortos, una camisa verde de manga larga y zapatillas de deporte blancas. Es un poco tímido. Siempre estudia mucho, es muy trabajador.

[8]

Ana tiene una familia muy grande y muy unida. Hacen muchas cosas juntos. Los domingos, por ejemplo, siempre van al parque. Ana es muy activa y su hermana es tranquila. Su madre es seria y no habla mucho. Su padre es trabajador. Sus tíos siempre cuentan anécdotas curiosas, son simpáticos. Sus primos juegan, son pequeños y muy divertidos. Sus abuelos son alegres. Viven muy cerca de su casa y hablan mucho con ella.

Unidad 5

[9]

¿Un día normal en mi vida? No tengo días normales, ja, ja, ja... Yo estudio y trabajo. Por la mañana voy a la universidad, estudio Arte Dramático, pero por las noches trabajo como camarero. Es difícil levantarse temprano, por eso no voy a clase todos los días; porque, a veces, el restaurante cierra muy tarde y casi nunca me acuesto antes de las doce y media. Mi vida es muy diferente a la de mis hermanos y mi novia. Ellos solo estudian. Por la mañana van a clase, por la tarde a la biblioteca y por la noche, antes de cenar, al gimnasio. ¡Qué vida tan dura! ¿Eh?

[10]

1. Todos los días llego a la oficina a las nueve de la mañana.
2. Nunca voy al trabajo en autobús o metro, porque vivo muy cerca y prefiero ir en bici.
3. ¿Mi trabajo? Muy tranquilo y hasta aburrido. Vigilo una sala de un museo...
4. De lunes a viernes no hay mucho trabajo, pero los fines de semana tenemos muchos clientes, es necesario reservar.

Unidad 6

[11]

▶ Bueno, José, pues cuéntame, qué cosas te gustan y qué cosas no te gustan.
▷ A ver, déjame pensar... Me gusta mucho ir al cine, pero con amigos, porque me encanta comentar la película al final. No me gusta nada ir solo y odio las palomitas; a mis amigos les encantan, pero a mí no me gustan nada, prefiero comer cualquier otra cosa. También me gusta mucho ir a ver cualquier competición deportiva. Me gusta mucho el deporte en general, no me importa si es fútbol o baloncesto o tenis... Me interesan todos los deportes. Y a ti, Julia, ¿qué cosas te gustan?
▶ Pues mira, el deporte no me gusta demasiado, pero de vez en cuando está bien. Me encanta ver películas, pero en casa, no en el cine. Prefiero estar en el sofá cómodamente y poner una película mientras ceno. Las series no me interesan demasiado, aunque algunas están bien. Otra cosa que me encanta es el teatro, pero no tengo tiempo para ir. Podemos ir juntos un día, ¿no?
▷ A mí no me gusta mucho, pero algún día podemos ir.

[12]

▶ Carlos, ¿ya sabes qué vas a pedir?

▷ Es difícil, todo tiene muy buena pinta y además tengo hambre. Mmm… De primero, lo tengo claro: me apetecen los macarrones, aunque dicen que aquí hacen muy bien el gazpacho. Y, de segundo, tengo dudas; la hamburguesa especial es interesante… Pero no, esta vez pediré pollo asado con patatas, ¡es que me encanta el pollo! De postre, algo casero…, entre el flan y el arroz… ¡Venga!, el flan. ¿Y tú, María?

▶ Yo, de postre, la tarta de queso, lo tengo claro. De primero…, me gusta mucho la paella pero soy alérgica al marisco, así que quiero la crema de verduras. Los macarrones me encantan, pero como pasta con mucha frecuencia. Y, de segundo, es fácil, el pescado; solo hay cuatro platos y ya sabes que soy medio vegetariana.

Unidad 7

[13]

▶ Hola, Andrés, ¿qué tal?

▷ Cansado, tenemos mucho trabajo, menos mal que el fin de semana está cerca.

▶ ¿Qué vas a hacer? ¿Tienes ya planes?

▷ Sí, voy a hacer la ruta de la Cascada del Purgatorio.

▶ ¿Y eso dónde está?

▷ Aquí cerca, en la sierra de Madrid. Son 12 km, ida y vuelta, desde el Puente del Perdón. ¿Quieres venir con nosotros?

▶ No sé, no hago mucho senderismo. ¿Qué necesito?

▷ Unas buenas botas de montaña desde luego, un impermeable que te aísle de la humedad, gafas de sol, una gorra, que siempre viene bien, y por supuesto, protector solar.

▶ ¿Vais a dormir allí?

▷ Quizás en Rascafría, pero no lo sé todavía. Entonces, ¿te vienes?

▶ Sí, me apetece mucho. Tiene buena pinta.

▷ Genial. Si tienes, tráete unos prismáticos, te van a encantar las vistas.

[14]

▶ Elena, ¿has pensado bien lo que vas a hacer? Cambiar de ciudad no es tan fácil…

▷ Lo sé, pero me hace mucha ilusión vivir una nueva etapa.

▶ Pero hay que hacer muchas cosas antes y tú eres muy desorganizada.

▷ Seguro que tú me vas a ayudar, ¿a que sí?

▶ Sí, claro. Lo primero de todo es que hay que tener un plan de acción muy detallado.

▷ Ya, lo tengo que pensar.

▶ Y hay que buscar un trabajo en la nueva ciudad.

▷ Sí, sí, estoy buscando en internet.

▶ También hay que encontrar un apartamento bien situado.

▷ Eso es muy complicado y difícil.

▶ Por supuesto tienes que pensar qué llevarte, hay que organizar una mudanza, hay que hacer las maletas.

▷ Me estoy preocupando… ¿Algún consejo más?

▶ No te preocupes, yo te voy a ayudar. Por lo menos con la fiesta de despedida, ja, ja, ja…

▷ ¡Claro! Hay que hacer una gran fiesta de despedida, eso es lo mejor.

▶ Vale, entonces, vamos a empezar por la lista de invitados a esa gran fiesta: Javier, Ana, Luisa, Marcos…

Unidad 8

[15]

1.

▶ Creo que hoy no voy al gimnasio.

▷ Normal, Carlos, tienes una tos terrible.

2.

▶ ¿Todo bien, María? Te veo preocupada y triste.

▷ No, tranquilo, Luis, solo estoy muy cansada…

3.

¿Otro examen el viernes? ¿Y el lunes presentación? Y el martes tengo partido de fútbol… ¡qué estrés!

4.

▶ Miguel, la entrevista de trabajo es en una semana, no sé por qué estás tan nervioso hoy…

▷ ¡No estoy nervioso! Estoy muy feliz porque no tengo que hacerla, ¡me llamaron para un trabajo nuevo!

[16]

Con la gripe hay que ser muy paciente, tienes que descansar mucho. Lo mejor es quedarse en casa, pero, por favor, no es el fin del mundo, son unos días… ¡Sé positivo! Es muy importante estar en un ambiente húmedo: usa humidificadores o pon recipientes con agua en los radiadores. Si tienes fiebre o dolor, toma algún calmante; y lo más efectivo, bebe muchos líquidos: agua, zumos, infusiones…

Unidad 9

[17]

▶ Ya está terminando el verano. Para mí, ha sido especial porque he conocido a la chica de mi vida. Estoy muy enamorado. Y a ti, Marta, ¿qué tal te ha ido?

▷ Bueno, no ha sido tan especial como para ti, pero la verdad es que he hecho muchas cosas. Lo mejor es que he ido a Valencia con mi familia. Hemos alquilado un coche para ir allí y nos hemos alojado en un apartamento en la playa.
▶ Supongo que habéis comido paella.
▷ Claro, y también hemos tomado el sol y hemos descansado mucho. Antes de venir, hemos comprado algunos regalos para los amigos.
▶ Yo tengo muchas ganas de ir a Valencia. Dicen que tiene muy buenas playas.
▷ Sí, estupendas. ¿Y tú dónde has ido?
▶ Yo he estado en un hotel con espá cerca de la ciudad, en un pequeño pueblo muy tranquilo.
▷ ¡Qué bien! Yo nunca he estado en un espá.
▶ Pues es magnífico. He hecho muchas fotos. Si quieres te las enseño.
▷ Perfecto, vamos a tomar un helado y vemos las fotos.

[18]

▶ Oye, Jaime, ¿has hecho ya los deberes?
▷ Sí, los he terminado hace ya un rato.
▶ ¿Y has limpiado y ordenado ya tu habitación?
▷ Aún no, pero enseguida me pongo. Es que todavía no ha terminado la película que estoy viendo.
▶ Pues termina de verla luego y ahora ordena tu cuarto, que te lo he dicho hoy cien veces. Por cierto, ¿has pasado por el supermercado a comprar el pan?
▷ Sí, mamá, lo he comprado a la vuelta del instituto y también he ido a Correos a recoger el paquete de la abuela.
▶ Vale, muy bien. ¿Te has planchado la ropa?
▷ No, porque no he tenido tiempo para poner la lavadora. La pongo luego y plancho mañana.
▶ No, la pones ahora, antes de ordenar tu cuarto, y la planchas luego, porque...
▷ Ya sé..., que sí..., que me lo has dicho cien veces...

Unidad 10

[19]

Los horarios en España son muy distintos a los que tienen en el resto de Europa, incluso en países mediterráneos como Italia o Grecia. Los horarios en que los españoles comen, cenan o se acuestan se parecen más a los horarios de países como Marruecos, Túnez o Egipto; son prácticamente los mismos.
Los italianos, por ejemplo, suelen comer a las doce y media o la una, mientras que los españoles comen normalmente entre las dos y las tres, igual que en los países del otro lado del Mediterráneo. Cuando un español habla del mediodía, se refiere a la hora de comer, a las dos o a las tres. Por eso, si alguna vez un español te dice: "Nos vemos a mediodía", pregunta la hora exacta si no quieres estar esperando durante dos o tres horas. También en España, como en Marruecos o en Egipto, se cena tarde, alrededor de las diez o incluso después, mientras que en el resto de Europa se cena mucho antes, entre las siete y las ocho.
También la hora de irse a dormir es más tarde en España, entre las once y media y la una. Solo en los países del norte de África puedes ver a tanta gente por la calle como en España después de las once.

[20]

En mi país la fiesta de las quinceañeras es una gran celebración a la que están invitadas muchas personas: la familia, que es siempre muy grande, con muchos tíos y primos, todos los amigos y, también, muchos compañeros y compañeras de la escuela. Normalmente, un mes antes, enviamos una invitación a todas esas personas y ahí se indica el día, la hora y el sitio en que tendrá lugar la celebración. Por lo general, se celebra en algún restaurante amplio o en alguna sala de fiestas, como las de las bodas. La quinceañera, vestida como una princesa, llega con su padre y da inicio a la celebración bailando un vals con él. Después la gente se sienta y hay un gran banquete; se comen muchos platos y dulces. Al final de la comida, la joven recibe los regalos de sus invitados y, para terminar, hay un gran baile que dura hasta la noche.

Unidad 11

[21]

1. Recuerdo perfectamente cuando tuve mi primera entrevista de trabajo, hace ya varios años. Dos, si no me equivoco.
2. ¿Recuerdas el título de la película que viste anoche?
3. Mis amigos estuvieron anteayer en la playa. Yo no fui porque estos días tengo mucho trabajo.
4. Mi hijo hizo su último examen el mes pasado.
5. Estoy haciendo una tortilla de patatas. Es que el otro día mi hermano fue al supermercado y compró una de esas que ya están cocinadas, y cuando llegó a mi casa, ni mis padres ni yo la probamos. Así que hoy la voy a hacer yo.
6. Este autor escribió su novela más internacional en 2009.

[22]

El verano pasado hice un viaje por varios lugares de Andalucía, en el sur de España. Estuve una semana en Sevilla. Allí me alojé en un albergue, muy cerca de la escuela, porque fui allí para hacer un curso de cocina. Aprendí a cocinar el pollo a la andaluza, la tortilla de camarones y otros platos muy buenos. Luego estuve varios días en un *camping* en Tarifa, un pueblo famoso entre los surferos; pero no hice surf, solo fui a la playa a descansar. Allí alquilé un coche e hice la ruta de los pueblos blancos, son superbonitos. Cogí un tren en Cádiz y desde allí viajé a Córdoba, pero no tuve tiempo para visitar la mezquita, solo fui para ver a una amiga que vive allí. Comimos juntos y dimos un paseo corto. En Córdoba cogí otra vez el tren y regresé a casa. Dentro de España nunca suelo coger el avión.

Unidad 12

[23]

Para instalar una aplicación, es decir, un programa para el móvil, debes escribir con el teclado tu nombre de usuario en el sitio web. El usuario eres tú, pero también puedes usar un alias. Luego escribes la contraseña, que es la clave secreta para acceder a tu correo o a un sitio web cualquiera, y ya está... Algunas aplicaciones pueden instalarse también en otros dispositivos, como, por ejemplo, una *tablet*.

[24]

Os voy a hablar de las actividades y experiencias que más me han gustado en mi vida.

Por ejemplo, volar en globo. Es una actividad que he hecho este verano y que algún día quiero repetir. Es increíble y os lo recomiendo. También he saltado dos veces desde un avión. Es impresionante, pero si tienes vértigo, puede ser una experiencia un poco traumática.

Me encanta la gastronomía aunque nunca he comido en un restaurante con estrellas Michelin. Han abierto cerca de mi casa un restaurante tailandés y este mediodía he pedido comida a domicilio por primera vez. ¡Me ha gustado mucho! Lo voy a hacer con frecuencia.

También me encanta el mar y alguna vez he buceado.

Tengo una afición: me dedico cuando puedo a la fotografía, y justamente hoy he ganado un premio a la mejor foto relacionada con la naturaleza. ¡Ha sido una experiencia que no se me va a olvidar en la vida!

Unidad 13

[25]

Con veinticinco años llegué a España sin hablar nada de español, exactamente a San Sebastián, para buscar a una española que conocí en mi país. Soy escocés, de Edimburgo. Me impresionó la belleza de la ciudad y aunque, claro, no encontré a la chica, me quedé trabajando desde octubre hasta junio, todo un curso, como profesor de inglés.

Después de este primer viaje, volví a mi país y es cuando decidí formarme más profundamente como profesor de idiomas, mi gran vocación. Por eso, poco tiempo después, regresé a España, a Madrid, empecé a trabajar y, al cabo de unos meses, me apunté a clases de español. No fue fácil aprender el idioma; por mi trabajo hablaba mucho tiempo inglés y me relacionaba con mis compañeros que también lo hablaban. Un año más tarde comprendí que necesitaba no solo ir a clase y vivir en Madrid, sino comunicarme con los españoles, practicar lo que aprendía, ver la televisión, escuchar canciones... Fue entonces cuando, en un intercambio, conocí a mi pareja actual; mi español mejoró mucho porque intentaba hablarlo cada día. Han pasado veinte años, continúo en Madrid y mi español es bastante aceptable.

[26]

Siempre he querido ir a Bilbao, la ciudad más grande y cosmopolita del País Vasco. La población de Bilbao creció mucho en los años cincuenta y sesenta gracias a la rápida industrialización de la ciudad. Sin embargo, en los años setenta Bilbao tuvo una grave crisis económica. Fue entonces cuando la ciudad comenzó su viaje hacia la imagen moderna que tiene hoy. Los antiguos edificios industriales desaparecieron y nuevos proyectos buscaron construir una ciudad más amable. Hoy en día, el espectacular Museo Guggenheim, diseñado por el arquitecto Frank Gehry, ha convertido a Bilbao en una ciudad conocida internacionalmente. Pero no es el único edificio famoso: posee también un sistema de metro diseñado por Sir Norman Foster, un aeropuerto del arquitecto español Santiago Calatrava y un centro comunitario, la Alhóndiga, diseñado por Philippe Starck.

Bilbao es actualmente una ciudad sofisticada y dinámica en la que hay siempre muchas cosas que hacer y descubrir, como su cocina, por ejemplo. ¿Qué os puedo contar de sus tapas que allí llaman *pintxos*? Mi primera noche en Bilbao probé los *pintxos* en los fantásticos bares que hay en la plaza Nueva y luego he conocido también los que se encuentran en las calles Santamaría, Gregorio de la Revilla y Licenciado Pozas. No hay palabras para describirlos.

Espero volver pronto a Bilbao porque es una ciudad en la que siempre hay algo nuevo que descubrir.

Unidad 14

[27]

Vamos a ver ahora la información del tiempo en nuestro país para el día de hoy. En el norte, en Artigas y Rivera, van a tener buen tiempo, cielo soleado y temperaturas que oscilan entre los dieciocho y los veinticinco grados. En el noreste, en Melo, algunas nubes y temperaturas suaves. En el sureste, en Rocha, cielo muy nublado y temperaturas bajas, muy frías durante la noche. En la capital, Montevideo, cielo muy nublado. Posibilidad de lluvias en el interior, en Florida y Durazno. En Mercedes y Paysandú, cielos muy nublados y tormentas durante todo el día.

[28]

Unos ochenta concursantes participaron en una competición anual que se celebró el pasado día 5 en Taiwán y que consistía en no hacer absolutamente nada, algo que, aunque parece sencillo, no lo ha sido en absoluto para las decenas de concursantes que han participado este año.

La edición celebrada el pasado sábado la ganó un joven de 24 años de Hong Kong que estuvo mirando al cielo durante noventa minutos. El calor, el sol y las moscas fueron lo más difícil para Chan Kai-Ho, el ganador, que quedó impresionado de su propio logro. "Pensaba que no era capaz de estar tanto tiempo sin hacer nada".

Bajo el lema "Relaja tu cerebro"', los competidores tenían que estar sentados y no podían hablar, dormir, comer ni usar ningún dispositivo electrónico.

El evento quería llamar la atención y hacer reflexionar sobre las muchas distracciones a las que las personas nos enfrentamos en nuestra vida cotidiana.

Unidad 15

[29]

▶ Toma nota de las tareas que tienes que hacer. Primero, acércate al contenedor azul y dejas todas estas revistas. Ya no las voy a leer más.
▷ Si quieres, puedo bajar también las cajas de cartón que tengo en la habitación.
▶ Perfecto. En el cuarto de baño he dejado algunos envases vacíos que hay que llevar al contenedor amarillo. ¿Tienes algo más que podamos llevar?
▷ Sí, ahora que recuerdo, tengo unas pilas de mi reloj que puedo reciclar en el contenedor rojo. Están gastadas.
▶ Muy bien. Lleva eso y cuando vuelvas, te doy algo más.
▷ ¿Qué?
▶ He recogido varios tapones de corcho y quiero reciclarlos.
▷ ¿Y en qué contenedor tengo que dejarlos? ¿En el azul?
▶ No. En el contenedor marrón, el de los residuos orgánicos. Avísame cuando vuelvas.
▷ Vale. Pues cuando vuelva, me los das y los llevo.

[30]

1.
Iván, soy Álvaro. Oye, que creo que me pasaré toda la semana en la biblioteca, tengo muchos exámenes juntos, creo que no podré ir a tu cumple... En otro momento me llamas y charlamos, un abrazo.

2.
No, hija, no llegaré el sábado llegaré el domingo para comer. Te prometo que en tu próximo cumpleaños no tendré ningún viaje de trabajo. Te quiero mucho.

3.
▶ Entonces, Laura, nos contarás al final de la entrevista si es cierto que estás viviendo con alguien y si os pensáis casar este verano.
▷ ¿Disculpa? Mira, creo que no he venido a este programa para hablar de mi vida privada; solo hablaré de mi último disco y del concierto del Día del Medioambiente, en el que participaré junto a otros artistas.

4.
▶ Veo muchos cambios en la empresa...
▷ ¿Cambiarán al director? ¿Me ascenderán? ¿Tendré mi propio despacho?
▶ ¿Habrá cambios en los horarios? ¿Tendré ayudante?
▶ ¡Sileeencio! Necesito concentración para ver los cambios... ¡Ajá! Veo los cambios: las paredes serán verdes; las mesas, blancas; las sillas...
▶ Las sillas serán de metal y piel... Yo también las vi ayer en el almacén y creo que tú también, Beatriz, ja, ja, ja...

Unidad 16

[31]

Este, sin duda, es un buen móvil. Yo lo tengo y puedo recomendárselo. Tan solo le voy a hacer algunas recomendaciones que debe tener en cuenta. Antes de nada, al sacarlo de la caja, cárguelo; con dos horas será suficiente, tiene carga rápida. Ya no es como antes, los teléfonos más modernos no necesitan estar cargando muchas horas seguidas. Bloquéelo con la huella, es mucho más seguro y, además, muy cómodo. Póngale también una tarjeta de memoria externa para poder guardar más fotos. Y en cuanto a la fotografía, haga fotos de día, saldrán con mucha calidad, pero no haga muchas de noche o en interiores porque la calidad es menor. Y, por último, no lo moje, no tiene protección contra el agua. Espero que lo disfrute.

[32]

Situación 1
En estos momentos varias carreteras tienen un nivel de tráfico elevado. Para mejorar la circulación, respete la distancia de seguridad, no supere el límite de velocidad y mantenga la calma.

Situación 2
Introduzca su tarjeta, marque su número secreto, elija la cantidad que desea y no olvide retirar el dinero y su tarjeta.

Situación 3
Estimados pasajeros, en breves instantes atravesaremos una zona de turbulencias. Por favor, permanezcan en sus asientos y abróchense los cinturones de seguridad.

Situación 4
Señoras y señores, bienvenidos al teatro del Príncipe. La obra va a comenzar. Por favor, apaguen sus teléfonos móviles o pónganlos en modo avión y no hagan fotos ni grabaciones durante la representación. Gracias.

Situación 5

Estimados viajeros, dejen salir antes de entrar y no se sitúen en la puerta si no van a bajar del tren.

Situación 6

Aquí tiene su vuelta. No olvide comprobar el cambio y pase una buena tarde. Muchas gracias por su compra.

Unidad 17

[33]

▶ He alquilado un piso que está muy bien.

▷ ¿Sí? ¿Cómo es?

▶ Es un piso amueblado, con dos dormitorios, uno bastante grande y otro más pequeño. Entras y hay un pasillo largo. A la derecha del pasillo está la cocina y al fondo, el salón. Los dos dormitorios están a la izquierda del pasillo y, entre ellos, está el baño.

▷ Pero dime, ¿cómo son los muebles? ¿Qué hay en el piso?

▶ Pues mira... La cocina está completa y también hay una mesa para comer y cuatro sillas. La nevera es enorme y está nueva, la lavadora también está nueva.

▷ ¿Y el salón?

▶ El salón está muy bien, es muy luminoso, tiene una ventana enorme. Hay un sofá muy grande, un sillón, una mesita y también una estantería que llega hasta el techo. Hay otra estantería en el dormitorio pequeño. Me va muy bien porque ese lo quiero usar como estudio.

▷ ¿Hay algún armario en el piso?

▶ Sí, uno muy grande en el dormitorio principal. ¡Ah! Y tienes que ver el baño, supermoderno, con el lavabo de cristal y una bañera que parece del futuro.

▷ ¡Qué bien! Ya iré a verlo cuando te instales.

[34]

Las cosas que están permitidas o prohibidas en diferentes lugares del mundo dependen de muchos factores culturales y sociales que, a veces, no son fáciles de comprender, pero que, en su contexto, suelen tener una explicación y una lógica.

Por poner algunos ejemplos, en Singapur no está permitido que la gente mastique chicle por la calle, en Bangladesh las leyes no dejan que se usen bolsas de plástico y en Canadá no se puede pagar solo con monedas si el precio supera los diez dólares.

En primer lugar, todas estas medidas tienen una razón que las explica. En Bangladesh, por seguir con el ejemplo, descubrieron que la mayoría de las inundaciones que sufrían eran debidas a la gran cantidad de bolsas de plástico que había en los desagües.

Por otro lado, están las religiones y los sistemas políticos, que, a menudo, condicionan las costumbres y prohíben a la gente que haga cosas que, en otros lugares del mundo, son absolutamente naturales.

Para terminar, siempre es recomendable, cuando viajas a otro país, observar cómo se comporta la gente y respetar sus normas, aunque puedan parecerte extrañas. Lo más inteligente es seguir ese proverbio que dice: "Donde vayas, haz lo que veas".

Unidad 18

[35]

1. ¡Uf, qué frío! Te pido, por favor, que cierres la ventana.
2. Me encanta que estés aquí, me alegro mucho de verte.
3. Durante el examen, les prohíbo que hablen con el compañero. No está permitido.
4. Es una pena que no vengas a mi fiesta, va a ser muy divertida.
5. Te aconsejo que estudies porque el examen va a ser difícil.
6. Me molesta muchísimo que el profesor no me explique las dudas que tengo.

[36]

En la región de América Latina y el Caribe, aunque todavía se presentan algunas carencias, en los últimos años los sistemas educativos han podido cubrir buena parte de las necesidades de la población y los resultados se están viendo. Por ejemplo, Colombia participó en las pruebas Pisa en el año 2012 y sacó 376 puntos. Luego, en 2015, obtuvo un resultado de 416 puntos.

De acuerdo con otras cifras presentadas por los expertos, para 2030 América Latina tendrá un 96.6 % de cobertura en educación primaria, y para 2042 se espera que la cobertura sea universal en este nivel. En cuanto a la educación media, para 2030 se espera que la región tenga un 90 % de cobertura y que en 2066 sea total. Por último, en educación media superior, la cobertura será de un 72.7 % en 2030 y se calcula que alcanzará la cobertura universal para 2095.

Al mismo tiempo, un tema preocupante para la región es el de los maestros, su formación y sus salarios. Los profesores de América Latina ganan menos que otros profesionales. Los docentes de preprimaria y primaria ganan el 76 % de lo que reciben otros profesionales o técnicos, mientras que los profesores de secundaria ganan el 88 % de esa cantidad.

Adaptado de https://www.semana.com/educacion/articulo/informe-unesco-sobre-educacion-en-america-latina/542592

Unidad 19

[37]

▶ Esta tarde tenemos con nosotros a Laura, ganadora del concurso organizado por el ayuntamiento "No lo tires, reúsalo" para promover el reciclaje y concienciar sobre el consumo excesivo y descontrolado. Buenas tardes, Laura. Antes de nada, ¡enhorabuena por el premio!

▷ Hola, muchas gracias. Estoy muy contenta.
▶ Cuéntanos, ¿en qué consistía el concurso?
▷ Bueno, se trataba de crear un objeto usando principalmente otros usados que normalmente tiramos: latas, electrodomésticos, recipientes…, cualquier cosa.
▶ ¿Y qué se valoraba?
▷ Se valoraba no usar materiales nuevos y, también, la originalidad y la utilidad del objeto.
▶ ¿Qué cosas se presentaron?
▷ Pues la verdad es que había de todo: lámparas hechas con botellas, juguetes hechos con tapones, cartón reciclado u otros materiales, macetas que antes eran botas…
▶ Sí, la verdad es que había cosas muy originales. He visto que la otra finalista era una barca hecha con botellas de plástico y palés… Pero tú, ¿qué presentaste?
▷ Bueno, no participé yo sola; nuestra profesora de Tecnología nos habló del concurso y algunos compañeros de clase y yo decidimos presentarnos con un sillón hecho con ruedas de coche.
▶ ¿Con ruedas de coche? ¿Cómo se os ocurrió?
▷ Bueno, habíamos visto algunas ideas en internet y el padre de uno de los compañeros tiene un taller, así que contábamos con ruedas suficientes…
▶ La verdad es que los sillones son muy bonitos y parecen muy cómodos. Muchas gracias por venir y enhorabuena de nuevo.
▷ Muchas gracias a vosotros.

[38]

▶ ¡Buenos días! ¿En qué puedo ayudarla?
▷ ¡Buenos días! Verá, estoy buscando una cosa que sirve para guardar papeles, más grande que una carpeta, ¿cómo se llama?
▶ Mire, aquí tenemos estos archivadores, que son muy prácticos.
▷ Eso es, archivadores. ¿Tiene alguno que sea de otro color?, es que el blanco…
▶ No, en este momento, no.
▷ Bueno, no importa… Me llevo tres.
▶ ¿Alguna otra cosa?
▷ Sí, necesito un cuaderno.
▶ Mire, tenemos estos, que tienen cuadros y estos otros, que tienen líneas.
▷ Pues quiero dos de los que tienen líneas y otro de los que tienen cuadros, por favor. También quería saber si tienen algún bolígrafo que tenga cinco o seis colores.
▶ No, no tenemos ningún bolígrafo que tenga más de cuatro colores.
▷ Vaya… También necesito… esto… es un producto que borra la tinta y que…
▶ ¿Típex? Tenemos dos tipos, uno va en bote y otro que es una cinta que se pasa por el papel. ¿Cuál prefiere?
▷ No importa, el que sea más barato.
▶ Muy bien, este cuesta 3.50 euros. ¿Algo más?
▷ Sí, una cosa más. Estoy buscando una carpeta con el personaje de unos dibujos animados, es una rana vestida de aviadora y que está siempre con un ratón.
▶ Ahhh, ya sé de qué me habla, pero se nos ha acabado.
▷ Vaya. ¡Qué lástima! Bueno, pues entonces esto es todo.
▶ Son 20 euros.
▷ Aquí tiene, gracias.
▶ Gracias a usted.

[39]

Miguel: ¡Hola, Sebas! ¿Cómo fue el viaje a Madrid?
Sebastián: Hombre, Miguel, ¿cómo estás? Pues la verdad es que ha sido un viaje estupendo.
Miguel: Qué envidia me das. ¿Qué es lo que más te ha gustado?
Sebastián: Pues mira, me ha encantado el parque del Retiro y el Templo de Debod. Y bueno, como me alojaba en el centro, he cenado todos los días por La Latina.
Miguel: Ay, La Latina… ¡Las mejores tapas de Madrid! ¿Y al Rastro has ido?
Sebastián: Sí, fui el domingo por la mañana antes de volver a casa.
Miguel: ¿Te gustó?
Sebastián: Sí, mucho.
Miguel: Para mí, el Rastro es uno de los lugares con más encanto de Madrid. Cuando vivía allí, iba casi todos los domingos y la verdad es que compré muchísimas cosas.
Sebastián: ¿En serio? Yo vi cosas bonitas, pero no encontraba utilidad para ninguna.
Miguel: Yo compré muchos libros y vinilos.
Sebastián: ¿Por qué compraste tantos vinilos si no tienes tocadiscos?
Miguel: Es verdad, pero es que no los uso para escuchar música, los uso como decoración. En mi habitación tengo un cuadro hecho con vinilos.
Sebastián: ¡Qué buena idea! Soy muy poco original para estas cosas. Vi una máquina de coser preciosa, pensé en comprársela a mi madre, pero al final me dije: si mi madre no cose, ¿qué va a hacer con ella?
Miguel: Pues mira, se puede hacer una mesa para la entrada, por ejemplo.
Sebastián: Es verdad, nunca lo había pensado. Sí que vi en uno de los bares cerca del Rastro mesas hechas con puertas, y pensé que me encantaría tener una mesa así de original en mi casa.
Miguel: Oye, yo tengo que volver a Madrid en dos meses. ¿Por qué no te vienes conmigo y vamos juntos al Rastro?
Sebastián: ¡Qué buena idea! Te llamo esta semana para decirte algo, ¿vale?

Unidad 20

[40]

Luisa: He empezado este año a colaborar con ellos. Me impactó mucho cuando vi en un informativo cómo una madre trataba de mantener a su bebé con las dos manos arriba para que lo cogieran en un barco de rescate. Ese día decidí que debía ayudar de alguna manera. Ahora voy tres días por semana a la oficina para captar socios.

Alberto: Llevo en la asociación desde que terminé Derecho, el año pasado. Nunca había pensado colaborar con ninguna ONG. No era muy solidario, la verdad, pero cuando estuve haciendo prácticas, en el despacho había una compañera que colaboraba y me habló del proyecto. Al año siguiente, decidí llamarlos y, la verdad, es que estoy muy contento.

Alfonso: Me jubilé hace dos años. Empecé a buscar asociaciones para colaborar porque quería sentirme útil y probé con varias. Un día, tomando un café con mi antiguo jefe, me dijo que había empezado a colaborar con el proyecto y me pareció muy interesante, así que me pasé a preguntar y aquí estoy... El agradecimiento de las personas a las que damos de comer es el mejor salario que he tenido nunca.

Elena: Hace dos años fui a un espectáculo que habían organizado para recaudar fondos y lo pasé genial. Allí conocí a Pablo, el responsable de captación, y decidí empezar a colaborar, porque yo hacía teatro y todo el mundo me decía que tenía talento para hacer reír.

[41]

Raquel: Luis, no sé si pedirte que me ayudes con una traducción; cuando te veo estresado, prefiero no molestarte. ¿Estás muy ocupado?

Luis: Puf... Ni te imaginas, Raquel. Te cuento... En cuanto termine de fregar los platos, tengo que poner la lavadora, pero antes de ponerla, quiero cambiar las sábanas. Mientras se lava la ropa, bajaré a hacer algo de compra (viene mi madre a comer y no tengo nada) y al salir del supermercado, me pasaré por la farmacia a comprar unas medicinas.

Raquel: ¿No tenías que ir a Correos a recoger un paquete? ¿Has ido ya?

Luis: ¡Ah, es verdad! Cuando me llegó el aviso, lo guardé y se me ha olvidado... Pues entonces iré al súper después de pasarme por Correos. Luego, nada más volver, prepararé la comida y mientras se cuece la pasta, seguiré llamando a Luisa hasta que la localice.

Raquel: ¿Para qué necesitas a Luisa? Llevas todo el día llamándola...

Luis: Porque estamos haciendo juntos el trabajo de Literatura. Si no hablo con ella para coordinarnos un poco, no puedo seguir y esta tarde me gustaría avanzar bastante.

Raquel: Ah, vale... Pues nada, te dejo, que estás muy liado... Cuando tengas un momento, vemos lo de mi traducción.

Luis: No te preocupes, después de que mi madre se vaya esta tarde, te llamo y lo miramos en un momento.

Unidad 21

[42]

1. **El Gobierno destina 100 millones para fomentar el uso del coche eléctrico y la movilidad sostenible**

   El Gobierno ha aprobado este martes la segunda edición del programa MOVES, siglas de Movilidad Eficiente y Sostenible, que busca incentivar el uso del coche eléctrico y de otras formas de movilidad sostenible. En esta ocasión se invertirán 100 millones, 55 más que el año pasado. La mayor parte de este dinero irá destinado a ayudas para la compra de vehículos eléctricos e híbridos enchufables, con cantidades que podrán llegar hasta los 5500 euros. Pero el plan también incluye otro tipo de acciones, como el apoyo al alquiler de bicicletas eléctricas, la conversión de carriles convencionales en carriles bici o ayudas al transporte público.

   Con estas medidas el Gobierno se suma al reto de la Unión Europea, que pretende reducir en un 15 % el uso de vehículos contaminantes –principales responsables de las emisiones de gases de efecto invernadero en las ciudades– para 2025 y en un 37.5 % para 2030.

2. **Estado de emergencia por el vertido de 21 000 toneladas de petróleo en el Ártico**

   El derrame se produjo el pasado viernes a causa de un accidente en la central termoeléctrica de la ciudad siberiana de Norilsk y podría ser el mayor vertido registrado en la historia en la zona del Ártico ruso.

   Empresas y entidades federales de Rusia ya se han trasladado al lugar para hacer frente a lo que muchos ya consideran un desastre medioambiental sin precedentes y que ha causado daños ecológicos que, según los expertos, tardarán una década en ser reparados. Mientras se trabaja a contrarreloj en las labores de limpieza, drones y helicópteros supervisan la zona del desastre y han captado las imágenes de la enorme mancha que flota en la superficie del río Ambarnaya.

3. **América Latina concentra la mayor deforestación de 2019**

   Datos demoledores recogidos por Global Forest Watch, GFW, colocan a cinco países de América Latina al margen de los esfuerzos globales por preservar el medioambiente. Brasil encabeza la lista de naciones con mayor deforestación. Le siguen Bolivia, Perú, Colombia y México, que, en total, perdieron 11.9 millones de hectáreas de bosques en 2019.

   Señala el informe que "en 2019 cada seis segundos desapareció un bosque tropical del tamaño de un estadio de fútbol".

   Esta concentración de deforestación en América Latina, que conlleva graves consecuencias como el aumento de emisiones de dióxido de carbono, se debe, en gran parte, a los numerosos incendios en la Amazonía y a la tala de árboles para realizar actividades de agricultura intensiva.

Adaptado de www.elpais.com, www.serauto.es, www.eitb.eus, www.efeverde.com y www.cambio16.com

[43]

En mi mundo ideal, todos los días serían fiesta. Todos los niños del mundo tendrían muchos juguetes y jugarían la mayor parte del día. En mi mundo ideal, no existirían las guerras ni las enfermedades, tampoco habría deberes en la escuela. Toda la gente tendría suficiente comida y ropa y nunca haría mal tiempo. En mi mundo ideal, los hombres vivirían en armonía con la naturaleza y respetarían a los animales.

Unidad 22

[44]

▶ Hola, Pedro. ¿Qué hiciste ayer? ¿Por qué no viniste a la facultad?
▷ Me tuve que quedar en casa con mi hermana pequeña.
▶ ¿Y eso?
▷ No pudo ir al colegio porque tenía un poco de fiebre y mis padres tenían los dos un día muy complicado en el trabajo y no podían faltar.
▶ ¿Y ya se ha puesto bien tu hermana?
▷ Sí, mi padre la ha dejado esta mañana en el colegio.
▶ Pues ayer te perdiste una clase muy divertida.
▷ ¿Cuál?
▶ La de Literatura. La profe nos habló de una novela que se titula *Sin noticas de Gurb*.
▷ No la he leído, pero sé que es de Eduardo Mendoza.
▶ Pues leímos un fragmento muy divertido. ¿Sabes de qué trata?
▷ No, ¿de qué?
▶ Es sobre un extraterrestre que llegó a Barcelona a principios de los noventa y perdió a su compañero en la ciudad. La novela es el diario que escribió mientras lo buscaba contando sus aventuras. Nos reímos mucho.
▷ ¿Tenemos que leerlo para la clase?
▶ Sí, y también escribir un pequeño comentario.

[45]

Carmen: Hola, Manuel, ¿qué tal? Oye, te llamo para ver si te apetece que hagamos algo juntos luego.
Manuel: Hola, Carmen. Pues yo había pensado quedarme en casa y ver una película de terror, ¿no te apetece?
Carmen: Yo detesto esas películas. Me aburre que usen siempre los mismos recursos para asustar.
Manuel: A mí, en cambio, me divierten mucho, aunque reconozco que la mayoría son muy malas. Lo que no soporto son los musicales.
Carmen: Me sorprende que no te gusten, a mí me ponen de buen humor. Precisamente iba a proponerte ir a ver un musical, pero en teatro.
Manuel: Uf... Mejor hacemos otra cosa... Ya te digo, no soporto los musicales. ¿Buscamos algún sitio para cenar? ¿Ese al que fuimos hace tiempo que tenía música en vivo?
Carmen: No, me molesta que haya música mientras cenamos, no se puede charlar y me pone nerviosa que haya que gritar para entenderse.
Manuel: Pues a mí no me importa que toquen durante la cena, los últimos me parecieron muy buenos.
Carmen: ¿Por qué no vamos a ese argentino donde hacen la carne tan buena? Me encanta...
Manuel: ¡Carmen, hija, que soy vegetariano! Odio esos restaurantes... ¿No te da pena que maten a esos pobres animales?
Carmen: Ah, es verdad... Qué difícil eres... No soportas que te pongan un filete en un plato, pero te pone contento ver zombis y vampiros, ja, ja, ja...
Manuel: ¿Y si salimos a bailar?
Carmen: Me extraña que quieras ir a bailar, no aguantas las discotecas. A mí me da igual, la verdad. Si quieres, vamos.
Manuel: Normalmente me fastidia que haya tanto ruido y tanta gente, pero hoy no me importa, me apetece hacer algo distinto.
Carmen: Algo distinto también sería ir a ver un musical o a cenar en un argentino, ¿no te parece?
Manuel y **Carmen:** Ja, ja, ja.

[46]

Entrevistador: En los últimos tiempos, cualquiera que tenga relación con el mundo de la prensa se ha dado cuenta de que las ventas siguen disminuyendo, lo cual indica que la gente cada vez compra menos periódicos. ¿Cómo está la situación en el sector?
Ángel Durández: Bueno, es posible que haya una mejora en cierto tipo de publicaciones, como las revistas, que tienen una periodicidad y unos usuarios distintos. Por ejemplo, las revistas del corazón han batido récords de ventas recientemente. Las revistas no están sometidas a esa caída tan grande en las ventas, incluso aparecen nuevas publicaciones. Pero, en realidad, la caída de los periódicos impresos es imparable.
Entrevistador: Entonces ¿qué alternativas se están buscando?
Ángel Durández: Quizá muchas publicaciones dejen de salir en papel, sobre todo entre semana. Los periódicos buscan caminos para ser rentables y uno de los costes más grandes que tienen son la impresión y la distribución, por lo que la alternativa está clara, se impone lo digital.
Entrevistador: ¿Podrían llegar a desaparecer los periódicos en papel?
Ángel Durández: Probablemente no desaparezcan, los editores no se plantean en ningún momento dejar de editar en papel, pero sí reducir. El papel va a acompañar a internet en los medios de comunicación. Los editores tienen que buscar a los lectores donde están: en el quiosco, en el ordenador

y en el móvil. No vemos una guerra papel-internet. Es algo complementario.

Entrevistador: Y en cuanto a los contenidos, ¿qué cambios tendrá que experimentar la prensa escrita?

Ángel Durández: Tal vez tenga que centrarse menos en la noticia inmediata, porque eso ya lo da internet, y deba dedicarse más a los artículos de opinión.

Entrevistador: ¿Podría haber nuevas publicaciones impresas?

Ángel Durández: Puede ser que sí, que surjan publicaciones en papel. De hecho, ya están surgiendo. Lo que es muy poco probable es que aparezca un nuevo periódico de pago en papel. No es imposible, sin embargo, que se publiquen nuevos periódicos gratuitos y revistas.

Adaptado de https://www.estrategiaynegocios.net/lasclavesdeldia/768777-330/cu%C3%A1l-ser%C3%A1-el-futuro-de-la-prensa-de-papel

[47]

▶ Fíjate en el mapa. México es el país donde se habla español que está más al norte; de hecho, es parte de Norteamérica.

▷ Chile es este, ¿verdad?

▶ Ese es Argentina. Chile está al lado, justo al oeste.

▷ ¡Qué forma tan rara tiene, qué largo es! El país más pequeño que hay al este de Argentina es Uruguay, ¿no?

▶ Así es. Y Colombia, ¿sabes cuál es?

▷ Creo que es el país que está más al norte de Sudamérica, el único que tiene frontera con Centroamérica; y el que está al lado de Colombia, al este, es Venezuela.

▶ Muy bien. Y Perú, ¿cuál es?

▷ Perú es el país que está entre Colombia y Chile.

▶ Ahora el último, Cuba.

▷ Sé que es una de estas islas del Caribe, pero no estoy seguro de cuál.

▶ Es la mayor, esta.

Notas

Notas